中等职业教育课程改革"十四五"规划教材
国家中等职业教育改革发展示范学校建设计划项目成果

# 会计基础知识与核算技能

主　编○杨良松　柳晓霞
副主编○梁秀媚　孔丽丽　林采融

图书在版编目(CIP)数据

会计基础知识与核算技能 / 杨良松,柳晓霞主编. —上海:立信会计出版社,2021.4
ISBN 978-7-5429-6812-8

Ⅰ.①会… Ⅱ.①杨…②柳… Ⅲ.①会计学-中等专业学校-教材 Ⅳ.①F230

中国版本图书馆 CIP 数据核字(2021)第 077089 号

| | |
|---|---|
| 策划编辑 | 王斯龙 |
| 责任编辑 | 王斯龙 |
| 封面设计 | 南房间 |

会计基础知识与核算技能

Kuaiji Jichu Zhishi yu Hesuan Jineng

| | | | |
|---|---|---|---|
| 出版发行 | 立信会计出版社 | | |
| 地　　址 | 上海市中山西路 2230 号 | 邮政编码 | 200235 |
| 电　　话 | (021)64411389 | 传　真 | (021)64411325 |
| 网　　址 | www.lixinaph.com | 电子邮箱 | lixinaph2019@126.com |
| 网上书店 | http://lixin.jd.com | | http://lxkjcbs.tmall.com |
| 经　　销 | 各地新华书店 | | |
| 印　　刷 | 常熟市华顺印刷有限公司 | | |
| 开　　本 | 787 毫米×1092 毫米　　1/16 | | |
| 印　　张 | 14 | | |
| 字　　数 | 324 千字 | | |
| 版　　次 | 2021 年 4 月第 1 版 | | |
| 印　　次 | 2021 年 4 月第 1 次 | | |
| 印　　数 | 1—3100 | | |
| 书　　号 | ISBN 978-7-5429-6812-8/F | | |
| 定　　价 | 39.00 元 | | |

如有印订差错,请与本社联系调换

# 前　言

2019年2月，国务院在《国家职业教育改革实施方案》（简称职教20条）中指出，把职业教育摆在教育改革创新和经济社会发展中更加突出的位置，牢固树立新发展理念，服务建设现代化经济体系和实现更高质量更充分的就业，对接科技发展趋势和市场需求，完善职业教育和培训体系，优化学校、专业布局，深化办学体制改革和育人机制改革，以促进就业和适应产业发展需求为导向，鼓励和支持社会各界特别是企业积极支持职业教育，着力培养高素质劳动者和技术技能人才。

东莞市经济贸易学校是一所国家级示范中等职业学校，在职教改革与大湾区建设的背景下，积极探索改革与创新。其中会计专业作为重点建设专业，其教研团队扎实开展教学研究，大胆探索实践，取得了一系列建设成果。成果之一，就是依照职教20条的要求，以促进就业和适应产业发展需求为导向，及时将新技术、新工艺、新规范纳入教学标准和教学内容，建设校企"双元"合作开发的教材。

本教材以自2013年1月1日起实施的《小企业会计准则》为基础，结合现行最新税收政策及相关法律、法规，讲述会计的基础知识与核算技能，可供中等职业教育会计、审计等财经类专业学生学习使用。

本教材的特色有以下四点。第一，教材中的典型教学案例资料来自东莞本地一家真实企业，该企业的基本资料贯穿整本教材，学习内容与实际工作内容对接，使学生能够全面完整地掌握企业运营管理的全过程，掌握会计核算工作的整体内容。第二，本教材的编排以基础内容为起点，理实一体，逐步深入扩展，并在内容上完全符合实际工作的要求，操作性强，学习过程能充分还原真实的会计工作场景，体现渐进式全程实训过程，方便学生实训。第三，本教材按照项目化的教学内容编排，方便教师运用任务驱动、案例讨论、小组合作、问题研究、轮岗实训等多种教学方法组织教学。第四，各项目要点的陈述以够用为度，以实务操作内容为主，突出实践性教学环节。

为编写本教材，我们专门成立了由学校、企业以及职教指导专家三方共同组成的教材编委会。本教材的主编由杨良松、柳晓霞担任，副主编由梁秀媚、孔丽丽、林采融担任，编写分工为杨良松编写项目一、项目四，柳晓霞编写项目二、项目五，孔丽丽编写项目三，林采融编写项目六，梁秀媚编写项目七。本教材的职教指导专家是谢丽萍，企业顾问是陈清平。

在本教材编写的过程中,我们得到了东莞市经济贸易学校领导及学校各部门的大力支持,会计教研组全体同仁的极大帮助,以及新道科技有限公司的鼎力相助,在此对其表示感谢。

由于水平有限,书中难免有疏漏之处,恳请读者予以批评指正。联系邮箱:536450792@qq.com。

编　者<br>
2021 年 3 月

# 目　　录

**项目一　认知会计** ·················································································· 001
　　基础知识 ······················································································· 001
　　任务一　了解企业 ············································································ 002
　　任务二　认识会计核算的经济事项 ······················································· 006

**项目二　填制单据** ·················································································· 009
　　基础知识 ······················································································· 009
　　任务一　学会会计基本技能 ································································ 013
　　任务二　出纳填写单据 ······································································ 025
　　任务三　仓管员填写单据 ··································································· 035
　　任务四　生产人员填写单据 ································································ 041

**项目三　运用记账方法** ············································································ 043
　　基础知识 ······················································································· 043
　　任务一　运用复式记账法 ··································································· 048
　　任务二　试算平衡 ············································································ 060

**项目四　编制记账凭证** ············································································ 068
　　基础知识 ······················································································· 068
　　任务一　核算筹集资金 ······································································ 070
　　任务二　核算采购业务 ······································································ 079
　　任务三　核算生产业务 ······································································ 090
　　任务四　核算销售业务 ······································································ 106
　　任务五　核算经营成果 ······································································ 113

**项目五　登记账簿** ·················································································· 130
　　基础知识 ······················································································· 130
　　任务一　建账 ·················································································· 134
　　任务二　出纳登记日记账 ··································································· 138

任务三　仓管员登记存货明细账 ················································· 147
　　任务四　会计登记账簿 ····························································· 155
　　任务五　对账和更正错账 ························································· 170
　　任务六　会计核算程序 ····························································· 182

## 项目六　编制会计报表和保管会计资料 ········································· 188
　　基础知识 ················································································ 188
　　任务一　编制会计报表 ····························································· 191
　　任务二　整理与保管会计资料 ···················································· 203

## 项目七　会计核算基本规定 ···························································· 211
　　基础知识 ················································································ 211

# 项目一 认知会计

【学习目标】
- 会描述企业经营过程
- 能说出会计的概念、对象
- 知道会计人员的基本职责
- 形成会计职业认同感

## 基 础 知 识

**1. 企业的概念**

企业是指从事生产、流通、服务等经济活动,以生产或服务满足社会需要,实行自主经营、独立核算,依法设立的一种营利性的经济组织。

**2. 企业的主要经营过程**

企业的经营过程如图 1-1 所示。

**3. 会计工作内容**

会计是以货币为主要计量单位,反映和监督一个单位经济活动的一种经济管理工作。企业的经营过程会有大量经济活动,其中凡是能够以货币表现的经济活动,都是会计的工作内容,也就是会计对象。例如,在供应过程中,采购物资时供销双方签订合同,但没有发生的货币表现的经济活动,因此该活动不是会计的工作内容。在收料后,需要进行货款结算,就需要进行会计处理,因此,该活动属于会计的工作内容。

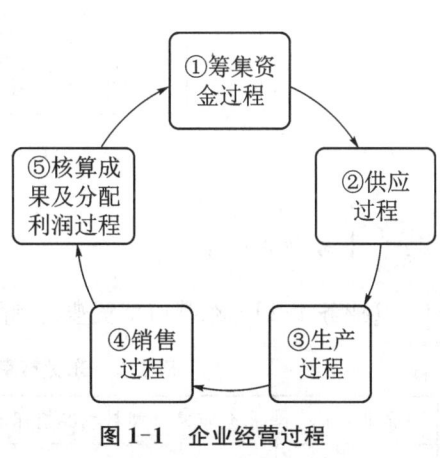

图 1-1 企业经营过程

**4. 会计组织机构的设置及人员配备**

会计组织机构的设置及人员配备如表 1-1 所示。

表 1-1　会计组织机构的设置及人员配备

| 各级部门 | 会计机构名称 | 职能 |
| --- | --- | --- |
| 财政部 | 会计司 | 主管全国的会计工作 |
| 地方财政厅、局 | 会计处、科 | 管理本地区的会计工作 |
| 企业会计部门 | 财务部(或会计部等) | 处理本企业会计工作 |

**5. 会计工作过程**

会计的核算内容是记账、算账、报账,围绕这些内容,会计工作过程包括原始凭证分类、编制会计凭证、登记会计账簿、记账凭证汇总、登记总账、对账结账、编制会计报表。

## 任务一　了解企业

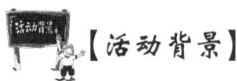
【活动背景】

东莞市京贸塑料制品有限公司是一家小型企业,由股东李明和东莞市花园纸业有限公司共同投资成立,企业组织结构如图 1-2 所示。

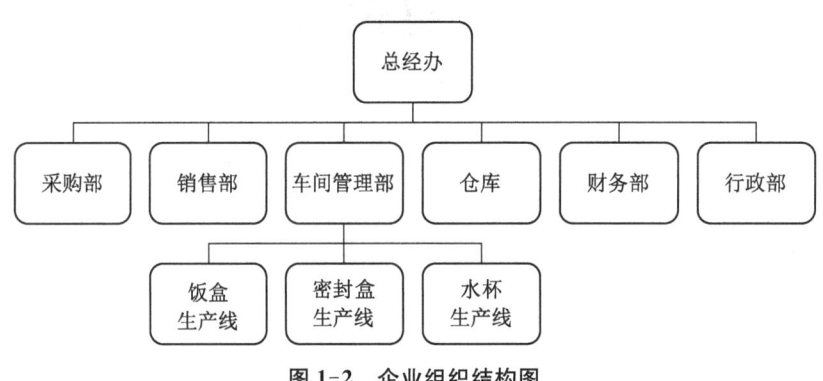

图 1-2　企业组织结构图

【活动资料】

【业务 1-1】　东莞市京贸塑料制品有限公司的基本情况如表 1-2 所示。

表 1-2　东莞市京贸塑料制品有限公司的基本情况

| 企业名称 | 东莞市京贸塑料制品有限公司 | | |
| --- | --- | --- | --- |
| 固定电话 | 0769-22662220 | 传真 | 0769-22662220 |
| 企业类型 | 有限责任公司 | 法人代表 | 李明 |
| 注册地址 | 东莞市莞城区学院路 287 号 | 邮编 | 523000 |

(续表)

| 经营范围 | 生产加工塑料盒、塑料杯制品；销售饭盒、密封盒、水杯 | | |
|---|---|---|---|
| 纳税人识别号 | 441911792915001 | 税率 | 一般纳税人，13% |
| 开户银行 | 中国建设银行东莞市建业支行 | 账号 | 1056020040405555678 |
| 出纳员 | 张晴（身份证号码：441911198003258562）<br>发证机关：东莞市麻涌镇公安分局 | | |
| 主营业务 | 生产、销售饭盒产品、密封盒产品、水杯产品 | | |
| 生产组织形式和工艺流程 | 单步骤、大批量重复生产饭盒、密封盒、水杯 | | |

【活动指导】

【指导业务 1-1】 公司成立所必需的证照及程序。

1. 公司成立时主要证照的办理

（1）到市场监督管理局办理加载法人和其他社会组织统一社会信用代码的营业执照，如图 1-3 所示。

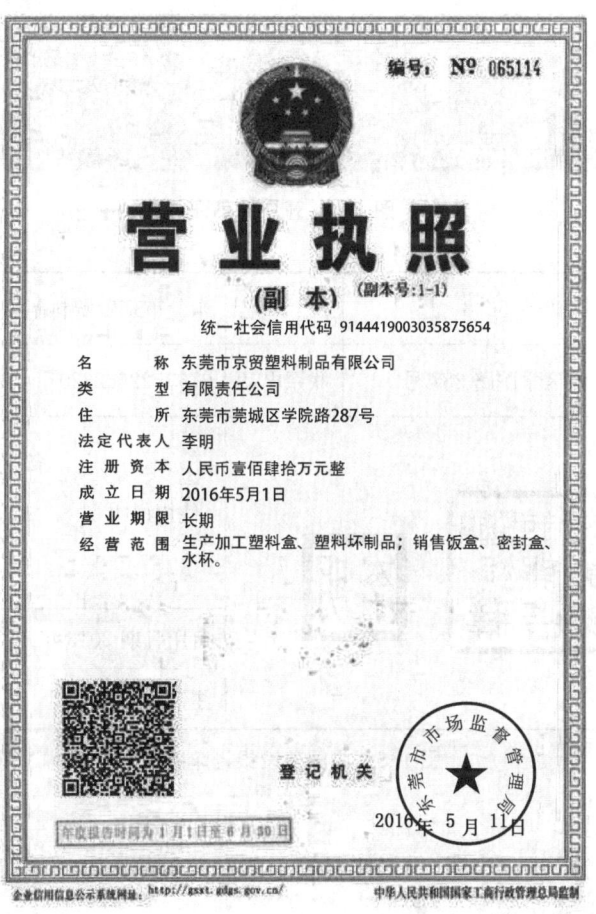

图 1-3 营业执照

（2）到开户银行办理银行存款账户开户许可证（含基本存款账户和临时存款账户），如图1-4所示，并在开户银行预留银行印鉴，如图1-5所示，银行印鉴包括财务专用章和法人章。

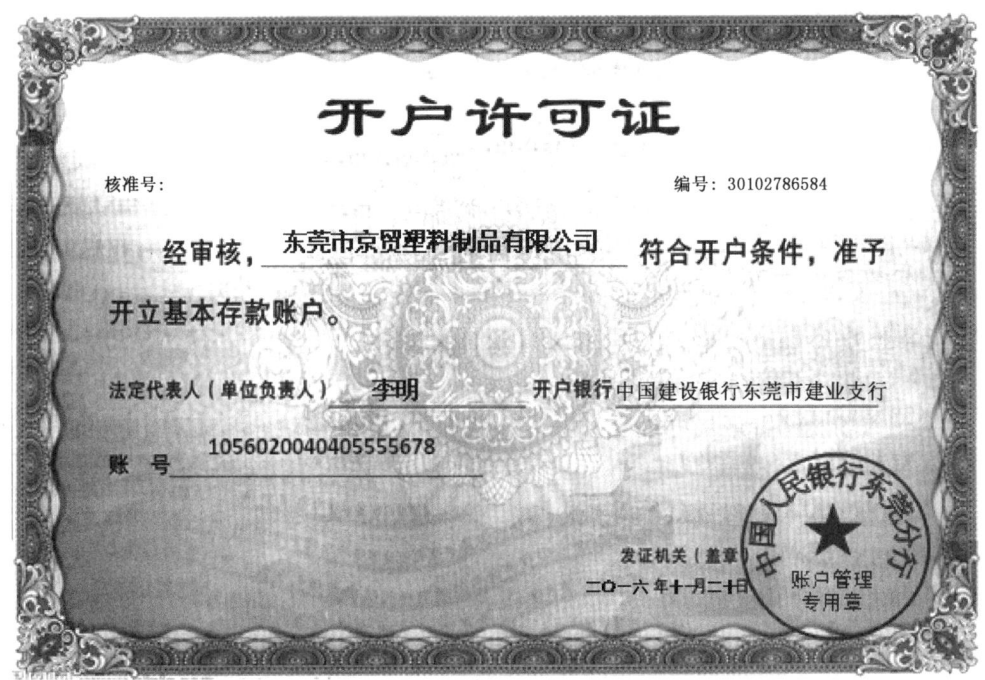

图1-4 开户许可证

| 账号 | 1056020040405555678 | 户　　名 | 东莞市京贸塑料制品有限公司 |
|---|---|---|---|
| 地址 | 东莞市莞城区学院路287号 | 联系电话 | 0769-22662220 |
| 预留印鉴式样 | | 使用说明 | |
| | | 启用日期 2016 年 11 月 20 日 | |
| | | 注销日期　　年　月　日 | |

图1-5 中国建设银行印鉴卡

2. 公司主要用章

携带法人身份证、营业执照、市场监督管理部门开具的刻章证明等去公安局的指定地点办理刻章，如图1-6所示。

 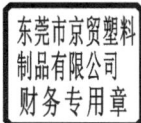  

　　企业公章　　　财务专用章　　企业法人章　　　发票专用章

图 1-6　公司主要用章

3. 企业会计机构

企业财务部有三个岗位：财务主管、会计、出纳，共同分工完成企业会计相关事务。会计人员的基本职责要求有：①遵照《小企业会计准则》；②执行具体会计制度规定；③如实反映本企业的各项经济业务活动；④提供真实可靠的会计资料；⑤切实做好记账、算账、报账工作，为企业管理提供参考。

会计人员印章如图 1-7 所示。

　　高山　　　　李一凡　　　　张晴

财务主管个人印章　会计个人印章　出纳个人印章

图 1-7　会计人员印章

【知识归纳】

企业成立时，在市场监督管理部门办理三证合一的营业执照；在开户银行办理账户开户许可证、预留银行印鉴；在公安局指定地点办理刻章。

企业财务部门设置财务主管、会计、出纳三个岗位。

【自我测试】

**单项选择题**

1. 开办企业需要到（　　）办理营业执照。
   A. 市场监督管理局　　　　　B. 质量技术监督局
   C. 税务局　　　　　　　　　D. 开户银行
2. 办理银行存款账户的开户许可证需要到（　　）办理。
   A. 市场监督管理局　　　　　B. 质量技术监督局
   C. 税务局　　　　　　　　　D. 开户银行

## 任务二  认识会计核算的经济事项

【活动背景】

图 1-8  出纳员张晴与会计李一凡的对话

【活动资料】

【业务 1-2】 凡是能够以货币表现的经济活动,就称为经济业务,也可称为会计事项。对表 1-3 中发生的经济业务用简要的话概括出来,并填在业务简称栏,并根据图 1-1 所列举的企业经营过程,判断各经济活动所属的经济业务类型。

表 1-3  经济业务类型判断

| 序号 | 经济业务举例 | 业务简称 | 经济业务类型 |
| --- | --- | --- | --- |
| 1 | 从银行提现 9 万元,准备发工资 | | |
| 2 | 发放员工工资,共 9 万元 | | |
| 3 | 接受投资人李明投资的 16 万元人民币 | | |
| 4 | 取得银行短期借款 5 万元 | | |
| 5 | 用存款购买 4 000 元材料聚丙烯,验收入库 | | |
| 6 | 车间领用 3 000 元材料聚丙烯 | | |
| 7 | 饭盒生产完工入库,共 5 000 元 | | |
| 8 | 销售水杯 200 个,售价 6 元/个 | | |
| 9 | 向股东分配利润 10 000 元 | | |

【活动指导】

【指导业务 1-2】 企业发生的所有活动都是经济活动,其中能够以货币表现的经济活动才称为经济业务。经济业务类型可分为以下五种:

(1)筹集资金业务:接受投资者投入资金、向银行借入资金。
(2)供应业务:采购物资、材料入库。
(3)生产业务:领用材料、支付水电费、发放工资、产品完工入库。
(4)销售业务:销售产品、销售材料。
(5)核算成果及分配利润:支付利息、计算税费、核算利润、分配利润等。

经过分析,表 1-3 中的业务简称及经济业务类型如表 1-4 所示。

表 1-4 业务简称及经济业务类型

| 序号 | 经济业务举例 | 业务简称 | 经济业务类型 |
| --- | --- | --- | --- |
| 1 | 从银行提现 9 万元,准备发工资 | 提取现金 | 生产业务 |
| 2 | 发放员工工资,共 9 万元 | 发放工资 | |
| 3 | 接受投资人李明投资的 16 万元人民币 | 接受投资 | 筹集资金业务 |
| 4 | 取得银行短期借款 5 万元 | 取得借款 | |
| 5 | 用存款购买 4 000 元材料聚丙烯,验收入库 | 购料 | 采购业务 |
| 6 | 车间领用 3 000 元材料聚丙烯 | 领料 | 生产业务 |
| 7 | 饭盒生产完工入库,共 5 000 元 | 产品完工入库 | |
| 8 | 销售水杯 200 个,售价 6 元/个 | 销售 | 销售业务 |
| 9 | 向股东分配利润 10 000 元 | 分配利润 | 核算成果及分配利润 |

【知识归纳】

企业经济业务类型有五种:筹集资金业务、采购业务、生产业务、销售业务、核算成果及分配利润。

【自我测试】

一、多项选择题

1. 以下属于经济业务的有(　　)。
   A. 签订合同　　B. 采购材料　　C. 招聘出纳　　D. 销售产品
2. 以下属于企业经营过程的有(　　)。
   A. 筹集资金过程　　　　　　　　B. 核算成果及分配利润

C. 供应过程　　　　　　　　　　D. 生产过程

## 二、判断题

1. 经济活动又称经济业务。　　　　　　　　　　　　　　　　　　（　）
2. 企业发生的经济活动都是会计要处理的对象。　　　　　　　　　（　）
3. 凡是特定单位能够以货币表现的经济活动,都是会计核算和监督的内容,即会计对象。　　　　　　　　　　　　　　　　　　　　　　　　　　（　）

项目一的习题答案

# 项目二 填制单据

【学习目标】
- 会规范书写会计数字
- 熟练使用台式计算器
- 能鉴别人民币真伪
- 会手工点钞操作技能
- 会填写企业常用的业务单据
- 能初步收集业务单据的信息
- 养成认真、细致的工作态度

## 基础知识

**1. 写规范字**

会计工作中的数字书写包括两种：一是阿拉伯数字书写，俗称小写数字书写；二是大写数字书写。

1) 小写数字书写

会计数字书写采用的是世界上通用的阿拉伯数字。阿拉伯数字应用范围较广，在填写单据、凭证、账表等会计记录及计算结果时使用，通常使用的有1、2、3、4、5、6、7、8、9、0。

2) 大写数字书写

大写数字有壹、贰、叁、肆、伍、陆、柒、捌、玖和数位拾、佰、仟、万、亿、元、角、分、零、整（正）等，一律用正楷或行书书写，不得用一、二(两)、三、四、五、六、七、八、九、十、另(或〇)等字代替，不得自造简化字代替。

**2. 台式计算器的使用**

1) 台式计算器的样式及结构

计算器的种类很多，型号不一，功能有繁有简，会计工作常使用的是具有加、减、乘、除、累计等基本计算功能的简单型计算器。计算器一般由显示屏、功能键、内存、运算器四部分组成。它的结构简单,操作方便,适用于会计、统计和一般家庭日常计算。台式计算器样式及结构如图2-1所示。

2) 使用计算器的基本要求

使用计算器的基本要求有以下几点:①坐姿端正,肌肉放松,活动自如,动作协调。②将计算器平放在合适的位置。③一般用左手按住单据,右手击键,如果一开始就训练由右手握笔击键计算,则

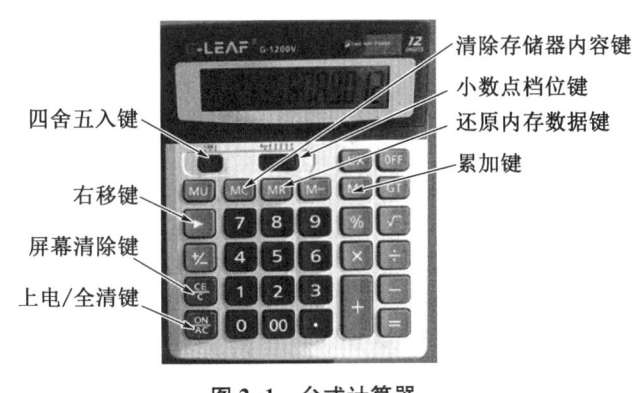

图 2-1　台式计算器

速度会更快。④在击键过程中,右手腕悬空,操作时手掌上下移动,或者右手掌尾部放在桌子上,靠手指的移动来完成操作。⑤在整个操作过程中,注意力要高度集中,做到眼到手到,头不能左右摇晃;同时要注意掌握好节奏,不要时快时慢甚至停顿,要动作连贯,一气呵成。

**3. 验、点钞票**

1) 鉴别人民币真伪

(1) 认识人民币。第一套人民币于1948年12月1日发行,至2020年央行已发行五套人民币。目前,我国使用的是第五套人民币。

(2) 识别人民币纸币的方法。纸币真伪的识别通常采用直观对比(眼看、手摸、耳听)和仪器检测相结合的方法,即通常所说的"一看、二摸、三听、四测"。我们以第五套人民币纸币为例进行介绍。

眼看:颜色、图案、花纹、水印、安全线、光变油墨等外观情况。具体如表2-1所示。

表 2-1　识别人民币纸币方法(一)

| 项目 | 100元 | 50元 | 20元 | 10元 | 5元 |
| --- | --- | --- | --- | --- | --- |
| 固定水印 | 毛泽东头像 | 毛泽东头像 | 荷花 | 月季花 | 水仙花 |
| 白水印 | 100 | 50 | 20 | 10 | 5 |
| 全息磁性开窗安全线 | ¥100 | ¥50 | ¥20 | ¥10 | ¥5 |
| 隐形面额数字 | 100 | 50 | 20 | 10 | 5 |
| 胶印缩微文字 | RMB100 | RMB50 | RMB20 | RMB10 | RMB5 |
| 光变油墨面额数字 | 绿色变蓝色 | 金色变绿色 | — | — | — |
| 阴阳互补对应图案 | 古钱币图案 ||||| 
| 冠字号码 | 双色异形横号码,左红右黑 || 双色横号码,左红右黑 |||
| 凹印手感线 | 有 |||||

手摸：纸张、行名、盲文、人像、主景图案。具体如表 2-2 所示。

表 2-2　识别人民币纸币方法（二）

| 项目 | 100 元 | 50 元 | 20 元 | 10 元 | 5 元 |
|---|---|---|---|---|---|
| 手工雕刻头像 | 毛泽东头像 | | | | |
| 雕刻凹版印刷 | 毛泽东头像、"中国人民银行"行名、面额数字、盲文面额标记 | 毛泽东头像、"中国人民银行"行名、面额数字、盲文面额标记 | "中国人民银行"行名、面额数字、盲文面额标记 | 毛泽东头像、"中国人民银行"行名、面额数字、盲文面额标记 | 毛泽东头像、"中国人民银行"行名、面额数字、盲文面额标记 |
| | 人民大会堂 | 布达拉宫 | 桂林山水 | 长江三峡 | 泰山 |

耳听：抖动钞票的声音。通过抖动钞票使其发出声响，根据声音来分辨人民币真伪。人民币的纸张具有挺括、耐折、不易撕裂的特点。手持钞票用力抖动、手指轻弹或两手一张一弛轻轻对称拉动，能听到清脆响亮的声音。

仪器检测：使用简单工具和专用仪器，如放大镜、紫外灯、磁性检测仪。借助放大镜可以观察票面线条清晰度、胶印、凹印缩微文字等；用紫外灯照射票面，可以观察钞票纸张和油墨的荧光反应；用磁性检测仪可以检测双色异形横号码的磁性和安全线的磁性。

2）点钞的基本工序和要求

（1）点钞的基本工序：拆把→点数→扎把→盖章。

拆把：将待点的钞票按不同点钞方法的要求拿在手中，然后脱去扎钞纸条或将纸条勾断，为点数做好准备。

点数：左手持钞，右手点钞，眼睛紧盯捻动的钞票，同时脑中计数。手、眼、脑三位一体，协调配合，将钞票清点准确。

扎把：将清点准确的 100 张钞票墩齐，用纸条捆扎牢固。

盖章：在捆扎钞票的纸条侧面上加盖点钞人员的名章，以明确责任。

（2）点钞的基本要求：坐姿端正，放置适当；扇面均匀；动作连贯；点数准确；清理整齐；扎把牢固；盖章清晰。

3）点钞方法

（1）手工点钞方法。手工点钞的方法主要有以下几种：手持式单指单张点钞法、手持式一指多张点钞法、手持式四指四张点钞法、手按式单指单张点钞法、手按式多指多张点钞法、扇面式一指多张点钞法、扇面式多指多张点钞法。后文将简单介绍最常用的手持式单指单张点钞法和手按式多指多张点钞法。

（2）机器点钞方法。机器点钞同手工点钞一样，也分为拆把、点数、扎把、盖章四道工序。点钞机的使用方法：全数清点方式；累加清点方式；定量清点方式；防伪清点方式。

4）钞票的整理与捆扎

钞票的整理包括两个方面。

（1）在清点钞票之前，先按券别（100元、50元、20元、10元等）将钞票分类平摊摆放在桌面上，同时挑出残损票，对散开的钞票要用纸条粘好，然后按完整票和残损票分类进行清点；若发现可疑钞票，还应对其进行真伪鉴别。

（2）清点完一把钞票后，要进行捆扎前的整理，将券角拉平，将钞票墩齐，然后以扎钞纸条捆扎牢固。

**4. 原始凭证**

原始凭证是在经济业务发生或完成时由经办人员直接取得或填制的，用以记录或证明经济业务事项已经发生或完成情况，明确有关经济责任的一种书面证明，其分类如图2-2所示。

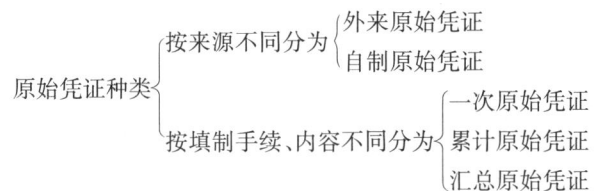

图 2-2 原始凭证分类

1）按照来源不同，分为外来原始凭证和自制原始凭证

外来原始凭证是指在经济业务发生或完成时，从其他单位或个人直接取得的原始凭证，如购买原材料取得的发票、飞机票、火车票、银行的各类结算凭证。

自制原始凭证是指在经济业务发生或完成时，由本单位内部经办业务的部门和人员填制的原始凭证，此类原始凭证仅供单位内部使用，如收料单、领料单、入库单、出库单、折旧计算表等。

2）按照填制手续及内容的不同，分为一次原始凭证、累计原始凭证和汇总原始凭证

一次原始凭证是指一次填制完成、只记录一项经济业务的原始凭证。它是一次有效的凭证，如收料单、领料单。

累计原始凭证是指在一定时期内连续多次记录发生的同类经济业务的原始凭证。它是多次有效的原始凭证，可以随时计算发生额累计数，如限额领料单。

汇总原始凭证也称原始凭证汇总表，是指对一定时期内反映相同经济业务内容的若干原始凭证，按照一定标准汇总填制的原始凭证，如发出材料汇总表、工资汇总表。编制汇总原始凭证既可提供经营管理所需要的总量指标，又可简化核算手续。

3）原始凭证的基本内容

原始凭证的基本内容主要包括原始凭证名称、填制凭证的日期、凭证的编号、接受凭证单位名称、经济业务内容（含数量、单价、金额等）、填制凭证单位名称或者填制人姓名、填制单位签章、有关人员（部门负责人、经办人员）签章。

4）填写的基本要求

真实可靠：按发生经济业务的客观事实填写。

填制及时：按发生经济业务完成的真实时间填写。

内容完整：完成单据内的各项目填写，不遗漏。

书写清楚：文字要简要，字迹要清楚，易于辨认，不得使用未经国务院公布的简化汉字。不得随意涂改、刮擦、挖补。

5）原始凭证审核内容

真实性：凭证日期、业务内容、数据、凭证本身是否真实；外来原始凭证有没有填制单位公章和填制人员私章；自制原始凭证有没有经办部门和经办人员的签名或盖章。

合法性：原始凭证所记录的经济业务事项是否符合规章制度、费用预算；是否符合企业经营管理的需要。

完整性：各项基本要素是否齐全，日期是否完整，文字、数字是否工整清晰，联次是否正确。

正确性：各项金额的计算及填写是否正确，凭证中有书写错误的，应采用正确的方法更正，不能采用涂改、刮擦、挖补等不正确方法。

## 任务一　学会会计基本技能

### 一、写规范字

【活动背景】

图 2-3　财务主管高山与出纳员张晴的对话

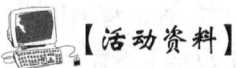
【活动资料】

【业务 2-1】　书写会计数字。会计数字的练习表如表 2-3 所示。

表 2-3　会计数字的练习表

| 小写金额 | 十 | 万 | 千 | 百 | 十 | 元 | 角 | 分 | 大写金额 |
|---|---|---|---|---|---|---|---|---|---|
| ￥50.03 | | | | | | | | | |
| ￥5 123.00 | | | | | | | | | |
| ￥21 356.50 | | | | | | | | | |
| ￥10 005.00 | | | | | | | | | |
| ￥20 080.90 | | | | | | | | | |
| ￥34 768.03 | | | | | | | | | |
| ￥650 892.00 | | | | | | | | | |

【业务 2-2】 登记账簿时,由于笔误将金额 368.13 误记为 568.13;17 235 误记为 71 235;1 380 误记为 138;235 719.02 误记为 235 719.62。请用规范方法进行订正,金额订正练习表如表 2-4 所示。

表 2-4　金额订正练习表

| 金　额 | | | | | | | | | |
|---|---|---|---|---|---|---|---|---|---|
| 千 | 百 | 十 | 万 | 千 | 百 | 十 | 元 | 角 | 分 |
| | | | | | 5 | 6 | 8 | 1 | 3 |
| | | | 7 | 1 | 2 | 3 | 5 | 0 | 0 |
| | | | | | 1 | 3 | 8 | 0 | 0 |
| | | | 2 | 3 | 5 | 7 | 1 | 9 | 6 | 2 |

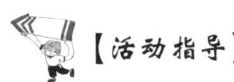

## 【活动指导】

【指导业务 2-1】 阿拉伯数字和中文大写金额的书写要求。

(1) 每个数字要大小匀称,笔画流畅;每个数字独立有形,使人一目了然,不能连笔书写。

(2) 书写排列有序且字体要自右上方向左下方倾斜,各数字的倾斜度要一致,一般要求上端一律向右倾斜 55°~60°。

(3) 书写的每个数字要贴紧底线,但上端不可顶格,其高度占全格的 1/2~2/3,为更正数字留有余地。除"6、7、9"外,其他数字高低要一致。书写"6"时,上端比其他数字高出 1/4;书写"7"和"9"时,下端比其他数字伸出 1/4;"6、8、9、0"的圆要封口,"3"和"8"的上半部应小于下半部。

(4) 书写会计数字时,应从左至右,笔画顺序是自上而下,先左后右,防止写倒笔字。每个数字的大小要一致,数字排列的空隙应保持一致且距离同等,每个数字上下左右要对齐。在印有数位线的凭证、账簿、报表上,每一格只能写一个数字,不得几个数字挤在一个格里,更不能在数字中间留有空格。

(5) 书写会计数字时,除"4"和"5"以外的数字,必须一笔写成,不能人为地增加数字的笔画。会计工作中阿拉伯数字手写体的书写标准如图 2-4 所示。

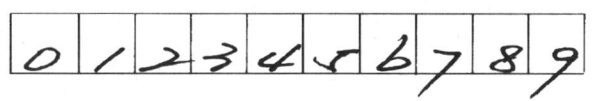

图 2-4　阿拉伯数字写法

(6) 书写票据上的小写金额时,应在小写金额前填写人民币符号"￥",人民币符号"￥"与阿拉伯数字之间不得留有空白,数字后面不需写"元"字。所有以元为单位的阿拉伯数字,除表示单价等情况外,一律填写到角分。此外,小数点(".")应在元位和角位之间,从小数点向左按照"三位一体"用分位号(",")分开。如"￥8 879.28""￥123"被填写到会计凭证、登记会计账簿、编制会计报表时,数字必须要按数位填入,金额要采用"0"占位到分为止,不能用画线等方法代替。

(7) 大写金额数字前未印有"人民币"字样的,书写时应在大写金额前加"人民币"字样,"人民币"与金额首位数字之间不得留有空白,数字之间更不能留有空格。

(8) 中文大写金额数字到"元"为止的,在"元"之后,应写"整"(或"正")字,在"角"之后,可以不写"整"(或"正")字。中文大写金额数字有"分"的,"分"后面不写"整"(或"正")字。

(9) 阿拉伯金额数字中间有"0"时,中文大写金额要写"零",如￥15 508.09,应写成人民币壹万伍仟伍佰零捌元零玖分;阿拉伯金额数字中间连续有几个"0"时,中文大写金额可以只写一个"零"字,如￥10 003.80,应写成人民币壹万零叁元捌角整;阿拉伯数字元位是"0"或数字中间连续有几个"0"时,元位也是"0"但角位不是"0"时,中文大写金额只写一个"零"字,也可不写"零"字,如￥108 000.58,应写成人民币壹拾万捌仟元零伍角捌分,也可写成人民币壹拾万捌仟元伍角捌分;阿拉伯金额数字角位是"0",而分位不是"0"时,中文大写金额"元"后面应写"零"字,如￥16 409.02,应写成人民币壹万陆仟肆佰零玖元零贰分。

【指导业务 2-2】　数字书写错误的更正方法。

在填写凭证、登记账簿、编制报表过程中,如果书写阿拉伯数字发生错误,严禁采用刮擦、涂改或采用药水消除字迹等方法来改错。应采用会计工作中通用的划线更正方法进行更正(见图 2-5)。划线更正法更正错误数字的步骤:①将错误数字全部用单红线注销掉;②在原数字上方填写正确的数字;③由更正人员在注销的数字上盖章。

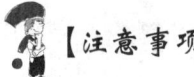【注意事项】

如果发现中文大写金额数字漏写或者写错,不能加字或涂改,也不能用"划线更正法"更正,必须重新填写凭证。

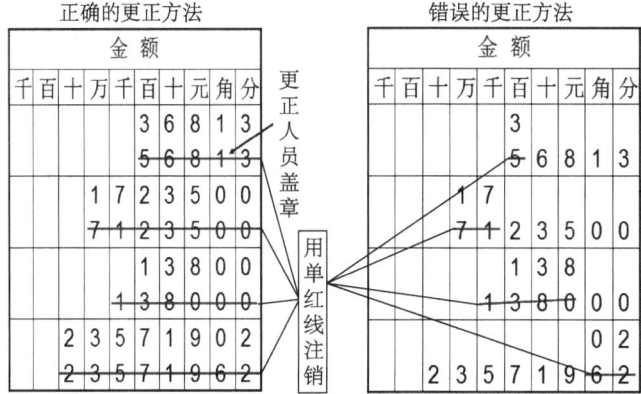

图 2-5 划线更改法

【知识归纳】

划线更正法更正错误数字的步骤：
(1) 将错误数字全部用单红线注销掉；
(2) 在原数字上方填写正确的数字；
(3) 由更正人员在注销的数字上盖章。

## 二、打 账 表

【活动背景】

图 2-6 总经理李明与会计李一凡的对话

【活动资料】

【业务 2-3】 账表算题,如表 2-5 所示。

表 2-5 账表算题

| 套题序 | 套题一 | 套题二 | 套题三 | 套题四 | 套题五 |
|---|---|---|---|---|---|
| 数字 | 193 830.42 | 82 101 292.47 | 4 798.34 | 942 993.82 | 30 798 992.24 |
| | 74 310 382.24 | 904 272.12 | 937 072.09 | 32 290 999.48 | −8 297 489.03 |
| | 2 319.08 | 2 148.22 | 87 304 979.92 | 9 824.29 | 9 248.97 |
| | 3 766 709.81 | 1 967.33 | 8 672 752.77 | 3 677.86 | −67 758.02 |
| | 636 018.77 | 765 091.63 | 1 582.20 | 71 807 765.63 | 80 775 273.76 |
| | 7 771.86 | 3 583.19 | 7 275 260.17 | −758 706.61 | −7 273 750.87 |
| | 96 813 607.77 | 98 637 306.51 | 61 725.02 | 6 537 707.18 | 8 576.72 |
| | 79 013.68 | 750 933.68 | 27 687 501.27 | 10 537.77 | −767 707.83 |
| | 2 937.81 | 115 925.91 | 30 784 299.79 | 9 093 498.98 | 2 937.84 |
| | 5 107 248.33 | 7 048.21 | 29 790.48 | −49 539.04 | −999 453.02 |
| | 3 527.94 | 457 189.50 | 7 439 209.89 | −9 048 992.39 | 28 340.59 |
| | 475 019.33 | 11 985 504.72 | 7 478.29 | 439.90 | −789 592.99 |
| | 93 704 583.71 | 10 241.89 | 899 947.73 | −9 095 993.48 | 70 985.29 |
| | 29 051.48 | 7 524 081.18 | 94 993.97 | 85 993 240.99 | −489 052.73 |
| | 4 130 825.93 | 9 758.51 | 9 372 809.42 | 9 094.39 | 3 499 920.59 |
| 合计 | 279 262 848.16 | 203 276 345.07 | 180 574 201.35 | 187 746 548.77 | 96 509 471.51 |

【业务 2-4】 趣味练习。

(1) 打百子,即 1+2+3+……+99+100＝5050。

(2) 减百子,先输入 5050,然后依次减去 1,2,3,…,100,最后得零。

(3) 把 123 456 789 连加 9 次,和为 1 111 111 101,随后再逐笔减 123 456 789,直至减完为零。

(4) 把 1 234 567 890 连加 9 次,和为 11 111 111 010,随后再逐笔减 1 234 567 890,直至减完为零。

(5) 把 9 876 543 210 连加 9 次,和为 88 888 888 890,随后再逐笔减 9 876 543 210,直至减完为零。

【活动指导】

【指导业务 2-3】 账表算又称表格算、表册算,是日常经济工作中最常见的加减运算形式、会计工作日常结账和汇总数字的重要方法、类似于账表汇总的一种核算方式,也是会计核算中的一项基本技能。要提高账表算的速度,就必须懂得手指的分工、定位以及"盲打"的方法。

【指导业务 2-4】 计算器的操作技巧。

1. 计算器指法分配

在会计账表复核及传票翻打中,加、减法运用得比较多。主要指法分配如下:

(1) 食指负责"0""1""4""7"这四个键。

(2) 中指负责"00""2""5""8"这四个键。

(3) 无名指负责"."" 3""6""9"这四个键。

(4) 小指或无名指负责"+""-""×""÷""="这五个键。

(5) 如有需要,可由食指负责最左一列键,如"AC""CE"等。

2. 计算器盲打的基本方法

"盲打"就是眼睛不看键盘,主要看需要计算的数据,通过指法定位操作来完成计算。由于速度快、效率高而被广泛采用,它是财会人员必须掌握的一项基本技能。要掌握好计算器盲打这项技能,必须做到以下几点:

(1) 熟悉计算器的指法分配,同时在击键之前或使用运算键之后,右手食指、中指、无名指应在"4""5""6"三个键的上面。

(2) 初练时可先看着键盘练习,练习几遍后,可试着不看键盘,也可以看着屏幕输入。

(3) 练习速度要由慢而快,速度要均匀,应做到循序渐进。

(4) 只有多练、苦练、持之以恒,才能达到良好的效果。

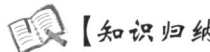【知识归纳】

计算器的使用重在练习,只有掌握正确的指法,加强练习,才能保证计算得又快又准。

## 三、验钞、点钞

图 2-7 销售员周迪生与出纳员张晴的对话

【活动资料】

【业务 2-5】 认识第五套人民币的真伪标志。

【业务 2-6】 拿出练功券体验手持式单指单张点钞法和手按式多指多张点钞法。

【活动指导】

**【指导业务2-5】** 根据第五套人民币纸币防伪图样（见图2-8至图2-12）和鉴别方法辨别人民币的真伪。

1. 光变镂空开窗安全线
改变观察角度，安全线颜色在红色和绿色之间变化，亮光带上下滚动。透光观察可见"¥100"。
2. 光彩光变数字
改变观察角度，面额数字"100"的颜色在绿色和金色间变化。
3. 人像水印
透光观察，可见毛泽东头像。
4. 胶印对印图案
透光观察，正背面图案组成一个完整的面额数字"100"。
5. 横竖双号码
6. 白水印
透光观察，可以看到透光性很强的水印面额数字"100"。
7. 雕刻凹凸
触摸有明显的凹凸感。

图2-8　2015年版第五套人民币100元纸币

1. 光彩光变面额数字
改变观察角度，面额数字"50"的颜色在绿色和蓝色间变化。
2. 雕刻凹印
触摸有凹凸感。
3. 动感光变镂空开窗安全线
改变观察角度，安全线颜色在红色和绿色之间变化，亮光带上下滚动。透光观察可见"¥50"。
4. 人像水印
透光观察，可见毛泽东头像水印。
5. 胶印对印图案
透光观察，正背面图案组成一个完整的面额数字"50"。
6. 白水印
透光观察，可见面额数字"50"。

图2-9　2019年版第五套人民币50元纸币

1. 光彩光变面额数字
改变观察角度，面额数字"20"的颜色在金色和绿色之间变化。
2. 雕刻凹印
触摸有凹凸感。
3. 光变镂空开窗安全线
改变观察角度，安全线颜色在红色和绿色之间变化。透光观察可见"¥20"。
4. 花卉水印
透光观察，可见花卉图案水印。
5. 胶印对印图案
透光观察，正背面图案组成一个完整的面额数字"20"。
6. 白水印
透光观察，可见面额数"20"。

图 2-10　2019 年版第五套人民币 20 元纸币

1. 光彩光变面额数字
改变观察角度，面额数字"10"的颜色在绿色和蓝色之间变化。
2. 雕刻凹印
触摸有凹凸感。
3. 光变镂空开窗安全线
改变观察角度，安全线颜色在红色和绿色之间变化。透光观察可见"¥10"。
4. 花卉水印
透光观察，可见花卉图案水印。
5. 胶印对印图案
透光观察，正背面图案组成一个完整的面额数字"10"。
6. 白水印
透光观察，可见面额数"10"。

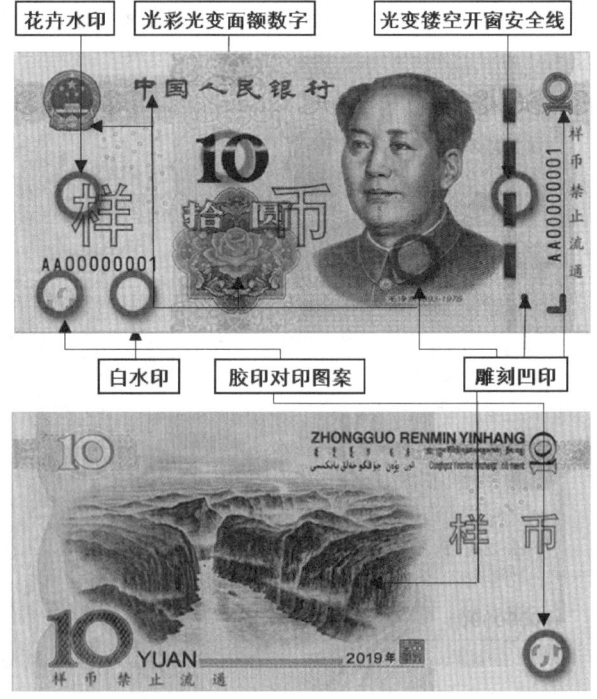

图 2-11　2019 年版第五套人民币 10 元纸币

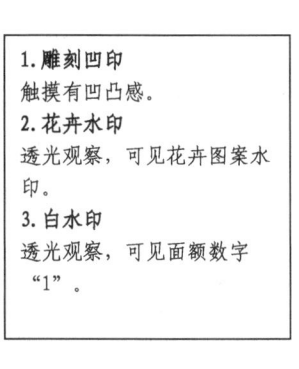
1. 雕刻凹印
触摸有凹凸感。
2. 花卉水印
透光观察，可见花卉图案水印。
3. 白水印
透光观察，可见面额数字"1"。

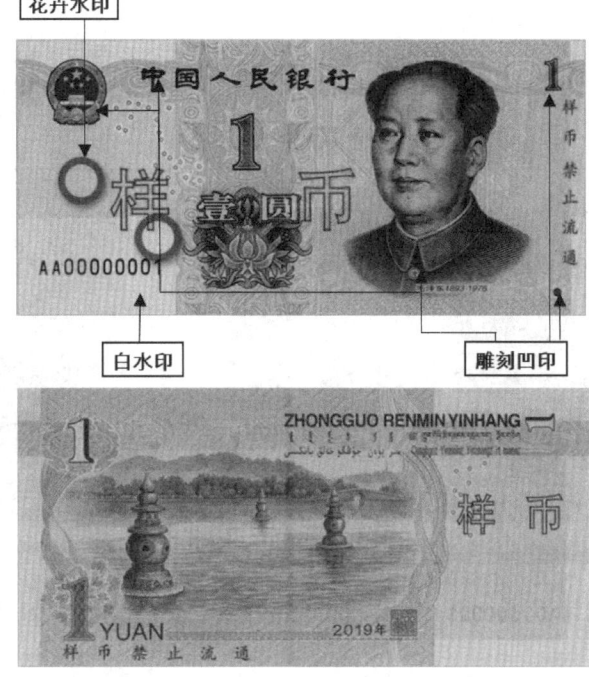

图 2-12　2019 年版第五套人民币 1 元纸币

【**指导业务 2-6**】　手持式单指单张点钞法和手按式多指多张点钞法的操作步骤。

（1）手持式单指单张点钞法操作步骤（见图 2-13 至图 2-15）。

| 夹：左手持钞，中指和无名指要夹紧。 | 基本要领：左手持钞票，用左手拇指按住钞票正面的左端中央，食指和中指在钞票背面，与拇指一起捏住钞票，无名指自然卷曲，担起钞票后小拇指伸向钞票正面压住钞票左下方，中指稍用力，与无名指卡紧钞票，食指伸直，拇指向上移动，按住钞票的侧面将钞票压成瓦形（左手手心向下）。 |
|---|---|
| 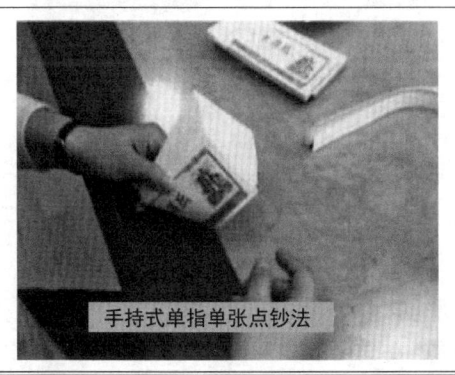 | 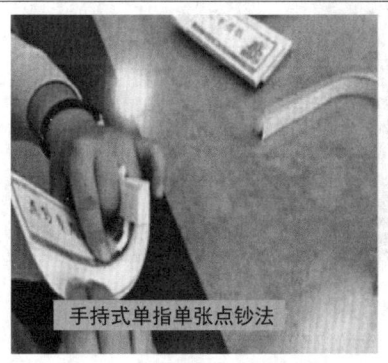 |

图 2-13　手持式单指单张点钞法夹钞示意图

| 扇：扇面平，距离均匀。<br>基本要领：左手将钞票往桌上擦过，将钞票翻转，拇指借从桌面擦过的力量将钞票撑成微开的扇面并斜对自己。 | 捻：右手三个指头沾水，用右手拇指指尖向下捻动钞票右下角（幅度不宜过大），右手食指在钞票背后配合拇指捻动。<br>推：左手拇指按捏钞票不要过紧，自然助推。 |
|---|---|
| 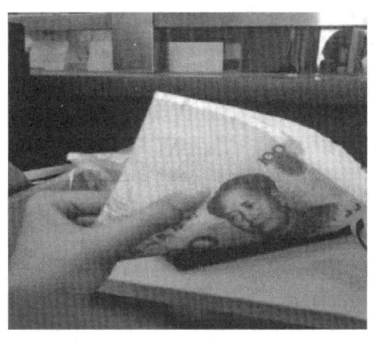 |  |

图 2-14　手持式单指单张点钞法扇、捻、推钞示意图

| 弹：右手的无名指将捻起的钞票向怀里弹，要轻点快弹。<br>记数：边数边记，记数采用 1、2、3、4、5、6、7、8、9、1（即 10），1、2、3、4、5、6、7、8、9、2（即 20），1、2、3、4、5、6、7、8、9、3（即 30），以此类推，数到 1、2、3、4、5、6、7、8、9、10（即 100）。 | 扎把、盖章。 |
|---|---|
|  | 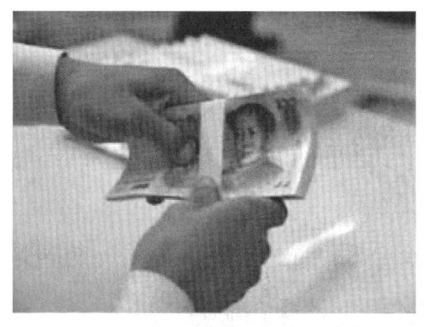 |

图 2-15　手持式单指单张点钞法弹、记数与扎把、盖章示意图

（2）手按式多指多张点钞法操作步骤（见图2-16至图2-18）。

| 放票：把钞票斜放在桌上，使其右下角稍伸出桌面，坐的椅子要向右斜摆，使身体与桌子成一个三角形，便于右手肘部枕在桌面上，操作起来省力。 | 基本要领：钞票与桌沿夹角约15°。 |
|---|---|
|  | 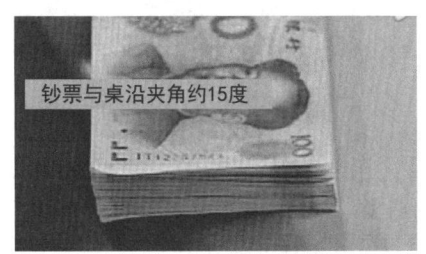 |

图2-16　手按式多指多张点钞法放钞示意图

| 点钞：点钞时以左手小指、无名指按住钞票的左上角约占票面1/4处，右肘部枕在桌面上（右手肘如腾离桌面，容易疲劳，不易持久），右手心稍向下，大拇指托起右下角的部分钞票，用力把托起的钞票稍压一定的弯度。接着先用无名指捻起第1张，随着中指、食指，依顺序各捻起1张，将捻起的3张钞票用左手拇指向上推送到食指和中指间，再夹住。点钞时切忌手指抬高，否则影响速度。 | 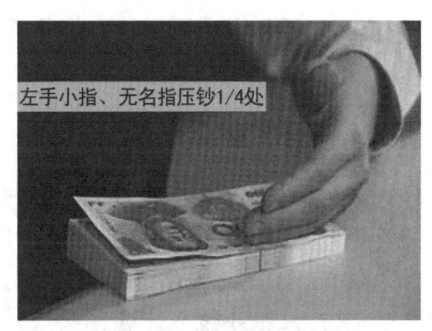 |
|---|---|
|  |  |

图2-17　手按式多指多张点钞法点钞示意图

| 记数：采用分组记数，三指点钞是每 3 张为一组记 1 个数，数到 33 组最后剩一张，即为 100 张。 | 扎把、盖章。 |
|---|---|
| 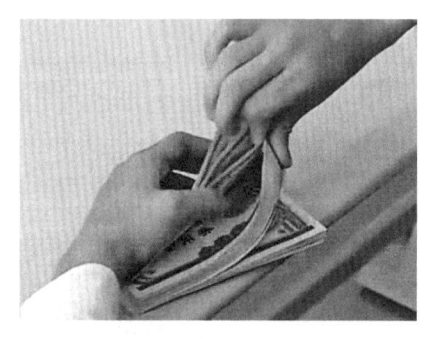 | 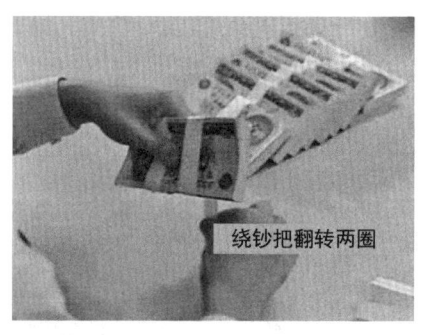 |

图 2-18　手按式多指多张点钞法点钞记数、扎把、盖章示意图

### 【知识归纳】

1. 手持式单指单张点钞法的操作口诀

（1）左手：三指弯曲来夹钞，拇指食指把钞卡，一上一下来配合，推出扇面便清点。（三指：小指、无名指、中指）

（2）右手：拇指食指推拧钞，先上再外成弧形，食指托钞拇指捻，弹钞不忘无名指。

2. 手按式多指多张点钞法口诀

（1）左手：两指并拢来压钞，用力按住左上角，三张一组往上送，拇指送钞食指接，食指中指齐夹钞，三十三再加一。（两指：小指、无名指）

（2）右手：拇指托起右下角，稍微用力向内压，手心向外臂莫高，三指先后把钞捻，动作幅度调节好，三张一组来计数。

### 【自我测试】

一、判断题

1. 会计书写错误可用涂改液进行改正。　　　　　　　　　　　　　　　（　　）
2. ¥21 300.05 大写为"贰万壹仟叁佰元零伍角"。　　　　　　　　　　（　　）
3. ¥64 789 大写为"人民币陆万肆仟柒佰捌拾玖元整"。　　　　　　　（　　）

二、业务题

每天测试 5～10 分钟点钞和账表算，并登记准确度和成绩。

## 任务二　　出纳填写单据

### 一、送存现金

【活动背景】

图 2-19　出纳员张晴与财务主管高山的对话

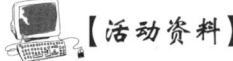【活动资料】

【业务 2-7】　2020 年 10 月 8 日,将现金 3 510 元(其中 33 张 100 元,4 张 50 元,1 张 10 元)存入银行。

【活动指导】

【指导业务 2-7】　送存现金的基本程序和填制现金交款单。

1. 送存现金的基本程序

1) 整理现金

各单位出纳员在将现金送存银行之前,为了便于银行柜台清查现金,提高工作效率,应对送存现金进行分类整理。其整理的方法为:

纸币应按照票面金额(即券别)分类整理。纸币可分为主币和辅币,主币包括 100 元、50 元、10 元、5 元、2 元和 1 元,辅币包括 5 角、2 角、1 角、5 分、2 分、1 分。出纳员应将各种纸币打开铺平,然后按币别每 100 张为一把,用纸条和橡皮筋箍好,每十把扎成一捆。例如,100 元券的纸币一把为 10 000 元,一捆即为 100 000 元;10 元券的纸币一把为

1 000 元,一捆即为 10 000 元。不满 100 张的,从大到小平摊摊放。

铸币包括 1 元、5 角、1 角、5 分、2 分、1 分(分币也可暂不送银行,作流通用)。铸币也应按币别整理,同一币别每 100 枚为一卷,用纸包紧卷好,每十卷为一捆。例如,5 角的铸币每一卷为 50 元,每一捆即为 500 元。不满 50 枚的硬币,也可不送,或用纸包好另行包放。

残缺破损的纸币和已经穿孔、裂口、破缺、压强、变形,以及正面的国徽、背面的数字模糊不清的铸币,应单独剔出,另行包装,整理方法与前同。

2) 填写现金交款单

现金整理完后,出纳员应根据整理后的金额填写现金交款单。现金交款单一般一式两联,第一联为银行收入记账依据;第二联为客户回单。

3) 送存银行

出纳员将款项和现金交款单交给银行柜员,银行审核、验收后加盖办讫章,将现金交款单的第二联交回送款单位,作为送款单位的记账依据。

2. 现金交款单

根据[业务 2-7]资料,出纳员张晴填制现金交款单后交款,如表 2-6 所示。

表 2-6　现金交款单

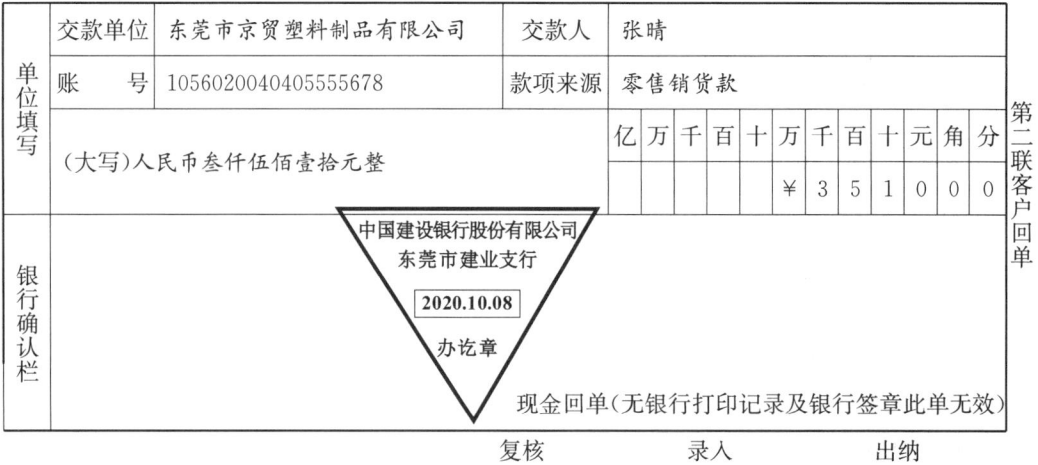

【知识归纳】

送存现金的基本程序:
(1) 现金的整理。
(2) 填写现金交款单。
(3) 送存银行。

## 二、开支票付款

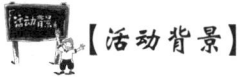【活动背景】

图 2-20 财务主管高山与出纳员张晴的对话

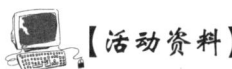【活动资料】

【业务 2-8】 2020 年 10 月 10 日开出支票归还前欠货款 10 509 元,增值税专用发票如表 2-7 所示。

表 2-7 增值税专用发票

| 4400174130 | 广东增值税专用发票 | | | No 20763220 | | |
|---|---|---|---|---|---|---|
| 机器编码:546334578200 | | | | 开票日期:2020 年 10 月 10 日 | | |
| 购买方 | 名　　称:东莞市京贸塑料制品有限公司<br>纳税人识别号:441911792915001<br>地　址、电　话:东莞市莞城区学院路287号 22662220<br>开户行及账号:建行东莞建业支行1056020040405555678 | | | 密码区 | (略) | |
| 货物及应税劳务名称 | 规格型号 | 单位 | 数量 | 单价 | 金　额 | 税率 | 税额 |
| *塑料粒料*红色母料 | | 千克 | 30 | 310.00 | 9 300.00 | 13% | 1 209.00 |
| 合　　计 | | | | | ¥9 300.00 | | ¥1 209.00 |
| 价税合计(大写) | ⊗壹万零伍佰零玖圆整 | | | | (小写) ¥10 509.00 | | |
| 销售方 | 名　　称:东莞市益能化工有限公司<br>纳税人识别号:441911792915002<br>地　址、电　话:东莞市桑园狮龙路20号26753300<br>开户行及账号:建行东莞桑园支行1056020011112222333 | | | 备注 |  | |

收款人:张智光　　　　复核:刘依琳　　　　开票人:王允　　　　销售方:(章)

**【活动指导】**

**【指导业务 2-8】** 支票的有关规定及填制支票。

1. 支票的有关规定

目前,我国使用3种支票:现金支票、转账支票和普通支票。支票上印有"现金"字样的为现金支票,只能用于提取现金。支票上印有"转账"字样的为转账支票,只能用于办理转账。支票上未印有"现金"和"转账"字样的为普通支票,它可以用于提取现金,也可以用于办理转账。在普通支票的支票联左上角画两条平行线,称为划线支票。划线支票只能用于办理转账,不能用于提取现金。银行、单位和个人填写的各种票据和结算凭证是办理支付结算和现金收付的重要依据。因此,填写票据和结算凭证,必须做到标准化、规范化,要素齐全、数字正确、字迹清晰、不错漏、不潦草,防止涂改。支票填写的有关规定如下:

(1) 签发支票:必须使用碳素墨水或墨汁填写,或用支票打印机打印。支票通常由出纳填写各要素后,交给会计机构的负责人审核并加盖出票单位预留银行印鉴。

(2) 支票出票日期的填写:必须按签发支票的实际出票日期填写。

支票存根联的出票日期用阿拉伯数字书写。支票联的出票日期必须用中文大写。为防止变造票据的出票日期,在填写月、日时,月为壹、贰和壹拾的,日为壹至玖和壹拾、贰拾和叁拾的,应在其前加"零";日为拾壹至拾玖的,应在其前加"壹"。例如,1月15日,应写成零壹月壹拾伍日。再如,10月20日,应写成零壹拾月零贰拾日。

票据出票日期用小写填写的,银行不予受理。大写日期未按要求规范填写的,银行可以受理,但由此造成的损失,由出票人自行承担。

(3) 付款行名称和出票人账号的填写:按出票人的开户银行及其支行的名称、账号填写。

(4) 收款人的填写:按实际的收款人填写。

(5) 金额的填写:中文大写金额数字前应标明"人民币"字样,大写金额数字应紧接"人民币"字样填写,不得留有空白;阿拉伯小写金额数字前面,均应填写人民币符号"￥"。阿拉伯小写金额数字要认真填写,不得连写,以防分辨不清。

(6) 用途填写:按实际的用途填写,注意存根联和支票联填写用途应一致。

2. 填制支票

根据[业务2-8],出纳员张晴填制支票归还货款,如表2-8所示。

**【注意事项】**

(1) 支票分为存根联和支票联,存根联留在企业作为付款凭证,支票联交给收款人。

(2) 普通支票用于转账必须在支票联的左上角画两条平行线。

(3) 办理转账的支票,其出票人(付款人)不需要背书,由收款人背书。

表 2-8　中国建设银行支票

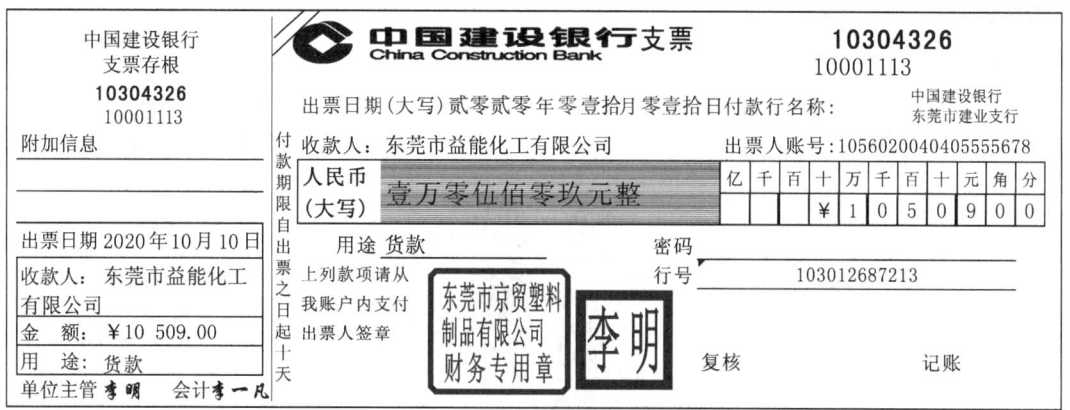

 【知识归纳】

支票的种类如图 2-21 所示。

　　　　　　　现金支票：印有"现金"字样的为现金支票，只能提取现金。
支票种类　转账支票：印有"转账"字样的为转账支票，只能办理转账。
　　　　　　　普通支票：支票上未印有"现金"和"转账"字样的为普通支票，
　　　　　　　　　　　　它可以用于提取现金，也可以用于办理转账。在普通支票的
　　　　　　　　　　　　支票联左上角画两条平行线，称为划线支票。划线
　　　　　　　　　　　　支票只能用于办理转账，不能用于提取现金。

图 2-21　支票的种类

## 三、办 理 进 账

### 【活动背景】

图 2-22 销售员周迪生与出纳员张晴的对话

### 【活动资料】

【业务 2-9】 2020 年 10 月 15 日预收广州市百利超市 20 000 元定金,具体如表 2-9 所示。

表 2-9 中国建设银行支票

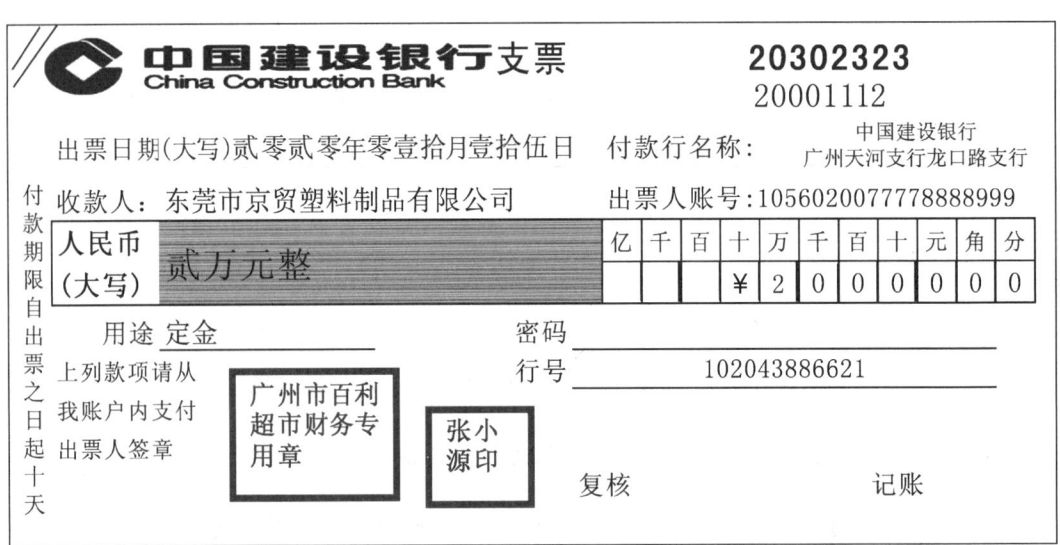

### 【活动指导】

【指导业务 2-9】 银行进账单的填写要求及进账办理。

1. 银行进账单的填写要求

银行进账单是存款人在开户银行存入来自外单位的支票等收款票据时填制的单据。银行进账单一式三联,第一联(回单)为收票银行交给持票人的回单;第二联(贷方凭证)为收款人开户行留作贷方凭证;第三联(收账通知)为银行交给收款人的收账通知。其填制要求,如表2-10所示。

表2-10 银行进账单填写要求

| 项目 | 填写要求 |
| --- | --- |
| 出票人 | 填写出票人的信息,如出票单位名称、开户银行及其支行的名称、账号 |
| 收款人 | 填写持票单位名称、开户银行及其支行的名称、账号 |
| 票据种类 | 填写结算票据的类别,如支票、银行汇票等 |
| 票据号码 | 填写结算票据的号码 |
| 票据张数 | 填写进账单附送票的数量 |
| 金额 | 大、小写与支票填写要求相同 |

2. 办理进账的流程

(1) 出纳员根据审核无误的支票联办理委托收款背书。办理委托收款背书时应在"被背书人"栏填写持票人银行支行名称,在"背书人签章"栏书写委托收款、加盖预留银行印鉴和背书日期。

(2) 出纳员填写银行进账单。

(3) 出纳员将银行进账单和已办理委托收款背书的支票联送交开户行。

3. 办理进账

根据[业务2-9]出纳员张晴收到付款单位的支票联(见表2-9),应当审核其各要素填写是否规范,加盖的银行印鉴是否清晰,然后出纳根据审核无误的支票联办理委托收款背书(见表2-11),再到银行填写银行进账单(见表2-12)办理进账。

表2-11 支票联办理委托收款背书

| 附加信息: | 被背书人<br>建行东莞建业支行<br><br>委托收款<br>东莞市京贸塑料<br>制品有限公司<br>财务专用章  李明<br><br>背书人签章<br>2020年10月15日 | 被背书人<br><br><br><br><br><br><br>背书人签章<br>年 月 日 | (贴粘单处) |
| --- | --- | --- | --- |

表 2-12 中国建设银行进账单

进账单（收账通知）   3

2020 年 10 月 15 日

| 出票人 | 全称 | 广州市百利超市 | 收款人 | 全称 | 东莞市京贸塑料制品有限公司 |
|---|---|---|---|---|---|
| | 账号 | 1056020077778888999 | | 账号 | 1056020040405555678 |
| | 开户银行 | 建行广州天河支行龙口路支行 | | 开户银行 | 建行东莞建业支行 |

| 金额 | 人民币（大写） | 贰万元整 | 亿 | 千 | 百 | 十 | 万 | 千 | 百 | 十 | 元 | 角 | 分 |
|---|---|---|---|---|---|---|---|---|---|---|---|---|---|
| | | | | | | ¥ | 2 | 0 | 0 | 0 | 0 | 0 | 0 |

| 票据种类 | 支票 | 票据张数 | 壹张 |
|---|---|---|---|
| 票据号码 | | 20001112 | |

中国建设银行股份有限公司
东莞市建业支行
2020.10.15
办讫章

复核　　　　记账　　　　　　　　　　　收款人开户银行签章

此联是收款人开户银行交给收款人的收账通知

【知识归纳】

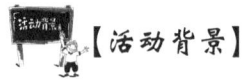

收到支票办理进账流程：审核支票联正面的各要素无误后，办理委托收款背书（银行支行名称、书写"委托收款"、加盖预留银行印鉴、书写背书日期），填写银行进账单后一并送存银行办理进账。

## 四、出售产品

【活动背景】

图 2-23 销售员周迪生与出纳员张晴的对话

【活动资料】

**【业务 2-10】** 2020 年 10 月 16 日东莞市京贸塑料制品有限公司向东莞市新天地购物中心销售饭盒 150 个,单价 18 元,价款 2 700 元,增值税 351 元;密封盒 200 个,单价 17 元,价款 3 400 元,增值税 442 元;水杯 100 个,单价 16 元,价款 1 600 元,增值税 208 元,价税合计 8 701 元,货款未收到。

【活动指导】

**【指导业务 2-10】** 增值税专用发票的概念及开具流程。

1. 增值税专用发票的概念

增值税专用发票,是专供给一般纳税人销售货物或提供应税劳务使用的一种特殊发票。目前,我国采用防伪税控系统开具增值税专用发票。其基本联次为三联:第一联记账联,是销售方核算销售收入和增值税销项税额的记账凭证;第二联抵扣联,是购买方报送主管税务机关认证和留存备查的凭证;第三联发票联,是购买方核算采购成本和增值税进项税额的记账凭证。增值税专用发票的填写要求如表 2-13 所示。

表 2-13 增值税专用发票的填写要求

| 项目 | 填写要求 |
| --- | --- |
| 开票日期 | 防伪税控系统内部自动生成(日、月为 1~9,其前加 0) |
| 购买方 | 购买方的信息(购买方全称、纳税人识别号、地址、电话、开户行及账号) |
| 密码 | 防伪税控系统内部自动生成,每份发票密码不同 |
| 货物资料 | 销售产品的资料(货物名称、计量单位、数量、不含税单价、金额、税率、税额) |
| 价税合计 | 防伪税控系统内部自动生成(大写金额前加"⊗","正"写成"整") |
| 销售方 | 销售方的信息(销售方全称、纳税人识别号、地址、电话、开户行及账号) |
| 签章 | 发票专用章 |

2. 开具发票的基本流程

(1) 仓管员根据合同规定的发货品种、规格、数量等要求,填写产品出库单(见表 2-14),办理发货手续。

表 2-14 产品出库单

2020 年 10 月 16 日　　　　　　　　　　　　　　　No. 431780

| 编号 | 品名规格 | 单位 | 数量 | 单价 | 金额 十万千百十元角分 | | | | | | | | 备注 |
| --- | --- | --- | --- | --- | --- | --- | --- | --- | --- | --- | --- | --- | --- |
| | 饭盒 | 个 | 150 | | | | | | | | | | |
| | 密封盒 | 个 | 200 | | | | | | | | | | |
| | 水杯 | 个 | 100 | | | | | | | | | | |
| | | | | | | | | | | | | | |
| | | | | | | | | | | | | | |
| | | | | | | | | | | | | | |

记账:李一凡　　　　　　　　保管:齐铭　　　　　　　　制票:齐铭

(2) 出纳员根据合同及销货通知,开具增值税专用发票(见表2-15)。

表 2-15　增值税专用发票

| | | | | | | | | |
|---|---|---|---|---|---|---|---|---|
| | | 4400174130 | | | | | No 34567102 | |
| | 机器编码: | | 此联不作报销、扣税凭证使用 | | | | | |
| | 3528942315256 | | | | | | 开票日期: 2020 年 10 月 16 日 | |
| 购买方 | 名　　　称:东莞市新天地购物中心 纳税人识别号:441911792915102 地　址、电　话:东莞市东城中路218号 22385568 开户行及账号:工行东莞中信支行0030110188889999000 | | | | | 密码区 | (略) | |
| | 货物及应税劳务名称 | 规格型号 | 单位 | 数量 | 单价 | 金　额 | 税率 | 税额 |
| | *塑料制品*饭盒 | | 个 | 150 | 18.00 | 2 700.00 | 13% | 351.00 |
| | *塑料制品*密封盒 | | 个 | 200 | 17.00 | 3 400.00 | 13% | 442.00 |
| | *塑料制品*水杯 | | 个 | 100 | 16.00 | 1 600.00 | 13% | 208.00 |
| | 合　　　计 | | | | | ¥7 700.00 | | ¥1 001.00 |
| 价税合计(大写) | ⊗捌仟柒佰零壹圆整 | | | | | (小写) ¥8 701.00 | | |
| 销售方 | 名　　　称:东莞市京贸塑料制品有限公司 纳税人识别号:441911792915001 地　址、电　话:东莞市莞城区学院路287号22662220 开户行及账号:建行东莞建业支行 323100210031004100 | | | | | 备注 | | |

收款人:张晴　　　　复核:高山　　　　开票人:张晴　　　　销货方:(章)

【注意事项】

(1) 填写增值税专用发票时,价税合计栏的大写金额前加"⊗","正"要写成"整"。
(2) 增值税专用发票由一般纳税人开具;如果是小规模纳税人,其要由税务局代开。

【知识归纳】

开具发票的基本流程:发运货物→开具发票→结算货款。

【自我测试】

一、单项选择题

1. 支票的出票日期为2013年2月10日,在支票联日期栏应填写(　　)。
　　A. 贰零壹叁年零贰拾日　　　　　　B. 贰零壹叁年零贰月壹拾日
　　C. 贰零壹叁年零贰月壹拾日　　　　D. 贰零壹叁年贰月拾日
2. 收到客户的支票进行委托收款背书后,出纳员应填写(　　)办理进账。
　　A. 借支单　　　B. 支票　　　C. 银行进账单　　　D. 收据

## 二、多项选择题

1. 支票的联次有( )。
   A. 存根联　　　B. 抵扣联　　　C. 支票联　　　D. 记账联
2. 我国支票的种类有( )。
   A. 划线支票　　B. 现金支票　　C. 普通支票　　D. 转账支票
3. 下列不属于企业内部的单据有( )。
   A. 销售发票　　B. 支票　　　　C. 现金交款单　D. 报销单
4. 增值税专用发票的联次有( )。
   A. 记账联　　　B. 存根联　　　C. 抵扣联　　　D. 发票联
5. 下列单据由出纳员填写的有( )。
   A. 支票　　　　B. 增值税专用发票　C. 银行进账单　D. 收料单

## 三、判断题

1. 现金支票可以用于转账。( )
2. 现金支票不可以背书转让。( )
3. 企业开具增值税专用发票时,必须加盖单位的财务专用章。( )

## 任务三　仓管员填写单据

### 一、收到材料

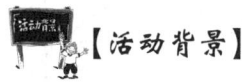【活动背景】

图 2-24　采购员王明与仓管员齐铭的对话

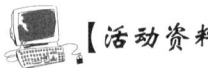【活动资料】

**【业务2-11】** 2020年10月6日,向东莞市益能化工有限公司购买黄色母料30千克,单价420元,价款12 600元,增值税1 638元,价税合计14 238元(见表2-16),材料入库,货款未付。

表2-16 增值税专用发票

| 400174130 | | 广东增值税专用发票 发票联 | | | | | No 07632218 | | |
|---|---|---|---|---|---|---|---|---|---|
| 机器编码: 568948515856 | | | | | | | 开票日期:2020年10月06日 | | |
| 购买方 | 名  称:东莞市京贸塑料制品有限公司 纳税人识别号:441911792915001 地 址、电 话:东莞市莞城区学院路287号 22662220 开户行及账号:建行东莞建业支行1056020040405555678 | | | | | | 密码区 | (略) | |
| 货物及应税劳务名称 | 规格型号 | 单位 | 数量 | 单价 | | 金 额 | 税率 | 税额 | |
| *塑料粒料*黄色母料 | | 千克 | 30 | 420.00 | | 12 600.00 | 13% | 1 638.00 | |
| 合          计 | | | | | | ¥12 600.00 | | ¥1 638.00 | |
| 价税合计(大写) | ⊗壹万肆仟贰佰叁拾捌圆整 | | | | | | (小写) ¥14 238.00 | | |
| 销售方 | 名  称:东莞市益能化工有限公司 纳税人识别号:441911792915002 地 址、电 话:东莞市桑园狮龙路20号26753300 开户行及账号:建行东莞桑园支行1056020011112222333 | | | | | | 备注 |  | |
| 收款人:张智光 | | 复核:刘依琳 | | | 开票人:王允 | | | 销售方:(章) | |

【活动指导】

**【指导业务2-11】** 收料单的基本内容、联次以及填制。

1. 收料单的基本内容及联次

收料单属于企业内部单据,没有统一格式,但各个企业的收料单一般应包括以下内容:①单据名称;②单据填写日期;③单据编号;④供应商名称及其发票编号;⑤材料收到日期;⑥材料名称、规格、送验数量、实收数量、计量单位等;⑦经办人员签章等。其联次一般为一式三联:第一联为仓库联;第二联为记账联;第三联为财会联。

2. 收料单的填制

根据[业务2-11],仓管员收到东莞市益能化工有限公司发来的黄色母料时,认真核实数量、规格、种类是否与货单一致,验收合格后,填写收料单如表2-17所示。

表 2-17　收　料　单

2020　年　10　月　06　日　　　　　　　　　　　　　　　　　　No. 19010111

| 来源单位：东莞市益能化工有限公司 | | | | 发票号 0763228 | | | | | | 2020 年 10 月 06 日收到 | | | | |
|---|---|---|---|---|---|---|---|---|---|---|---|---|---|---|
| 材料名称 | 送验数 | 实收数量 | 单位 | 单价 | 买价 | 运杂费 | 成本总额 | | | | | | | 单位成本 |
| | | | | | | | 十万 | 千 | 百 | 十 | 元 | 角 | 分 | |
| 黄色母料 | 30 | 30 | 千克 | 420 | 12 600 | 0 | | 1 | 2 | 6 | 0 | 0 | 0 | 420 |
| | | | | | | | | | | | | | | |
| | | | | | | | | | | | | | | |
| 备注 | | | | | 合计￥12 600 | | | | | | | | | |

验收人：王明　　　　　保管：齐铭　　　　　记账：李一凡　　　　　制单：齐铭

第二联　记账联

【知识归纳】

验收材料的基本流程：供应商发货→仓管员验收并填写收料单。

# 二、产品入库

【活动背景】

图 2-25　仓管员齐铭与会计李一凡的对话

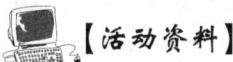【活动资料】

【业务 2-12】　2020 年 10 月 20 日，生产车间完成 5 000 个饭盒的生产。仓管员齐铭已验收入库。

【活动指导】

【指导业务2-12】 产品入库单的联次及填写。

1. 产品入库单的联次

完工的产品由质检部门进行产品质量检验,对合格产品签发合格证,然后验收入库。仓管员清点核对数量后填写产品入库单。产品入库单的联次一般为一式三联:一联作为仓管员登记库存商品明细账的依据;一联交至财务部门;一联退给生产车间存查。

2. 产品入库单的填写

根据[业务2-12],仓管员清点核对完工产品数量后,填写的产品入库单如表2-18所示。

表2-18 产品入库单

2020 年 10 月 20 日　　　　　　　　　　No. 401560

| 编 号 | 品名规格 | 单位 | 数 量 | 单价 | 金　　　额 | | | | | | | | 备 注 |
|---|---|---|---|---|---|---|---|---|---|---|---|---|---|
| | | | | | 十 | 万 | 千 | 百 | 十 | 元 | 角 | 分 | |
| | 饭盒 | 个 | 5 000 | | | | | | | | | | |
| | | | | | | | | | | | | | |
| | | | | | | | | | | | | | |
| | | | | | | | | | | | | | |
| | | | | | | | | | | | | | |
| | | | | | | | | | | | | | |

备注栏:第三联 记账

记账:李一凡　　　　　　保管:齐铭　　　　　　制单:齐铭

【注意事项】

平时登记出库单时只登记数量;月末,财务人员计算出完工产品的总成本和单位成本后再补填入库单的单价与金额。

【知识归纳】

完工产品入库流程:生产车间生产完工产品→质检部门验收→仓管员清点核对后填写产品入库单。

# 三、产品出库

【活动背景】

图 2-26 销售员周迪生与仓管员齐铭的对话

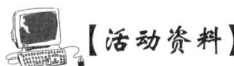【活动资料】

【业务 2-13】 2020 年 10 月 22 日,东莞市京贸塑料制品有限公司向上海市华润百货有限公司销售密封盒 3 000 个,单价 17 元,价款 51 000 元,增值税 6 630 元,价税合计 57 630 元,货款尚未收到。(销售发票略)

【活动指导】

【指导业务 2-13】 出售产品、以产品对外投资或对外捐赠,都要办理出库手续。一般在接到出货通知后,成品仓库应按发货的品种、规格、数量备货。在送货时,仓管员填写出库单,办理发货手续。

根据[业务 2-13],仓管员按合同规定准备好货物,填写出库单,办理发货手续,如表 2-19 所示。

表 2-19  出库单

2020 年 10 月 22 日　　　　　　　　　　　　　　　　　No. 431850

| 编号 | 品名规格 | 单位 | 数量 | 单价 | 十万 | 万 | 千 | 百 | 十 | 元 | 角 | 分 | 备注 |
|---|---|---|---|---|---|---|---|---|---|---|---|---|---|
|  | 密封盒 | 个 | 3 000 |  |  |  |  |  |  |  |  |  | 第二联 记账联 |
|  |  |  |  |  |  |  |  |  |  |  |  |  |  |
|  |  |  |  |  |  |  |  |  |  |  |  |  |  |
|  |  |  |  |  |  |  |  |  |  |  |  |  |  |
|  |  |  |  |  |  |  |  |  |  |  |  |  |  |
|  |  |  |  |  |  |  |  |  |  |  |  |  |  |

记账:李一凡　　　　　　　　　保管:齐铭　　　　　　　　　制单:齐铭

【注意事项】

平时登记出库单时只登记数量;月末,财务人员计算出已销产品的总成本和单位成本后再补填出库单的单价与金额。

【知识归纳】

产品出库流程:仓库接到发货通知→仓管员按发货通知的内容备货→发货时仓管员填写出库单。

【自我测试】

一、单项选择题

1. 下列各项中,属于自制原始凭证的是(　　)。

   A. 产品入库单

   B. 银行结算凭证

   C. 购货发票

   D. 车船票

2. 下列凭证属于外来原始凭证的是(　　)。

   A. 领料单

   B. 发料汇总表

   C. 住宿发票

   D. 产品入库单

二、多项选择题

1. 下列属于企业内部单据的有(　　)。

   A. 收料单  B. 报销单

   C. 产品入库单  D. 出库单

2. 下列属于仓管员填写的单据有(　　)。

   A. 产品入库单  B. 出库单

   C. 收料单  D. 领料单

三、判断题

1. 在产品完工时产品入库单上不仅要填写数量,还要填写单价和金额。　　(　　)

2. 仓管员所填的每一张单据都要签名,以明确责任。　　(　　)

## 任务四　生产人员填写单据

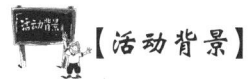
【活动背景】

图 2-27　仓管员齐铭与会计李一凡的对话

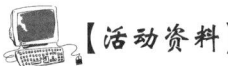
【活动资料】

【业务 2-14】　2020 年 10 月 15 日,生产车间领用聚乙烯 100 千克。

【活动指导】

【指导业务 2-14】　领料单的基本内容、联次,及其填制。

1. 领料单的基本内容及联次

领料单属于企业内部单据,没有统一格式,但各个企业的领料单都应包括以下内容:①单据名称;②单据填写日期;③单据编号;④领料部门及材料用途;⑤材料名称、规格、请领数量、实发数量、计量单位等;⑥经办人员签章等。其联次一般为一式三联:第一联为存根联,留领料部门备查;第二联为记账联,留会计部门作为出库材料核算依据;第三联为仓库联,留仓库作为登记材料明细账依据。

2. 领料单的填制

根据[业务 2-14],生产人员根据生产需要如实填制领料单(见表 2-20),仓管员根据领料单发料。

表 2-20 领料单

领料单位：生产车间　　　　　　2020 年 10 月 15 日　　　　　　领料编号：003124

| 用途：生产水杯 | | | | | | | 第二联 记账联 |
|---|---|---|---|---|---|---|---|
| 材料类别 | 材料编号 | 材料名称 | 材料规格 | 计量单位 | 请领数量 | 实发数量 | |
| 原材料 | | 聚乙烯 | | 千克 | 100 | 100 | |
| | | | | | | | |
| | | | | | | | |
| | | | | | | | |

主管会计：李一凡　　　　　　　发料：齐铭　　　　　　　　领料：马金龙

**【注意事项】**

(1) 企业为了便于月末按材料用途汇总，领料单的填写要一料一单。

(2) 领料单是生产人员在需要领料时填制的。

**【知识归纳】**

领用材料流程：生产人员根据生产需要填写领料单，交部门主管审批→部门主管审核、签名，将领料单返还生产人员→生产人员到仓库领料→仓管员根据领料单发料，并签名→仓管员将领料单的记账联交给会计记账。

**【自我测试】**

**一、单项选择题**

1. 下列关于领料单的说法中，正确的是（　　）。

　A. 领料单是在材料验收入库时填制的

　B. 领料单是会计人员在记账时填制的

　C. 领料单是由企业各部门人员在需要领用材料时填制的

　D. 领料单可记录两种以上材料的领用情况

2. 以下单据由生产人员填写的是（　　）。

　A. 领料单　　　　B. 发料汇总表　　　　C. 出库单　　　　D. 入库单

**二、多项选择题**

下列属于企业内部单据的有（　　）。

　A. 收料单　　　　B. 领料单　　　　C. 入库单　　　　D. 出库单

**三、判断题**

1. 各企业的领料单必须格式相同。　　　　　　　　　　　　　　　　　　　（　　）

2. 车间生产人员办理领料手续时必须填写领料单和签名。　　　　　　　　　（　　）

项目二的习题答案

# 项目三　运用记账方法

【学习目标】
- 知道借贷记账法的定义、概念
- 正确编制会计分录
- 能正确编制科目汇总表、试算平衡表
- 进一步强化会计思维方式

## 基 础 知 识

### 1. 会计要素

会计要素是对会计对象按其经济特征所作的进一步分类。它是会计核算对象的基本组成部分。会计要素的构成如图3-1所示，会计要素的定义如表3-1所示。

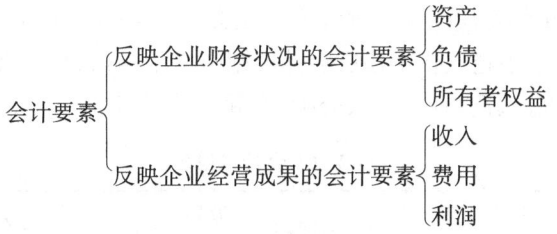

图3-1　会计要素的构成

表3-1　会计要素的定义

| 属性 | 会计要素 | 定义 | 特点(关键词) | 共性 |
|---|---|---|---|---|
| 财务状况要素 | 资产 | 由企业过去的交易或事项形成,由企业拥有或者控制的,预期会给企业带来经济利益的资源 | 过去的,拥有和控制,能够带来经济利益 | 过去形成的 |

(续表)

| 属性 | 会计要素 | 定义 | 特点(关键词) | 共性 |
|---|---|---|---|---|
| 财务状况要素 | 负债 | 由企业过去的交易或事项形成,预期会导致经济利益流出企业的现时义务 | 过去的,预期经济利益流出,现时的义务 | 过去形成的 |
| 财务状况要素 | 所有者权益 | 资产扣除负债后,由所有者享有的剩余权益 | 企业资产中完全属于出资者的部分 | — |
| 经营成果要素 | 收入 | 企业在日常活动中形成的、会导致所有者权益增加的、与所有者投入资本无关的经济利益的总流入 | 日常活动(经常发生),经济利益的总流入 | 日常活动产生(不是偶然发生) |
| 经营成果要素 | 费用 | 企业在日常活动中发生的、会导致所有者权益减少的、与所有者分配利润无关的经济利益的总流出 | 日常活动(经常发生),经济利益的总流出 | 日常活动产生(不是偶然发生) |
| 经营成果要素 | 利润 | 企业在一定会计期间的经营成果 | 利润增加引起所有者权益增加;亏损引起所有者权益减少 | — |

**2. 基本会计等式**

基本会计等式由会计要素组成,反映了会计要素之间的平衡关系。基本会计等式与会计要素的关系如图 3-2 所示。

$$会计要素间的平衡关系 \begin{cases} 资金运动静态情况下:资产=负债+所有者权益 \\ 资金运动动态情况下:收入-费用=利润 \end{cases}$$

图 3-2 会计要素平衡关系图

**3. 会计科目**

会计科目是对会计要素的具体内容进行分类核算的项目。按照所反映经济内容的不同,会计科目分为:资产类、负债类、所有者权益类、成本类、损益类。具体内容可参见会计科目表(见表 3-2)。小企业在不违反会计准则中关于确认、计量和报告规定的前提下,可以根据本企业的实际情况自行增设、分拆、合并会计科目。

表 3-2 会计科目表

| 编号 | 会计科目名称 | 编号 | 会计科目名称 |
|---|---|---|---|
| | 一、资产类 | 1221 | 其他应收款 |
| 1001 | 库存现金 | 1402 | 在途物资 |
| 1002 | 银行存款 | 1403 | 原材料 |
| 1121 | 应收票据 | 1405 | 库存商品 |
| 1122 | 应收账款 | 1411 | 周转材料 |
| 1123 | 预付账款 | 1601 | 固定资产 |

(续表)

| 编号 | 会计科目名称 | 编号 | 会计科目名称 |
| --- | --- | --- | --- |
| 1602 | 累计折旧 | 3101 | 盈余公积 |
| 1604 | 在建工程 | 3103 | 本年利润 |
| 1701 | 无形资产 | 3104 | 利润分配 |
| 1901 | 待处理财产损溢 | 四、成本类 | |
| 二、负债类 | | 4001 | 生产成本 |
| 2001 | 短期借款 | 4101 | 制造费用 |
| 2201 | 应付票据 | 五、损益类 | |
| 2202 | 应付账款 | 5001 | 主营业务收入 |
| 2203 | 预收账款 | 5051 | 其他业务收入 |
| 2211 | 应付职工薪酬 | 5111 | 投资收益 |
| 2221 | 应交税费 | 5301 | 营业外收入 |
| 2231 | 应付利息 | 5401 | 主营业务成本 |
| 2232 | 应付利润 | 5402 | 其他业务成本 |
| 2241 | 其他应付款 | 5403 | 税金及附加 |
| 2501 | 长期借款 | 5601 | 销售费用 |
| 2701 | 长期应付款 | 5602 | 管理费用 |
| 三、所有者权益类 | | 5603 | 财务费用 |
| 3001 | 实收资本 | 5711 | 营业外支出 |
| 3002 | 资本公积 | 5801 | 所得税费用 |

会计科目是对会计要素的具体内容进行分类核算的项目,一个会计科目只能反映一项内容。

**4. 会计账户**

会计账户是根据会计科目开设的,具有一定结构,是用来系统、连续地记载各项经济业务的一种手段,简称账户。设置会计账户可以对会计要素的具体内容进行日常归类,分门别类地进行核算和监督。

(1) 基本要素:账户名称、基本结构、增减金额及余额。账户名称即会计科目。

(2) 基本结构是分为左右两个部分,一方登记增加数,一方登记减少数,增减相抵后的数额称为账户余额。

(3) 基本格式是丁字账,账户的任何格式都是在此基础上发展起来的。为了教学方便,经常采用简化丁字账来说明账户结构,这时账户就省略了有关栏次。丁字账的格式如图 3-3 所示。

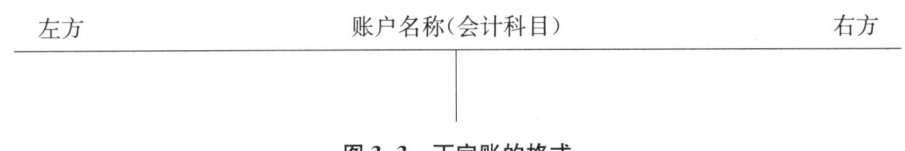

**图 3-3　丁字账的格式**

(4) 会计账户的四个金额要素分别为以下几个。

期初余额:上一个期间的期末余额;

本期增加发生额:本期经济业务所引起的增加金额;

本期减少发生额:本期经济业务所引起的减少金额;

期末余额:本期经济业务发生完毕后,有关金额增减相抵后的差额。

(5) 会计账户的四个金额要素关系为:

$$期末余额＝期初余额＋本期增加发生额－本期减少发生额$$

**5. 记账方法**

记账方法是根据一定原理、记账符号、记账规则,采用一定计量单位,利用文字和数字在账簿中记录经济业务活动的一种专门方法。

根据不同的记录方式,记账方法可分为单式记账法和复式记账法。单式记账法是对每笔交易、事项只在一个账户中登记的记账方法,一般只记录货币资金增减。例如,企业用银行存款购买 100 000 元的原材料,对于这笔业务,只登记银行存款减少 100 000 元,而不反映原材料的变化。

复式记账法是对每笔交易、事项用相同的金额,同时在两个或两个以上相互联系的账户中登记的记账方法。复式记账法能够完整地反映每笔经济业务。例如,企业用银行存款购买 100 000 元的原材料,对于这笔业务,既要登记银行存款减少 100 000 元,又要反映原材料增加 100 000 元。复式记账法包括借贷记账法、收付记账法和增减记账法。按《中华人民共和国会计法》规定,所有企业、事业单位一律采用借贷记账法。本教材主要介绍借贷记账法。

借贷记账法是以"借""贷"为记账符号的一种复式记账方法,也就是对每一笔经济业务,都要在两个或两个以上相互联系的账户中,以借贷方相等的金额进行登记的记账方法。

**6. 借贷记账法**

(1) 借贷记账法的记账符号:以"借"和"贷"作为记账符号。"借"和"贷"是一对单纯的符号。"借"和"贷"表示账户中两个固定部位,左边为"借",右边为"贷"。这对记账符号只有同借贷记账法的账户结构统一起来应用,才能真正反映出它们分别代表的会计对象要素增减变动的内容。

(2) 借贷记账法的记账规则:"有借必有贷,借贷必相等"。

(3) 借贷记账法的账户结构:丁字账结构如图3-4所示。

| 借方 | 账户名称(会计科目) | 贷方 |
|---|---|---|
| 期初余额:(资产)<br>发生额:(资产、成本、费用)增加<br>　　　　(负债、所有者权益、收入)减少 | | 期初余额:(负债、所有者权益)<br>发生额:(资产、成本、费用)减少<br>　　　　(负债、所有者权益、收入)增加 |
| 期末余额:(资产) | | 期末余额:(负债、所有者权益) |

图 3-4　借贷记账法下的丁字账

需要注意的是:在通常情况下,费用、收入、利润账户期末没有余额。

根据上述账户结构,可以推导出以下两个公式:

$$资产类账户期末借方余额=期初借方余额+本期借方发生额-本期贷方发生额$$

$$权益类账户期末贷方余额=期初贷方余额+本期贷方发生额-本期借方发生额$$

**7. 会计分录**

在借贷记账法下,会计分录是指标明某项经济业务应借、应贷方向,科目名称和金额的记录。在登记账户前,对经济业务要预先确定应记账户名称、记账方向和记账金额。因此,会计分录包括三要素:会计科目、记账符号和记账金额。

**8. 借贷记账法的试算平衡**

试算平衡是根据会计等式的平衡原理,按照记账规则的要求,通过汇总计算和比较,检查所有账户记录的正确性、完整性的一种方法。

会计基本等式"资产=负债+所有者权益",是编制资产负债表的基础,是借贷记账法的理论依据,也是试算平衡等式的理论依据。

试算平衡包括余额试算平衡和发生额试算平衡。其计算公式为:

$$全部账户期初借方余额合计=全部账户贷方期初贷方余额合计$$
$$全部账户借方本期发生额合计数=全部账户贷方本期发生额合计数$$
$$全部账户借方期末余额合计数=全部账户贷方期末余额合计数$$

在一定时期必须对全部账户进行试算平衡。借方的期初余额数、本期发生额数和期末余额数必须与贷方的期初余额数、本期发生额数和期末余额数相等(实例见表3-17)。

**9. 科目汇总表**

科目汇总表,是定期对全部记账凭证进行汇总,按各个会计科目列示其借方发生额和贷方发生额的一种汇总凭证。依据借贷记账法的记账规则,科目汇总表中所有账户的借方发生额合计与贷方发生额合计应该相等,因此,科目汇总表具有试算平衡的作用。

## 任务一　运用复式记账法

### 一、认识会计要素和会计科目

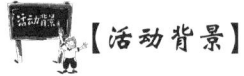【活动背景】

图 3-5　仓管员齐铭与会计李一凡的对话

【活动资料】

【业务 3-1】　根据图 3-6，分析东莞市京贸塑料制品有限公司成立之初所拥有的资金，并判断其分别属于什么类型的会计要素。

现钞 1 万元

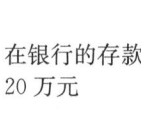

在银行的存款 20 万元

向银行借款 20 万元

(续表)

|  | 在仓库里的材料 20 万元 |  | 股东李明出资 80 万元 |
|  | 在仓库里生产好的产品 29 万元 |  | 股东东莞市花园纸业有限公司出资 60 万元 |
|  | 生产设备 90 万元 | | |

图 3-6　东莞市京贸塑料制品有限公司的沙盘

**【业务 3-2】** 根据下列各项经济内容，判断其所属的会计要素和适用的会计科目，填入表 3-3。

表 3-3　判断会计要素和会计科目

| 序号 | 经济业务 | 资产 | 负债 | 所有者权益 | 收入 | 费用 | 利润 | 适用会计科目 |
|---|---|---|---|---|---|---|---|---|
| 1 | 存放在出纳处的现金 | | | | | | | |
| 2 | 存放在银行里的款项 | | | | | | | |
| 3 | 向银行借入三个月期限的临时借款 | | | | | | | |
| 4 | 仓库中存放的材料 | | | | | | | |
| 5 | 库存的已完工产品 | | | | | | | |
| 6 | 企业取得产品销售收入 | | | | | | | |
| 7 | 向银行借入一年以上期限的借款 | | | | | | | |
| 8 | 房屋及建筑物 | | | | | | | |
| 9 | 所有者投入的资本 | | | | | | | |
| 10 | 机器设备 | | | | | | | |

（续表）

| 序号 | 经济业务 | 资产 | 负债 | 所有者权益 | 收入 | 费用 | 利润 | 适用会计科目 |
|---|---|---|---|---|---|---|---|---|
| 11 | 应收外单位的货款 | | | | | | | |
| 12 | 应付外单位的材料款 | | | | | | | |
| 13 | 借款利息 | | | | | | | |
| 14 | 企业办公费用 | | | | | | | |
| 15 | 停留在生产部门的在产品 | | | | | | | |

【活动指导】

【指导业务3-1】 东莞市京贸塑料制品有限公司的这些财产物资都是会计反映和核算的内容。为了方便登记，我们把财产物资进行分类，分成六大会计要素。该公司刚成立时，拥有的会计要素如表3-4所示。

表3-4 东莞市京贸塑料制品有限公司会计要素

| 现钞1万元 | 资产 | 向银行借款20万元 | 负债 |
|---|---|---|---|
| 在银行的存款20万元 | 资产 | | |
| 在仓库里的材料20万元 | 资产 | 股东李明出资80万元 | 所有者权益 |
| 在仓库里生产好的产品29万元 | 资产 | 股东东莞市花园纸业有限公司出资60万元 | 所有者权益 |
| 生产设备90万元 | 资产 | | |
| 资产 合计160万元 | | 负债和所有者权益 合计160万元 | |

【指导业务3-2】 会计要素和会计科目的判断结果，如表3-5所示。

表3-5 判断会计要素和会计科目

| 序号 | 经济业务 | 资产 | 负债 | 所有者权益 | 收入 | 费用 | 利润 | 适用会计科目 |
|---|---|---|---|---|---|---|---|---|
| 1 | 存放在出纳处的现金 | √ | | | | | | 库存现金 |
| 2 | 存放在银行里的款项 | √ | | | | | | 银行存款 |
| 3 | 向银行借入三个月期限的临时借款 | | √ | | | | | 短期借款 |
| 4 | 仓库中存放的材料 | √ | | | | | | 原材料 |
| 5 | 库存的已完工产品 | √ | | | | | | 库存商品 |
| 6 | 企业取得产品销售收入 | | | | √ | | | 主营业务收入 |
| 7 | 向银行借入一年以上期限的借款 | | √ | | | | | 长期借款 |
| 8 | 房屋及建筑物 | √ | | | | | | 固定资产 |
| 9 | 所有者投入的资本 | | | √ | | | | 实收资本 |
| 10 | 机器设备 | √ | | | | | | 固定资产 |

(续表)

| 序号 | 经济业务 | 资产 | 负债 | 所有者权益 | 收入 | 费用 | 利润 | 适用会计科目 |
|---|---|---|---|---|---|---|---|---|
| 11 | 应收外单位的货款 | √ | | | | | | 应收账款 |
| 12 | 应付外单位的材料款 | | √ | | | | | 应付账款 |
| 13 | 借款利息 | | | | | √ | | 财务费用 |
| 14 | 企业办公费用 | | | | | √ | | 管理费用 |
| 15 | 停留在生产部门的在产品 | √ | | | | | | 生产成本 |

【注意事项】

会计科目可以进一步分类。会计科目按照提供会计信息详细程度的不同,可以分为总账科目(或一级科目)和明细科目,具体如图3-7所示。

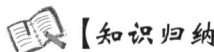

图 3-7　总账科目与明细科目分类

总账科目与明细科目的关系:总账科目对所属明细科目具有统驭和控制作用,明细科目是对总账科目的补充说明;两者相互联系、相互配合,既概括又详细地反映同一经济业务的增减变动情况及其结果。

【知识归纳】

会计要素项目分类,如图3-8所示。

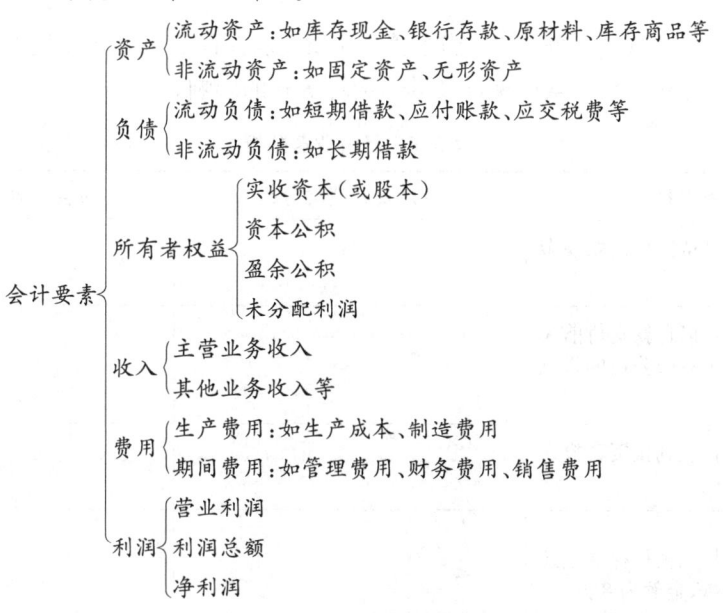

图 3-8　会计要素项目分类

## 二、理解会计等式

【活动背景】

图 3-9　仓管员齐铭与会计李一凡的对话

【活动资料】

【业务 3-3】　根据图 3-6,写出东莞市京贸塑料制品有限公司在刚成立时的会计等式。

【业务 3-4】　根据[业务 3-3],当东莞市京贸塑料制品有限公司发生了如下经济业务时(见表 3-6),分析会计要素的变动及其对会计等式的影响。

表 3-6　经济业务分析

| 业务内容 | 会计要素变动分析 | 对会计等式的影响 |
| --- | --- | --- |
| 业务 1:4 月 1 日从银行提取现金 1 万元备用。 | | |
| 业务 2:4 月 2 日以存款支付前欠东莞市益能化工有限公司的货款 5 万元。 | | |
| 业务 3:4 月 5 日收到投资者投入的 10 万元存款。 | | |
| 业务 4:4 月 9 日用银行存款偿还银行的短期借款,金额为 8 万元。 | | |

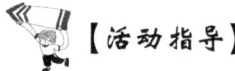

## 【活动指导】

**【指导业务 3-3】** 从沙盘图可以看出：

$$资产 = 1 + 20 + 20 + 29 + 90 = 160（万元）$$
$$负债 = 20（万元）$$
$$所有者权益 = 80 + 60 = 140（万元）$$

可见，资产＝负债＋所有者权益。

这就是国际通用的基本会计等式，其反映了在某一时点资产、负债和所有者权益要素间的恒等关系。资产描述的是企业所拥有的财产物资；而负债与所有者权益描述的是取得财产物资所需资金的来源，所以这两者在数量上是相等的。

**【指导业务 3-4】** 经济业务分析，如表 3-7 所示。

表 3-7 经济业务分析

| 业务内容 | 会计要素变动分析 | 对会计等式的影响 | | |
| --- | --- | --- | --- | --- |
| 业务1：4月1日从银行提取现金1万元备用。 | 现金增加1万元，存款减少1万元（一项资产增加，另一项资产减少） | 资产<br>160<br>+1－1 | ＝ 负债<br>20 | ＋ 所有者权益<br>140 |
| 业务2：4月2日以存款支付前欠东莞市益能化工有限公司的货款5万元。 | 存款减少5万元，前欠货款也减少5万元（一项资产减少，一项负债减少） | 资产<br>160<br>－5 | ＝ 负债<br>20<br>－5 | ＋ 所有者权益<br>140 |
| 业务3：4月5日收到投资者投入的10万元存款。 | 存款增加10万元，投资者的投入增加10万元（一项资产增加，一项所有者权益增加） | 资产<br>155<br>+10 | ＝ 负债<br>15 | ＋ 所有者权益<br>140<br>+10 |
| 业务4：4月9日用银行存款偿还银行的短期借款，金额为8万元。 | 存款减少8万元，短期借款也减少8万元（一项资产减少，一项负债减少） | 资产<br>165<br>－8 | ＝ 负债<br>15<br>－8 | ＋ 所有者权益<br>150 |

从表 3-7 所示业务可以看到，无论经济业务如何变化，变动后的资产始终与变动后的负债与所有者权益之和相等，基本会计等式始终保持平衡。

## 【注意事项】

在会计期间任一时刻，两个基本会计等式中的会计要素结合起来，就会形成各会计要素之间的综合等式关系：

$$资产 = 负债 + 所有者权益 + （收入 - 费用）$$

将等式右侧的费用移至与其具有相同性质的资产一侧，就得到了会计要素间的综合关系等式：

资产＋费用＝负债＋所有者权益＋收入

等式中的收入是使利润增加的要素,在性质上属于企业资金来源。这一会计等式反映了企业在某个会计期间内净资产的变动情况,是将企业的静态财务状况和动态的经营成果联系在一起的综合结果。它揭示了各会计要素之间的内在关系。

【知识归纳】

(1) 经济业务的发生会影响资产、负债、所有者权益、收入、费用等会计要素的增减。
(2) 每一项经济业务的发生,至少会使两个具体项目发生增减。
(3) 经济业务的发生不会破坏基本会计等式的平衡关系。

## 三、运用借贷记账法

【活动背景】

图 3-10　仓管员齐铭与会计李一凡的对话

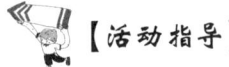【活动资料】

【业务 3-5】　4 月 20 日,收到短期借款 90 000 元,存入银行。请在借贷记账法下编制会计分录。

【业务 3-6】　根据表 3-7 发生的经济业务,采用借贷记账法编制规范的会计分录,并登记丁字账。注意要依据图 3-6 中的沙盘,分析丁字账中的期初数据。

【活动指导】

【指导业务 3-5】　编制会计分录应遵循一定的方法和步骤。编写收到短期借款业务的会计分录的步骤如下:

（1）确定业务涉及的对应账户。本笔业务涉及资产要素中的"银行存款"账户,负债要素中的"短期借款"账户。

（2）确定对应账户的记账方向。"银行存款"账户是资产类,增加记借方;"短期借款"账户是负债类,增加记贷方。

（3）确定对应账户的记账金额。"银行存款"账户的变动金额为 90 000 元,"短期借款"账户的变动金额为 90 000 元。

（4）写出完整分录,并利用记账规则检查会计分录是否正确。

书写会计分录的规范要求：借在上贷在下；借贷错开一字格；金额分排两列；金额后不必写"元"。会计分录的内容、格式及书写如下。

　　借：银行存款　　　　　　　　　　　　　　　　　　　　　　90 000
　　　　贷：短期借款　　　　　　　　　　　　　　　　　　　　　　90 000

注意：在实际工作中,会计分录是填写在记账凭证上的。

对各项经济业务(包括表 3-7 和本业务)编制会计分录以后,即应记入有关账户,这个记账步骤通常称为"过账"。过账以后,一般要在月末进行结账,即结算出各账户的本期发生额合计和期末余额,如图 3-11 所示。

| 借 | 银行存款 | | 贷 | 借 | 短期借款 | | 贷 |
|---|---|---|---|---|---|---|---|
| 期初余额 | 200 000 | | | | | 期初余额 | 200 000 |
| ③ | 100 000 | ① | 10 000 | | | | |
| ⑤ | 90 000 | ② | 50 000 | ④ | 80 000 | ⑤ | 90 000 |
| | | ④ | 80 000 | | | | |
| 本期发生额： | | 本期发生额： | | 本期发生额： | | 本期发生额： | |
| | 190 000 | | 140 000 | | 80 000 | | 90 000 |
| 期末余额 | 250 000 | | | | | 期末余额 | 210 000 |

图 3-11　过账

【指导业务 3-6】　按照编制会计分录的基本步骤,逐步分析会计分录各要素,写出的会计分录,如表 3-8 所示。

表 3-8　4 月 1—10 日会计分录

| 编号 | 会计分录 | 编号 | 会计分录 |
|---|---|---|---|
| ① | 借：库存现金　　　10 000<br>　贷：银行存款　　　　10 000 | ③ | 借：银行存款　　　100 000<br>　贷：实收资本　　　　100 000 |
| ② | 借：应付账款　　　50 000<br>　贷：银行存款　　　　50 000 | ④ | 借：短期借款　　　80 000<br>　贷：银行存款　　　　80 000 |

编制完会计分录后,还需要登入丁字账,登记步骤如下：

（1）开设丁字账,写上账户名称、期初余额。

（2）写出期初数据。依据图 3-6 中的沙盘,写出丁字账的期初数据,如表 3-9 所示。

表 3-9  总账账户期初余额

| 资产类账户 | 借方金额 | 负债和所有者权益类账户 | 贷方金额 |
|---|---|---|---|
| 库存现金 | 10 000 | 短期借款 | 200 000 |
| 银行存款 | 200 000 | 实收资本 | 1 400 000 |
| 原材料 | 200 000 | | |
| 库存商品 | 290 000 | | |
| 固定资产 | 900 000 | | |
| 合计 | 1 600 000 | 合计 | 1 600 000 |

（3）登账。根据以上四笔业务涉及的数据，登记丁字账的"本期发生额"，注意区分借方发生额、贷方发生额。

（4）结出各账户的期末余额。结果如图3-12所示。

| 借方 | 库存现金 | 贷方 |
|---|---|---|
| 期初余额：10 000 | | |
| 本期发生额： | 本期发生额： | |
| ① 10 000 | | |
| 期末余额：20 000 | | |

| 借方 | 固定资产 | 贷方 |
|---|---|---|
| 期初余额：900 000 | | |
| 本期发生额： | 本期发生额： | |
| 期末余额：900 000 | | |

| 借方 | 银行存款 | 贷方 |
|---|---|---|
| 期初余额：200 000 | | |
| 本期发生额： | 本期发生额： | |
| ③ 100 000 | ① 10 000 | |
| | ② 50 000 | |
| | ④ 80 000 | |
| 期末余额：160 000 | | |

| 借方 | 短期借款 | 贷方 |
|---|---|---|
| | 期初余额：200 000 | |
| 本期发生额： | 本期发生额： | |
| ④ 80 000 | | |
| | 期末余额：120 000 | |

| 借方 | 原材料 | 贷方 |
|---|---|---|
| 期初余额：200 000 | | |
| 本期发生额： | 本期发生额： | |
| 期末余额：200 000 | | |

| 借方 | 实收资本 | 贷方 |
|---|---|---|
| | 期初余额：1 400 000 | |
| 本期发生额： | 本期发生额： | |
| | ③ 100 000 | |
| | 期末余额：1 500 000 | |

| 借方 | 库存商品 | 贷方 |
|---|---|---|
| 期初余额：290 000 | | |
| 本期发生额： | 本期发生额： | |
| 期末余额：290 000 | | |

| 借方 | 应付账款 | 贷方 |
|---|---|---|
| | 期初余额： | |
| 本期发生额： | 本期发生额： | |
| | ② 50 000 | |
| | 期末余额：50 000 | |

图 3-12  各账户的期末余额

【注意事项】

1. 会计科目与会计账户的联系和区别

会计科目与会计账户的联系和区别如表3-10所示。

表3-10 会计科目与会计账户的联系和区别

| 项目 | 会计科目 | 会计账户 |
| --- | --- | --- |
| 联系 | 会计科目与会计账户的名称一致,会计科目是设置会计账户的依据,会计账户是会计科目的具体运用 | |
| 区别 | 会计科目没有格式和结构,只是会计要素具体内容的分类 | 会计账户有格式和结构,能具体反映会计要素增减变动情况,能记录经济业务,能编制会计报表 |

2. 总分类账户和明细分类账户要平行登记

在记账时,总分类账户和明细分类账户应当平行登记。总分类账户和明细分类账户的平行登记是指对同一项经济业务,应当在同一会计期间内,既登记相应的总分类账户,又登记所属的有关明细分类账户,做到两者的登记方向相同、金额相等。

总分类账户与明细分类账户的平行登记要点如下:

(1) 依据相同:对发生的经济业务,都要以相关的会计凭证为依据,既登记有关总分类账户,又登记所属明细分类账户。总分类账户和明细分类账户登记的原始凭证依据是相同的,核算的内容也是相同的。

(2) 方向相同:对每项经济业务在记入总分类账户和明细分类账户时,记账方向必须相同。

(3) 期间相同:对每项经济业务在记入总分类账户和明细分类账户的过程中,可以有先有后,但必须在同一会计期间(如同一个月、同一个季度、同一年度)全部登记入账。

(4) 金额相等:记入总分类账户的金额应与所属明细分类账户的金额合计相等。总分类账户的余额应与所属明细分类账户的余额之和相等。

3. 账户的对应关系和对应账户

在运用借贷记账法进行核算时,在有关账户之间存在着应借、应贷的相互关系,账户之间的这种相互关系称为账户的对应关系。存在对应关系的账户称为对应账户。例如,用现金500元购买原材料,就要在"原材料"账户的借方和"库存现金"账户的贷方进行记录。这样"原材料"与"库存现金"账户就发生了对应关系,两个账户也就成了对应账户。掌握账户的对应关系很重要,通过账户的对应关系可以了解经济业务的内容,检查对经济业务的处理是否合理合法。

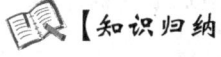【知识归纳】

借贷记账法下各类账户的基本结构如表3-11所示。

表 3-11 各类账户的基本结构

| 账户的性质 | 账户的借方 | 账户的贷方 | 账户的余额 |
|---|---|---|---|
| 资产类账户 | 资产增加数 | 资产减少数 | 余额一般在借方 |
| 负债类账户 | 负债减少数 | 负债增加数 | 余额一般在贷方 |
| 所有者权益类账户 | 所有者权益减少数 | 所有者权益增加数 | 余额一般在贷方 |
| 成本费用类账户 | 成本费用增加数 | 成本费用减少数 | 若有余额一般在借方 |
| 收入类账户 | 收入减少数 | 收入增加数 | 月末结转后一般无余额 |

【自我测试】

一、单项选择题

1. 向银行借款购买原材料,属于( )。
   A. 一项资产和一项负债同时增加
   B. 一项资产和一项所有者权益同时增加
   C. 一项资产和一项负债同时减少
   D. 一项资产增加,另一项资产减少

2. 下列属于负债类账户的是( )。
   A. "预付账款"　　B. "预收账款"　　C. "应收账款"　　D. "累计折旧"

3. 某项经济业务的会计分录为:

   借:资本公积　　　　　　　　　　　　　　　　　　　　50 000
   　　贷:实收资本　　　　　　　　　　　　　　　　　　　　　50 000

   该分录表示( )。
   A. 一个资产项目减少 50 000 元,一个所有者权益项目增加 50 000 元
   B. 一个所有者权益项目增加 50 000 元,另一个所有者权益项目减少 50 000 元
   C. 一个资产项目增加 50 000 元,一个所有者权益项目增加 50 000 元
   D. 一个所有者权益项目增加 50 000 元,另一个所有者权益项目也增加 50 000 元

4. 借贷记账法下,丁字账的左边为( )。
   A. 增加栏　　　B. 减少栏　　　C. 借方　　　D. 贷方

5. 某企业月初有短期借款 40 万元,本月向银行借入短期借款 45 万元,以银行存款偿还短期借款 20 万元,则月末"短期借款"账户的余额为( )。
   A. 借方 65 万元　　B. 贷方 65 万元　　C. 借方 15 万元　　D. 贷方 15 万元

二、多项选择题

1. 应记入贷方的有( )。
   A. 资产的减少　　B. 负债的增加　　C. 收入的增加　　D. 费用的增加

2. 下列等式中,正确的会计等式有( )。
   A. 资产=权益　　　　　　　　　　B. 资产=负债+所有者权益

C. 资产＝负债＋权益　　　　　　　D. 收入－费用＝利润

3. 资产所具有的特征是（　　）。

A. 资产未来能够给企业带来经济利益

B. 是企业拥有或控制的

C. 在过去的交易或事项中获得的

D. 在过去、目前发生的交易或事项中获得的

## 三、判断题

1. 资产、负债和所有者权益是反映企业经营成果的会计要素，收入、费用和利润是反映企业财务状况的会计要素。（　　）

2. 任何只在借方或贷方登记，而无对应的贷方或借方记录，或者借贷金额不相等的记录，都是错误的会计记录。（　　）

## 四、业务题

1. 为东莞市花园纸业有限公司发生的业务编制会计分录。

（1）购入机器一台，计10 000元，货款尚未支付。

（2）从银行提取现金5 000元。

（3）购入原材料80 000元，货款尚未支付。

（4）以银行存款归还前欠货款30 000元。

（5）将100 000元现金送存银行。

（6）收到购货单位还来货款60 000元，存入银行。

（7）以银行存款购入一台价值20 000元的计算机。

（8）以现金支付职工出差暂借款1 500元。

（9）外单位投入资金50 000元，存入银行。

2. 某月"短期借款"总分类账户的资料如下：

（1）期初贷方余额1 000万元。

（2）3日，向银行借入为期半年的借款200万元。

（3）7日，向银行借入为期3个月的借款200万元。

（4）17日，用银行存款归还短期借款200万元。

请编制会计分录并画出"短期借款"总分类账户该月的丁字账。

| 借 | 贷 |
|---|---|
|  |  |
|  |  |

# 任务二　试算平衡

## 一、编制科目汇总表

【活动背景】

图 3-13　仓管员齐铭与会计李一凡的对话

【活动资料】

【业务 3-7】　根据表 3-7 中 4 月 1 日至 10 日的经济业务,以及表 3-8 所编制的会计分录,编制东莞市京贸塑料制品有限公司 4 月 1 日至 10 日的科目汇总表。科目汇总表格式,如表 3-12 所示。

表 3-12　科目汇总表

年　　月　　日至　　日　　　　　　　　　　　　　　　　　　单位:元

| 总账科目 | 借方本期发生额 | 贷方本期发生额 |
| --- | --- | --- |
|  |  |  |
|  |  |  |
|  |  |  |
|  |  |  |
|  |  |  |
| 合计 |  |  |

会计主管:　　　　　　记账:　　　　　　审核:　　　　　　制表:

**【活动指导】**

**【指导业务3-7】** 科目汇总表的编制,有如下几个步骤。

(1) 将汇总期内各项经济业务所涉及的会计科目填制在"会计科目"栏。为了便于登记总分类账,会计科目的排列顺序应与总分类账上的会计科目的顺序一致。

(2) 根据汇总期内的全部记账凭证,按会计科目分别汇总借方发生额和贷方发生额,并将其填列在相应会计科目行的"借方金额"和"贷方金额"栏。

(3) 汇总所有会计科目的借方发生额和贷方发生额,并进行发生额的试算平衡。

科目汇总表填制结果如表3-13所示。

表3-13 科目汇总表

2020年 4 月 1 日至 10 日　　　　　　　　　　　　　　　　单位:元

| 总账科目 | 借方本期发生额 | 贷方本期发生额 |
| --- | --- | --- |
| 库存现金 | 10 000 | |
| 银行存款 | 100 000 | 140 000 |
| 短期借款 | 80 000 | |
| 应付账款 | 50 000 | |
| 实收资本 | | 100 000 |
| 合计 | 240 000 | 240 000 |

会计主管:高山　　　　记账:　　　　审核:　　　　制表:李一凡

从表3-13中,我们可以看到:

全部账户借方本期发生额合计数 240 000 = 全部账户贷方本期发生额合计数 240 000。

**【注意事项】**

(1) 科目汇总表上的科目排列,应按总分类账上科目排列的顺序来定。

(2) 科目汇总表汇总的时间由企业自身业务量多少来确定,一般可5天、10天、15天或1个月汇总一次。

(3) 科目汇总表是科目汇总表核算形式下总分类账登记的依据,适用于规模较大、经济业务量较多的大中型企业。

**【知识归纳】**

科目汇总表的编制流程:填写一定期间内所涉及的总账科目→根据记账凭证,分别汇总并填写各个会计科目的借方发生额和贷方发生额→汇总完毕,合计所有科目的借方发生额和贷方发生额,试算平衡。

## 二、编制试算平衡表

【活动背景】

图 3-14 仓管员齐铭与会计李一凡的对话

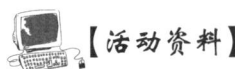【活动资料】

【业务 3-8】 资料 1 2020 年 4 月资产、负债和所有者权益各账户的期初余额,如表 3-14 所示。

表 3-14 总账账户期初余额 单位:元

| 资产类账户 | 借方金额 | 负债及所有者权益类账户 | 贷方金额 |
|---|---|---|---|
| 库存现金 | 10 000 | 短期借款 | 200 000 |
| 银行存款 | 200 000 | 实收资本 | 1 400 000 |
| 原材料 | 200 000 | | |
| 库存商品 | 290 000 | | |
| 固定资产 | 900 000 | | |
| 合计 | 1 600 000 | 合计 | 1 600 000 |

资料 2 2020 年 4 月 1 日至 30 日发生业务汇总,如表 3-15 所示。

表 3-15 2020 年 4 月 1 日至 30 日发生业务汇总 单位:元

| 业务编号 | 业务内容 | 会计分录 |
|---|---|---|
| 业务 1 | 4 月 1 日从银行提取现金 1 万元备用 | 借:库存现金 10 000<br>贷:银行存款 10 000 |
| 业务 2 | 4 月 2 日以存款支付前欠东莞市益能化工有限公司的货款 5 万元 | 借:应付账款 50 000<br>贷:银行存款 50 000 |
| 业务 3 | 4 月 5 日收到投资者投入的 10 万元存款 | 借:银行存款 100 000<br>贷:实收资本 100 000 |
| 业务 4 | 4 月 9 日用银行存款偿还银行的短期借款,金额 8 万元 | 借:短期借款 80 000<br>贷:银行存款 80 000 |

(续表)

| 业务编号 | 业务内容 | 会计分录 |
|---|---|---|
| 业务5 | 4月20日,收到短期借款9万元,存入银行 | 借:银行存款　　　　90 000<br>　　贷:短期借款　　　　　　90 000 |

根据资料1和资料2编制东莞市京贸塑料制品有限公司2020年4月的试算平衡表,并填在表3-16中。

表3-16　总账账户余额及发生额试算平衡表

年　月　日至　年　月　日　　　　　　　　　　　　　　　　　　　　　　单位:元

| 总账科目 | 期初余额 | | 本期发生额 | | 期末余额 | |
|---|---|---|---|---|---|---|
| | 借方 | 贷方 | 借方 | 贷方 | 借方 | 贷方 |
| 库存现金 | | | | | | |
| 银行存款 | | | | | | |
| 原材料 | | | | | | |
| 库存商品 | | | | | | |
| 固定资产 | | | | | | |
| 短期借款 | | | | | | |
| 应付账款 | | | | | | |
| 实收资本 | | | | | | |
| 合计 | | | | | | |

会计主管:高山　　　　　记账:　　　　　审核:　　　　　制表:李一凡

【活动指导】

【指导业务3-8】　试算平衡表的填制,具体操作如下。

(1)将表3-16中的期初余额从表3-14中照抄过来,注意借贷方向。

(2)表3-16中的本期发生额是指全月的发生额,要汇总表3-15中的分录数据,可以利用丁字账,逐步将每一个会计分录涉及的会计科目过丁字账。

以银行存款为例,本期第3笔、第5笔业务涉及银行存款借方变动,第1笔、第2笔及第4笔业务涉及银行存款贷方变动,过入丁字账的结果如图3-15所示。

```
　　借方　　　　　　　　银行存款　　　　　　　　贷方
期初余额:　　　　200 000
本期发生额:　　　　　　　　　　　　　本期发生额:
③　　　　　　　　100 000　　　　　　①　　　　　　　　10 000
⑤　　　　　　　　 90 000　　　　　　②　　　　　　　　50 000
　　　　　　　　　　　　　　　　　　　④　　　　　　　　80 000
借方发生额合计　　190 000　　　　　　贷方发生额合计　140 000
期末余额:　　　　250 000
```

图3-15　丁字账

根据各个会计科目的丁字账,将本期发生额和期末余额登入试算平衡表中,具体如表3-17所示。

表 3-17　总账账户余额及发生额试算平衡表　　　　　　　　　　　　第 1 页

2020 年 4 月 1 日至 2020 年 4 月 30 日　　　　　　　　　　　　　　单位:元

| 总账科目 | 期初余额 | | 本期发生额 | | 期末余额 | |
| --- | --- | --- | --- | --- | --- | --- |
| | 借方 | 贷方 | 借方 | 贷方 | 借方 | 贷方 |
| 库存现金 | 10 000 | | 10 000 | | 20 000 | |
| 银行存款 | 200 000 | | 190 000 | 140 000 | 250 000 | |
| 原材料 | 200 000 | | | | 200 000 | |
| 库存商品 | 290 000 | | | | 290 000 | |
| 固定资产 | 900 000 | | | | 900 000 | |
| 短期借款 | | 200 000 | 80 000 | 90 000 | | 210 000 |
| 应付账款 | | | | 50 000 | | 50 000 |
| 实收资本 | | 1 400 000 | | 100 000 | | 1 500 000 |
| 合计 | 1 600 000 | 1 600 000 | 330 000 | 330 000 | 1 710 000 | 1 710 000 |

会计主管:高山　　　　记账:　　　　　审核:　　　　　制表:李一凡

月末,应对全部账户进行试算平衡。借方的期初余额数、本期发生数和期末余额数必须与贷方的期初余额数、本期发生数和期末余额数相等。

【注意事项】

试算平衡表只是通过借贷金额是否平衡来检查账户记录是否正确,而有些错误对借贷双方的平衡并不产生影响。在编制试算平衡表时应注意:

第一,必须保证所有账户的余额均已记入试算平衡表。因为会计等式是相对于六项会计要素整体来说的,缺少任何一个账户的余额,都会造成期初或期末借方与贷方余额合计不相等。

第二,如果借贷不平衡,确定账户记录有误,则须认真查找,直到实现平衡为止。

第三,借贷平衡,并不能说明账户记录绝对正确,因为有些错误对借贷双方的平衡并不产生影响。例如:

(1)某项经济业务,将使本期借贷双方的发生额减少,借贷仍然平衡。

(2)重记某项经济业务,将使本期借贷双方的发生额发生等额虚增,借贷仍然平衡。

(3)某项经济业务记错有关账户,借贷仍然平衡。

(4)某项经济业务颠倒了记账方向,借贷仍然平衡。

(5)借方或贷方发生额中,偶然一多一少并相互抵销,借贷仍然平衡。

【知识归纳】

试算平衡表的编制流程如下:
(1) 将上期试算平衡表中的期末余额抄至本期期初余额处。
(2) 每一个总账科目设置一个丁字账,逐笔将每一个会计分录中的各个科目与金额过入对应丁字账中。全部分录登记完毕后汇总各科目的借方和贷方的发生额,并计算余额。
(3) 根据每个会计科目的丁字账,将本期发生额和期末余额登入试算平衡表。
(4) 利用合计栏试算平衡。借方的期初余额数、本期发生数和期末余额数必须与贷方的期初余额数、本期发生数和期末余额数相等。

【自我测试】

一、单项选择题

1. 下列错误中能通过试算平衡查找的是(　　)。
   A. 某项经济业务未入账　　　　B. 某项经济业务重复记账
   C. 应借应贷账户中借贷方向颠倒　　D. 应借应贷账户中借贷金额不等
2. 下列等式中,错误的会计等式是(　　)。
   A. 资产＝权益　　　　　　　　B. 资产＝负债＋所有者权益
   C. 资产＝负债＋权益　　　　　D. 收入－费用＝利润

二、业务题

1. 账户结构练习
(1) 根据各类账户的结构要求,将表 3-18 中问号处的数据补齐。

表 3-18　账户结构练习

| 账户名称 | 期初余额 | 本期借方发生额 | 本期贷方发生额 | 期末余额 |
| --- | --- | --- | --- | --- |
| 应收账款 | 20 000 | 56 000 | 40 000 | ? |
| 短期借款 | 60 000 | ? | 30 000 | 50 000 |
| 盈余公积 | 40 000 | 26 000 | ? | 49 000 |
| 原材料 | 60 000 | ? | 130 000 | 88 000 |
| 生产成本 | ? | 230 000 | 210 000 | 60 000 |
| 库存商品 | 10 000 | 180 000 | 150 000 | ? |
| 应付账款 | 70 000 | ? | 40 000 | 6 000 |
| 固定资产 | ? | 880 000 | 100 000 | 1 500 000 |
| 主营业务收入 | | ? | 650 000 | |
| 税金及附加 | | ? | 23 000 | |
| 管理费用 | | 38 800 | ? | |
| 财务费用 | | 30 000 | ? | |
| 应交税费 | 20 000 | 45 000 | ? | 20 000 |

(2) 根据账户的结构,将表 3-19 丁字账中括号处数据填写完整。

表 3-19 丁字账练习

| 借 方 | 库存现金 | 贷 方 | |
|---|---|---|---|
| 期初金额 | 1 240 | | |
| (1) | 600 | (3) | 800 |
| (2) | 1 500 | | |
| 本期发生额 | ( ) | 本期发生额 | ( ) |
| 期末余额 | ( ) | | |

| 借 方 | 库存账款 | 贷 方 | |
|---|---|---|---|
| 期初金额 | 56 780 | | |
| (2) | 12 600 | (1) | 23 800 |
| (3) | ( ) | | |
| 本期发生额 | 345 000 | 本期发生额 | ( ) |
| 期末余额 | ( ) | | |

2. 练习借贷记账法应用

资料：东莞市花园纸业有限公司期初有关账户的余额,如表 3-20 所示。

表 3-20 东莞市花园纸业有限公司期初有关账户余额　　　　　　　　单位：元

| 会计科目 | 金　额 | 会计科目 | 金　额 |
|---|---|---|---|
| 库存现金 | 500 000 | 短期借款 | 800 000 |
| 银行存款 | 3 500 000 | 应付账款 | 500 000 |
| 应收账款 | 520 000 | 应付职工薪酬 | 200 000 |
| 原材料 | 800 000 | 应交税费 | 100 000 |
| 生产成本 | 850 000 | 长期借款 | 3 000 000 |
| 库存商品 | 890 000 | 实收资本 | 9 760 000 |
| 固定资产 | 8 000 000 | 盈余公积 | 700 000 |
| 资产总计 | 15 060 000 | 负债和所有者权益总计 | 15 060 000 |

本月发生如下经济业务：

(1) 接收投资者投入资本 100 万元,存入银行。
(2) 经批准,将盈余公积 50 万元转为资本金。
(3) 以银行存款支付广告费 10 万元。
(4) 以银行存款缴纳前期税款 10 万元。
(5) 以银行存款 30 万元购买机器设备,交付使用。
(6) 以银行存款偿还到期的短期借款 50 万元。
(7) 收回外单位原欠的销货款 24 万元,存入银行。
(8) 职工预借差旅费 1 万元,以现金支付。

(9) 将2万元现金存入银行。

(10) 以银行存款支付职工工资20万元。

要求：

(1) 根据上述资料，编制会计分录。

(2) 开设丁字账，登记期初余额资料。

(3) 根据会计分录登记有关丁字账，并结算出本期发生额和期末余额。

(4) 编制总分类账户试算平衡表。

项目三的习题答案

# 项目四 编制记账凭证

【学习目标】

- 知道记账凭证的概念与种类
- 能规范填制、审核记账凭证
- 能核算生产经营活动过程中的基本业务
- 形成认真、严谨的工作态度

## 基 础 知 识

**1. 记账凭证的概念**

记账凭证又称记账凭单,是会计人员根据审核无误的原始凭证,按照经济业务事项的内容加以归类,并据以确定会计分录后所填制的记账凭证。填制时,将相关的原始凭证附在记账凭证后面,并以此作为填制依据。

**2. 记账凭证的分类**

按其所反映的经济业务内容,记账凭证可以分为专用记账凭证和通用记账凭证。

专用记账凭证可分为收款凭证、付款凭证和转账凭证三种。收款凭证是指用以记录货币资金增加业务的记账凭证,分为现金收款凭证和银行存款收款凭证,格式如表 4-1 所示。付款凭证是指用以记录货币资金减少业务和货币资金增加业务(如提取现金)的记账凭证,其分为现金付款凭证和银行存款付款凭证,格式如表 4-2 所示。转账凭证是指用以记录不涉及货币资金业务的记账凭证,格式如表 4-3 所示。专用记账凭证主要用于业务量较大的单位。

对经济业务较简单、规模较小的单位,可直接采用通用记账凭证。通用记账凭证就是对全部业务不区分收款、付款和转账业务,所有业务统一编号,采用同一凭证格式记录的记账凭证,格式如表 4-8 所示。本单元后面所举业务统一采用通用记账凭证格式。

**3. 记账凭证的基本内容**

记账凭证必须具备以下基本内容:①记账凭证的名称;②记账凭证的日期;③记账凭

证的编号;④经济业务事项的内容摘要;⑤经济业务事项所涉及的会计科目及其记账方向;⑥经济业务事项的金额;⑦记账标记;⑧所附原始凭证的张数;⑨制单、审核、记账、财务主管等有关人员的签章,收款凭证和付款凭证还应由出纳人员签名或盖章。

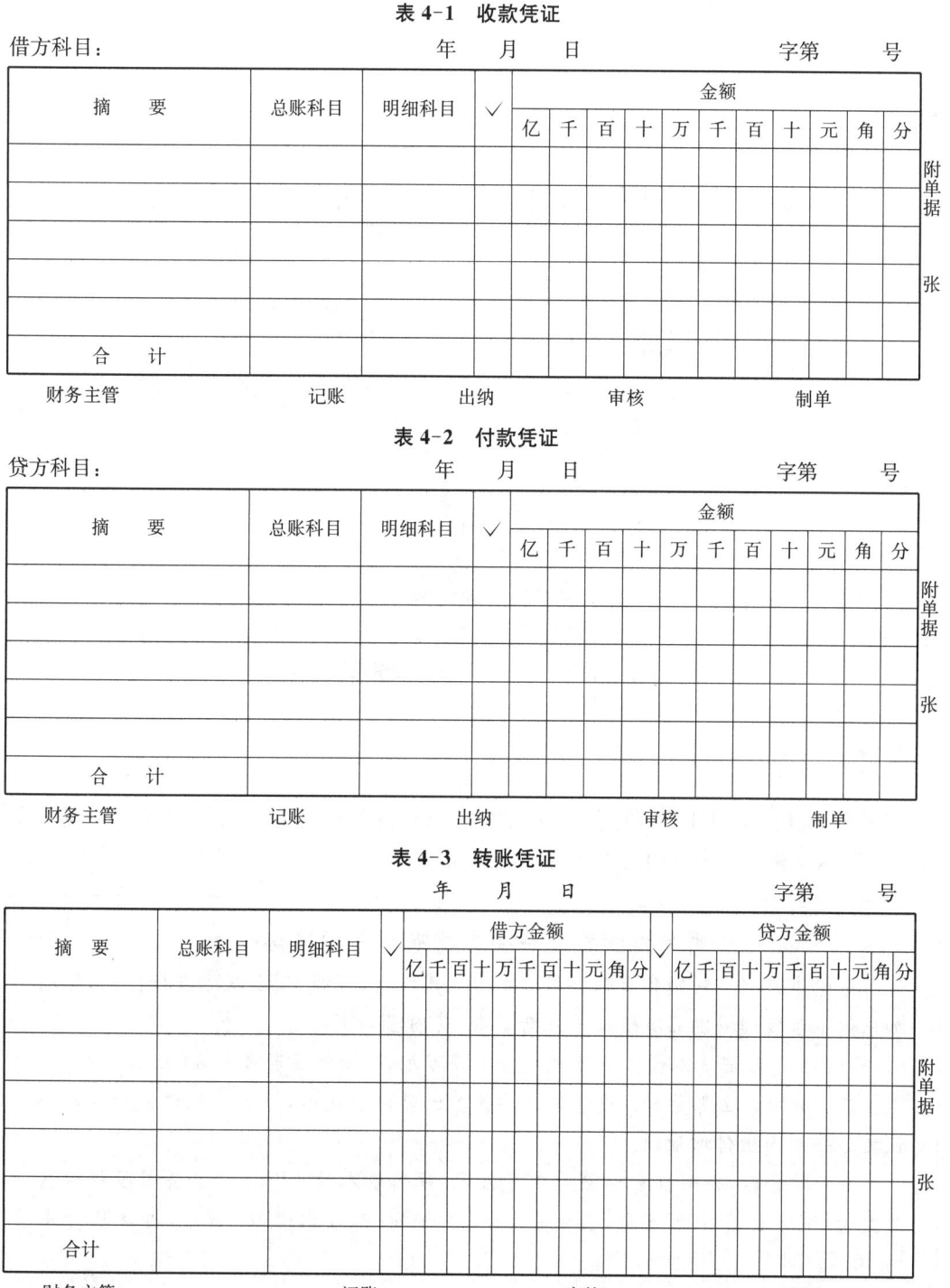

# 任务一　　核算筹集资金

## 一、收 到 投 资

【活动背景】

东莞市京贸塑料制品有限公司发展规模不断扩大,现需要筹措一笔资金。

图 4-1　财务主管高山与总经理李明讨论投资

【活动资料】

**【业务 4-1】** 3月1日,收到股东的增资协议和投资款,款项已存入银行,增资协议如图 4-2 所示。相关进账单如表 4-4、表 4-5 所示。

---

**东莞市京贸塑料制品有限公司增资协议**

东莞市京贸塑料制品有限公司为扩大生产经营,现经甲、乙双方友好协商,拟增加东莞市京贸塑料制品有限公司注册资本,其内容如下:

一、公司注册资本由 140 万元增至 170 万元,即增加注册资本 30 万元。

二、所增加注册资本由投资双方按各自出资比例认缴,并于审批机关批准本协议之后一周内缴付增资款。

三、增资后,公司投资总额为 170 万元,注册资本为 170 万元。公司股权结构变更为:甲方出资 102 万元,占注册资本的 60%;乙方出资 68 万元,占注册资本的 40%。

续图 4.2

四、凡因执行本协议所发生的或与本协议有关的一切争议，双方应友好协商解决；协商不成，任何一方可通过东莞市仲裁机构解决。

五、本协议自双方法定（授权）代表签字、加盖公章，并经东莞市工商局批准之日起生效。

六、本协议未尽事宜，双方可另行协商，所签署之补充协议作为本协议附件，与本协议具同等法律效力。

七、本协议正本一式六份，甲、乙双方各执一份，其余送政府有关部门备案。

八、本协议于 2020 年 02 月 23 日在东莞市签订。

甲方一：李明　　　　　　　　　　　　　乙方：东莞市京贸塑料制品有限公司
证件名称：身份证　　　　　　　　　　　法人代表：李明
证件号码：445281197606050023　　　　 地址：东莞市莞城区学院路 287 号
　　甲方一（盖章签字）：李明　　　　　　　乙方（盖章签字）：李明

甲方二：东莞市花园纸业有限公司
法人代表：王进
地址：东莞市东城区花园新村长宁路
　　甲方二（盖章签字）：王进

图 4-2　增资协议

表 4-4　进账单（一）

 **进账单**(收账通知)　　3

2020 年 3 月 1 日

| 出票人 | 全称 | 李明 | | | 收款人 | 全称 | 东莞市京贸塑料制品有限公司 |
|---|---|---|---|---|---|---|---|
| | 账号 | 4230050255553336236 | | | | 账号 | 1056020040405555678 |
| | 开户银行 | 建行东莞怡丰支行 | | | | 开户银行 | 建行东莞建业支行 |
| 金额 | 人民币（大写） | 壹拾贰万元整 | | | 亿千百十万千百十元角分　¥ 1 2 0 0 0 0 0 0 | | |
| 票据种类 | 支票 | 票据张数 | 壹张 | | | | |
| 票据号码 | | 230633523 | | | | | |
| | 复核 | | 记账 | | 收款人开户银行签章 | | |

此联是收款人开户银行交给收款人的收账通知

表 4-5 进账单(二)

进账单(收账通知)  3
2020 年 3 月 1 日

| 出票人 | 全称 | 东莞市花园纸业有限公司 | 收款人 | 全称 | 东莞市京贸塑料制品有限公司 |
| --- | --- | --- | --- | --- | --- |
| | 账号 | 3230100290101333222 | | 账号 | 1056020040405555678 |
| | 开户银行 | 农行东莞新世纪支行 | | 开户银行 | 建行东莞建业支行 |
| 金额 | 人民币(大写) | 捌万元整 | | | 亿 千 百 十 万 千 百 十 元 角 分 ¥ 8 0 0 0 0 0 0 |
| 票据种类 | 支票 | 票据张数 | 壹张 | | |
| 票据号码 | | 18013586 | | | 中国建设银行股份有限公司 东莞市建业支行 2020.03.01 办讫章 |
| | 复核 | | 记账 | | 收款人开户银行签章 |

此联是收款人开户银行交给收款人的收账通知

## 【活动指导】

**【指导业务 4-1】** 按资金来源的不同,企业的资金筹集业务通常可分为所有者权益筹资和负债筹资。所有者权益筹资形成所有者的权益,包括投资者的投资及其增值;负债筹资形成债权人的权益,主要包括企业向债权人借入的资金和结算形成的负债资金。

所有者投入的资本主要包括实收资本和资本公积。实收资本是指企业的投资者按照企业章程、合同或协议的约定,实际投入企业的资本金以及按照有关规定由资本公积、盈余公积等转增资本的资金。资本公积是企业受到投资者投入的、超出其在企业注册资本中所占份额的投资,以及直接计入所有者权益的利得和损失等。

从增资协议可以看出,股东增加投资属于"实收资本"科目,"实收资本"属于所有者权益类账户,增加记贷方,其账户结构如表 4-6 所示;同时,表 4-4、表 4-5 的两张进账单证明企业已经收到投资款,表示银行存款(资产类)增加,记借方,银行存款的账户结构如表 4-7 所示。

表 4-6 "实收资本"账户结构

| 借方 | 实收资本 | 贷方 |
| --- | --- | --- |
| 投资者按规定收回的投资 | 投资者投入的资本 | |
| | 期末余额:投资者投入企业的资本总额 | |

表 4-7 "银行存款"账户结构

| 借方 | 银行存款 | 贷方 |
| --- | --- | --- |
| 存入银行或其他金融机构的款项 | 提取或支出的存款 | |
| 期末余额:存在银行或其他金融机构的各种款项 | | |

根据分析的结果填制记账凭证,如表 4-8 所示。

**表 4-8　记账凭证**

2020 年 03 月 01 日　　　　　　　　　　　　　　　　记字第 01 号

| 摘要 | 总账科目 | 明细科目 | √ | 借方金额 千百十万千百十元角分 | √ | 贷方金额 千百十万千百十元角分 | |
|---|---|---|---|---|---|---|---|
| 收到投资 | 银行存款 | | | 2 0 0 0 0 0 0 0 | | | |
| | 实收资本 | 李明 | | | | 1 2 0 0 0 0 0 0 | 附单据 2 张 |
| | 实收资本 | 东莞市花园纸业有限公司 | | | | 8 0 0 0 0 0 0 | |
| | | | | | | | |
| | | | | | | | |
| 合　计 | | | | ￥2 0 0 0 0 0 0 0 | | ￥2 0 0 0 0 0 0 0 | |

财务主管　高山　　　记账　　　　出纳　张晴　　　审核　高山　　　制单　李一凡

## 【注意事项】

**1. 记账凭证的填制要求**

填制记账凭证时,应在原始凭证审核无误的基础上填制,填制内容要求齐全。具体要求如下:

(1)日期。记账凭证的日期,一般为编制记账凭证当天的日期。

(2)编号。记账凭证应连续编号。填制记账凭证时,应当按业务发生顺序和不同种类的记账凭证连续编号,即采用字号编号法,如"收字 1 号""付字 1 号""转字 1 号""记字 1 号"等。一笔经济业务需要填制两张以上记账凭证时,应采用分数编号法编号,如"记字 $4\frac{1}{2}$ 号""记字 $4\frac{2}{2}$ 号"。其他依此类推。记账凭证应按月顺序编号,即每月都从 1 号编起,顺序编至月末。

(3)摘要。摘要应与原始凭证内容一致,能正确反映经济业务的主要内容,表述简单精炼,如"收到某公司的投资款""购买支票"等。

(4)会计科目。应当根据经济业务的性质,准确采用应借应贷的会计科目,并按会计制度统一规定的标准科目填写,不得任意更改会计科目名称和不恰当地使用会计科目。填写记账凭证时,应按会计制度规定,编制一借一贷、一借多贷、多借一贷的会计分录,尽量避免编制多借多贷的会计分录,以便从账户对应关系中反映经济业务的情况。不同的经济业务,不能合并编写在一张记账凭证内。

(5)金额。金额与原始单据一致,并保证借贷平衡。

(6)附件。除结账和更正错误,记账凭证必须附有原始凭证并注明原始凭证的自然张数。

(7) 空行。记账凭证填制完经济业务事项后,如有空行,应当在金额栏目最后一笔金额数字下的空行处至合计数上的空行处划线注销。

2. 记账凭证的审核要求

记账凭证的审核要求如表4-9所示。

表4-9 记账凭证审核要求

| 审核要求 | 审核内容 |
| --- | --- |
| 内容真实 | (1) 所附原始凭证应经过审核<br>(2) 记账凭证记录内容与原始凭证一致<br>(3) 汇总的记账凭证反映的内容与其所依据的记账凭证内容一致 |
| 项目齐全 | 记账凭证上的项目没有遗漏。如有空白项目,应责令及时补全 |
| 会计分录正确 | (1) 会计科目运用准确<br>(2) 借贷记账方向正确<br>(3) 记账金额与原始凭证相关金额一致,借贷金额相等<br>(4) 汇总记账凭证与记账凭证的金额合计数一致 |

【知识归纳】

会计凭证的分类如图4-3所示。

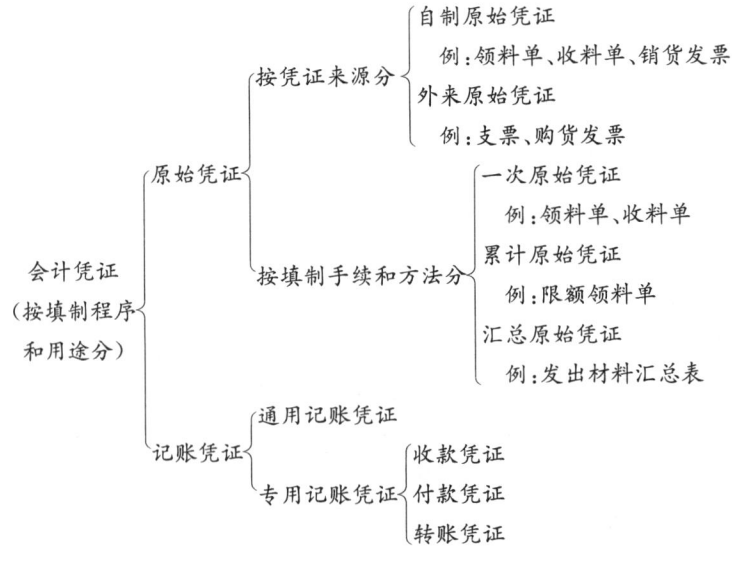

图4-3 会计凭证的分类

## 二、借　款

**【活动背景】**

图 4-4　财务主管高山与出纳员张晴的对话

**【活动资料】**

**【业务 4-2】** 3 月 2 日，收到银行的借款凭证，贷款金额 5 万元，贷款期限 6 个月，按月付息，到期还本。借款凭证如表 4-10 所示。

表 4-10　借款凭证

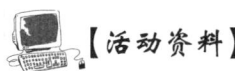

### 借款凭证（代回单）

转账日期：2020 年 03 月 02 日

| 借款单位名称 | 东莞市京贸塑料制品有限公司 | 纳税人识别号 | 441911792915001 | | | | | | | | | | |
|---|---|---|---|---|---|---|---|---|---|---|---|---|---|
| 放款账号 | 1056020040405555678 | 往来账号 | | | | | | | | | | | |
| 借款金额 | 人民币（大写） | 伍万元整 | | 亿 | 千 | 百 | 十 | 万 | 千 | 百 | 十 | 元 | 角 | 分 |
| | | | | | | | ¥ | 5 | 0 | 0 | 0 | 0 | 0 | 0 |
| 用途 | 企业周转资金 | 利率 | 6% | | | | | | | | | | |
| 单位提出期限 | 自 2020 年 03 月 02 日起至 2020 年 09 月 01 日止 | | | | | | | | | | | | |
| 银行核定期限 | 自 2020 年 03 月 02 日起至 2020 年 09 月 01 日止 | | | | | | | | | | | | |

上列款项已收入你方单位往来户内

单位会计人员：

| 分次偿还记录 | 日期 | | 偿还金额 | | | | | | | | 未还金额 | | | | | | | | 复核盖章 | 分次偿还计划 | 日期 | | 金额 | | | | | | | |
|---|---|---|---|---|---|---|---|---|---|---|---|---|---|---|---|---|---|---|---|---|---|---|---|---|---|---|---|---|---|---|
| | 月 | 日 | 百 | 十 | 万 | 千 | 百 | 十 | 元 | 角 | 分 | 百 | 十 | 万 | 千 | 百 | 十 | 元 | 角 | 分 | | | 年 | 月 | 日 | 百 | 十 | 万 | 千 | 百 | 十 | 元 | 角 | 分 |

【业务 4-3】 3月4日,收到银行的借款凭证(见表4-11),贷款金额15万元,贷款期限18个月,按季付息。

表 4-11 借款凭证

借款凭证(代回单)

转账日期:2020年03月04日

| 借款单位名称 | 东莞市京贸塑料制品有限公司 | | 纳税人识别号 | | 441911792915001 | | | | | | | | | |
|---|---|---|---|---|---|---|---|---|---|---|---|---|---|---|
| 放款账号 | 1056020040405555678 | | 往来账号 | | | | | | | | | | | |
| 借款金额 | 人民币(大写) | 壹拾伍万元整 | | | 亿 | 千 | 百 | 十 | 万 | 千 | 百 | 十 | 元 | 角 | 分 |
| | | | | | | | | ¥ | 1 | 5 | 0 | 0 | 0 | 0 | 0 | 0 |
| 用途 | 企业周转资金 | | 利率 | | 6.5% | | | | | | | | | |
| 单位提出期限 | 自2020年03月04日起至2021年09月03日止 | | | | | | | | | | | | | |
| 银行核定期限 | 自2020年03月04日起至2021年09月03日止 | | | | | | | | | | | | | |

上列款项已收入你方单位往来户内
中国建设银行股份有限公司
东莞市建业支行
2020.03.04
单位
办讫章

单位会计人员:

| 分次偿还记录 | 日期 | | 偿还金额 | | | | | | | | | 未还金额 | | | | | | | | 复核盖章 | 分次偿还计划 | 日期 | | | 金额 | | | | | | |
|---|---|---|---|---|---|---|---|---|---|---|---|---|---|---|---|---|---|---|---|---|---|---|---|---|---|---|---|---|---|---|---|
| | 月 | 日 | 百 | 十 | 万 | 千 | 百 | 十 | 元 | 角 | 分 | 百 | 十 | 万 | 千 | 百 | 十 | 元 | 角 | 分 | | 年 | 月 | 日 | 万 | 千 | 百 | 十 | 元 | 角 | 分 |

## 【活动指导】

【指导业务 4-2】 负债筹资主要包括短期借款、长期借款以及结算形成的负债等。其中,短期借款是指偿还期限在1年内(含1年)的各种借款,长期借款是指偿还期限超过1年的各种借款。

企业收到借款凭证,表示已取得借款,期限6个月,属于短期借款(负债类),增加在贷方,"短期借款"账户结构如表4-12所示;款项直接存入银行账户内,属于银行存款增加。

表 4-12 "短期借款"账户结构

| 借方 | 短期借款 | 贷方 |
|---|---|---|
| 借款本金的减少额 | 借款本金的增加额 | |
| | 期末余额:期末尚未归还的短期借款 | |

根据分析的结果填制记账凭证,如表 4-13 所示。

表 4-13 记账凭证

2020 年 03 月 02 日　　　　　　　　　　　　　　　　记字第 02 号

| 摘　要 | 总账科目 | 明细科目 | √ | 借方金额<br>千百十万千百十元角分 | √ | 贷方金额<br>千百十万千百十元角分 | |
|---|---|---|---|---|---|---|---|
| 取得短期借款 | 银行存款 | | | 　　　5 0 0 0 0 0 0 | | | 附单据1张 |
| | 短期借款 | 建行建业支行 | | | | 　　　5 0 0 0 0 0 0 | |
| | | | | | | | |
| | | | | | | | |
| | | | | | | | |
| 合　计 | | | | ¥ 5 0 0 0 0 0 0 | | ¥ 5 0 0 0 0 0 0 | |

财务主管　高山　　　　记账　　　　出纳　张晴　审核　高山　　　　制单　李一凡

【指导业务 4-3】 企业收到借款凭证,表示已取得借款,期限 18 个月,属于长期借款(负债类),增加在贷方,"长期借款"账户结构如表 4-14 所示。

表 4-14 "长期借款"账户结构

| 借方 | 长期借款 | 贷方 |
|---|---|---|
| 归还的本金和利息 | | 借款本金的增加额 |
| | | 期末余额:期末尚未归还的长期借款 |

审核单据后,填制记账凭证,如表 4-15 所示。

表 4-15 记账凭证

2020 年 03 月 04 日　　　　　　　　　　　　　　　　记字第 03 号

| 摘　要 | 总账科目 | 明细科目 | √ | 借方金额<br>千百十万千百十元角分 | √ | 贷方金额<br>千百十万千百十元角分 | |
|---|---|---|---|---|---|---|---|
| 取得长期借款 | 银行存款 | | | 　　1 5 0 0 0 0 0 0 | | | 附单据1张 |
| | 长期借款 | 建行建业支行 | | | | 　　1 5 0 0 0 0 0 0 | |
| | | | | | | | |
| | | | | | | | |
| | | | | | | | |
| 合　计 | | | | ¥ 1 5 0 0 0 0 0 0 | | ¥ 1 5 0 0 0 0 0 0 | |

财务主管　高山　　　　记账　　　　出纳　张晴　审核　高山　　　　制单　李一凡

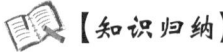【知识归纳】

资金筹集方式,如图 4-5 所示。

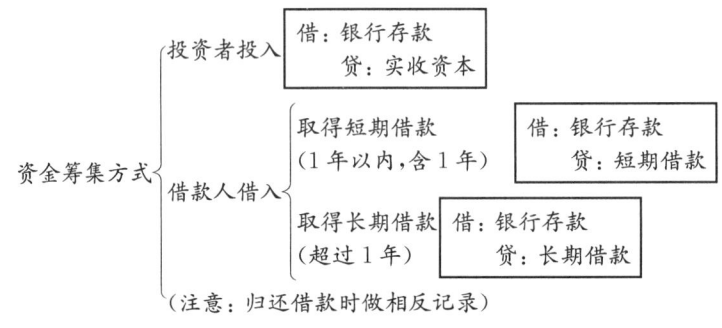

图 4-5 资金筹集方式

【自我测试】

一、单项选择题

1. 会计凭证按( )分类,分为原始凭证和记账凭证。
   A. 用途和填制程序　　　　　　　B. 取得来源
   C. 经济内容　　　　　　　　　　D. 填制方式
2. 记账凭证是根据( )填制。
   A. 会计报表　　　　　　　　　　B. 原始凭证
   C. 账簿记录　　　　　　　　　　D. 审核后的原始凭证
3. "从银行提取现金"应填制的记账凭证是( )。
   A. 收款凭证　　B. 付款凭证　　C. 转账凭证　　D. 现金支票
4. 记账凭证是由( )编制的。
   A. 会计人员　　B. 经办人员　　C. 出纳人员　　D. 业务主管
5. 企业接受投资者投入设备一台,价值5万元,应贷记( )账户。
   A. "固定资产"　B. "实收资本"　C. "资本公积"　D. "应收账款"

二、多项选择题

1. 会计凭证可以用来( )。
   A. 记录经济业务　B. 明确经济责任　C. 登记账簿　　D. 编制报表
2. 按用途和填制程序分类的不同,会计凭证可分为( )。
   A. 原始凭证　　B. 累计凭证　　C. 记账凭证　　D. 转账凭证
3. 按与货币资金收付业务的关系,记账凭证可分为( )。
   A. 汇总记账凭证　B. 收款凭证　C. 付款凭证　　D. 转账凭证
4. 按使用范围的不同,记账凭证可分为( )。
   A. 通用记账凭证　B. 专用记账凭证　C. 复式记账凭证　D. 单式记账凭证

三、判断题

1. 所有的会计凭证都是登记账簿的直接依据。　　　　　　　　　　　　( )

2. 所有的会计凭证都应有签名或盖章。（　　）
3. 所有的凭证如果填写错误，不能随意涂改、刮擦、挖补。（　　）
4. 采用专用记账凭证，当发生现金和银行存款之间相互划转的经济业务时，为了避免重复记账，通常只编制付款凭证，不编制收款凭证。（　　）
5. 凡不涉及现金收付的经济业务均应使用转账凭证。（　　）
6. 所有记账凭证制单人和出纳都要签名。（　　）
7. 从银行提取现金，既可以编制现金收款凭证，也可编制银行存款付款凭证。（　　）
8. 记账凭证是根据账簿记录填制的。（　　）

### 四、业务题

东莞市花园纸业有限公司发生以下经济业务，请据此写出会计分录并填制记账凭证。

（1）3日，从银行借入期限为三年的贷款100 000元存入银行。
（2）5日，收到投资者投入的投资款200 000元存入银行。
（3）10日，接受东华有限责任公司投资4 000 000元，其中3 000 000元为固定资产投资，固定资产已交付使用；其余1 000 000元为货币投资，已存入银行。
（4）12日，收到张云一项机器设备投资，确认其价值为500 000元。

## 任务二　核算采购业务

### 一、购入固定资产

【活动背景】

图4-6　财务主管高山与总经理李明的对话

【活动资料】

【业务4-4】5月3日，行政部购买电脑一台，单价6 000元，增值税税额780元。收到对方开来的增值税专用发票的抵扣联和发票联（见表4-16、表4-17），开出支票支付该笔款项(见表4-18)。固定资产验收单,如表4-19所示。

表4-16 增值税专用发票的抵扣联

| 4400174130 | 广东增值税专用发票 | | | | | No 08111232 | | |
|---|---|---|---|---|---|---|---|---|
| 机器编码：8943322356144 | | | | | | 开票日期：2020 年 05 月 03 日 | | |
| 购买方 | 名　　称：东莞市京贸塑料制品有限公司 纳税人识别号：441911792915001 地　址、电话：东莞市莞城区学院路287号 22662220 开户行及账号：建行东莞建业支行1056020040405555678 | | | | | 密码区 | （略） | |
| 货物及应税劳务名称 | 规格型号 | 单位 | 数量 | 单价 | 金额 | | 税率 | 税额 |
| *电子产品*电脑 | 联想天逸 | 台 | 1 | 6 000.00 | 6 000.00 | | 13% | 780.00 |
| 合　　　计 | | | | | ¥6 000.00 | | | ¥780.00 |
| 价税合计（大写） | ⊗陆仟柒佰捌拾圆整 | | | | | | （小写） ¥6 780.00 | |
| 销售方 | 名　　称：东莞市东旭电脑有限公司 纳税人识别号：441911325520026 地　址、电话：东莞市东城中路127号076922662323 开户行及账号：建行东莞东城支行3231002100310041005 | | | | | 备注 | (东莞市东旭电脑有限公司 441911325520026 发票专用章) | |
| 收款人：林建威　　复核：张琳　　开票人：刘叶云　　销货方： | | | | | | | | |

第二联 抵扣联 购货方扣税凭证

表4-17 增值税专用发票的发票联

| 4400174130 | 广东增值税专用发票 | | | | | No 08111232 | | |
|---|---|---|---|---|---|---|---|---|
|  机器编码：8943322356144 | | | | | | 开票日期：2020 年 05 月 03 日 | | |
| 购买方 | 名　　称：东莞市京贸塑料制品有限公司 纳税人识别号：441911792915001 地　址、电话：东莞市莞城区学院路287号 22662220 开户行及账号：建行东莞建业支行1056020040405555678 | | | | | 密码区 | （略） | |
| 货物及应税劳务名称 | 规格型号 | 单位 | 数量 | 单价 | 金额 | | 税率 | 税额 |
| *电子产品*电脑 | 联想天逸 | 台 | 1 | 6 000.00 | 6 000.00 | | 13% | 780.00 |
| 合　　　计 | | | | | ¥6 000.00 | | | ¥780.00 |
| 价税合计（大写） | ⊗陆仟柒佰捌拾圆整 | | | | | | （小写） ¥6 780.00 | |
| 销售方 | 名　　称：东莞市东旭电脑有限公司 纳税人识别号：441911325520026 地　址、电话：东莞市东城中路127号076922662323 开户行及账号：建行东莞东城支行3231002100310041005 | | | | | 备注 | (东莞市东旭电脑有限公司 441911325520026 发票专用章) | |
| 收款人：林建威　　复核：张琳　　开票人：刘叶云　　销货方： | | | | | | | | |

第三联 发票联 购货方记账凭证

表 4-18　支票存根

```
中国建设银行
转账支票存根
10304420
10002211

附加信息

出票日期 2020 年 05 月 03 日

收款人：东莞市东旭电脑有限公司
金　　额：￥6 780
用　　途：电脑

单位主管 李明　　会计 李一凡
```

表 4-19　固定资产验收单　　No.00325

2020 年 05 月 03 日　　金额单位：元

| 资产编号 | 资产名称 | 规格型号 | 单位 | 数量 | 设备价值或工程造价 | 设备基础及安装费用 | 附加费用 | 合计 |
|---|---|---|---|---|---|---|---|---|
| 40109 | 电脑 | 联想天逸 | 台 | 1 | 6 000 | 0 | 0 | ￥6 000 |
|  |  |  |  |  |  |  |  |  |
|  |  |  |  |  |  |  |  |  |
| 资产来源 | 外购 |  | 耐用年限 |  | 5 年 | 主要附属设备 | | |
| 制造日期 |  |  | 估计残值 |  | 0 | | | |
| 制造日期及编号 |  |  | 基本折旧率 |  | 0.2 | | | |
| 使用部门 | 行政部 |  | 复杂系数 |  |  | | | |

验收部门：采购部　　　　点交人：张成　　　　　　接管部门：行政部　　　　　接管人：刘明

【活动指导】

**【指导业务 4-4】**　固定资产是指为生产商品、提供劳务、出租或者经营管理而持有、使用寿命超过 1 个会计年度的有形资产。

根据物品的使用对象和金额，确定企业采购物品的所属科目。本活动中，采购电脑主要用于办公使用，而电脑价值较大（超过 2 000 元），故将电脑记入"固定资产"账户（资产类），记借方，其账户结构如表 4-20 所示；收到增值税专用发票抵扣联，表示购买固定资产时支付的增值税可以抵扣，增值税记入"应交税费"账户（负债类），可抵扣增值税表示应交税费的减少,记借方,"应交税费"账户结构如表4-21所示;财务部开出支票付款,将存根联剪下做附件,支票的支票联交给对方单位,表示银行存款(资产类)减少,记贷方。

表4-20 "固定资产"账户结构

| 借方 | 固定资产 | 贷方 |
| --- | --- | --- |
| 固定资产原始价值的增加额 | 固定资产原始价值的减少额 | |
| 期末余额:企业期末固定资产的原价 | | |

表4-21 "应交税费"账户结构

| 借方 | 应交税费 | 贷方 |
| --- | --- | --- |
| 实际缴纳的各种税费 | 各种应交未交税费的增加额 | |
| 期末余额:多交或尚未抵扣的税费 | 期末余额:尚未缴纳的税费 | |

填制记账凭证,如表4-22所示。

表4-22 记账凭证(简易)

| 日期 | 凭证字号 | 附件 | 摘要 | 会计分录 | 记账 |
| --- | --- | --- | --- | --- | --- |
| 2020.5.3 | 记04 | 3 | 购买固定资产 | 借:固定资产　　　　　　　　　　　　　6 000<br>　　应交税费——应交增值税(进项税额)　780<br>　　贷:银行存款　　　　　　　　　　　　6 780 | |

【注意事项】

(1)增值税是对在我国境内生产、销售货物或提供应税劳务以及进口货物的单位和个人,以其增值额为征税对象,采用税款抵扣原则,多环节征收的一种流转税。增值税属于价外税。

(2)根据现行税法,购入生产经营用固定资产产生的增值税是可以抵扣的。

(3)增值税专用发票的抵扣联是抵税的凭证,不作为记账凭证的附件。

【知识归纳】

购入固定资产的账务处理。

1.增值税可抵扣

借:固定资产
　　应交税费——应交增值税(进项税额)
　　贷:银行存款(或应付账款等)

2. 增值税不可抵扣

借：固定资产

　　贷：银行存款（或应付账款等）

## 二、购入材料

【活动背景】

图 4-7　销售员周迪生与仓管员齐铭的对话

【活动资料】

**【业务 4-5】** 5 月 10 日，从东莞市益能化工有限公司购买红色母料 20 千克，单价 310 元/千克，收到对方开来的增值税专用发票抵扣联（略）和发票联（见表 4-23），材料已验收入库，款项已付。支票存根如表 4-24 所示，收料单如表 4-25 所示。

表 4-23　增值税专用发票的发票联

| 4400174130 | 广东增值税专用发票 | | No 07632253 |
| --- | --- | --- | --- |
| | 发票联 | | |

| 机器编码：6549898987123 | | | 开票日期：2020 年 05 月 10 日 | |
| --- | --- | --- | --- | --- |
| 购买方 | 名　　称：东莞市京贸塑料制品有限公司<br>纳税人识别号：441911792915001<br>地址、电话：东莞市莞城区学院路287号 22662220<br>开户行及账号：建行东莞建业支行1056020040405555678 | | 密码区 | （略） |
| 货物及应税劳务名称 | 规格型号 | 单位 | 数量 | 单价 | 金　额 | 税率 | 税额 |
| *塑料粒料*红色母料 | | 千克 | 20 | 310.00 | 6 200.00 | 13% | 806.00 |
| 合　　计 | | | | | ￥6 200.00 | | ￥806.00 |
| 价税合计（大写） | ⊗柒仟零陆圆整 | | | | | （小写）￥7 006.00 | |
| 销售方 | 名　　称：东莞市益能化工有限公司<br>纳税人识别号：441911792915002<br>地址、电话：东莞市桑园狮龙路20号26753300<br>开户行及账号：建行东莞桑园支行1056020011112222333 | | 备注 | （发票专用章） |

收款人：张智光　　　复核：刘依琳　　　开票人：王允　　　销货方：（章）

表 4-24 支票存根

```
中国建设银行
转账支票存根
10304420
10002212
附加信息_____

出票日期 2020 年 05 月 10 日
收款人：东莞市益能化工有限公司
金　额：￥7 006
用　途：购料
单位主管 李明    会计 李一凡
```

表 4-25 收料单

2020 年 05 月 10 日　　　　　　　　　　　　　　　　　　　　　　　　　　　No.19010213

来料单位：东莞市益能化工有限公司　　发票号 0763253　　2020 年 05 月 10 日收到

| 材料名称 | 送验数 | 实收数量 | 单位 | 单价 | 买价 | 运杂费 | 成本总额 ||||||| 单位成本 |
|---|---|---|---|---|---|---|---|---|---|---|---|---|---|
| | | | | | | | 十万 | 千 | 百 | 十元 | 角 | 分 | |
| 红色母料 | 20 | 20 | 千克 | 310 | 6 200 | 0 | | 6 | 2 | 0 | 0 | 0 | 0 | 310 |
| | | | | | | | | | | | | | |
| | | | | | | | | | | | | | |
| | | | | | | | | | | | | | |
| 备注 | | | | | 合计￥6 200 | | | | | | | | |

验收人：王明　　　　保管：齐铭　　　　记账：李一凡　　　　制单：齐铭

第二联 记账联

**【业务 4-6】** 5 月 15 日，购买材料一批，其中聚丙烯 400 千克，单价 10 元/千克；聚乙烯 350 千克，单价 20 元/千克（发票联见表 4-26，抵扣联略）。材料运费 300 元，由对方单位垫付（发票见图 4-8）。材料已运到并验收入库，货款及运费未付。请根据发票分配运费并填制收料单，编制记账凭证。

表 4-26 增值税专用发票的发票联

4400174130　广东增值税专用发票　No 09561134

发票联

机器编码：5468912356232　　开票日期：2020 年 05 月 15 日

| 购买方 | 名　　称：东莞市京贸塑料制品有限公司 | | | | | 密码区 | （略） | | | 第三联 发票联 购货方记账凭证 |
|---|---|---|---|---|---|---|---|---|---|---|
| | 纳税人识别号：441911792915001 | | | | | | | | | |
| | 地　址、电话：东莞市莞城区学院路287号　22662220 | | | | | | | | | |
| | 开户行及账号：建行东莞建业支行1056020040405555678 | | | | | | | | | |
| 货物及应税劳务名称 | 规格型号 | 单位 | 数量 | 单价 | 金额 | | 税率 | 税额 | | |
| *塑料制品*聚丙烯 | | 千克 | 400 | 10.00 | 4 000.00 | | 13% | 520.00 | | |
| *塑料制品*聚乙烯 | | 千克 | 350 | 20.00 | 7 000.00 | | 13% | 910.00 | | |
| 合　　　　计 | | | | | ¥11 000.00 | | | ¥1 430.00 | | |
| 价税合计（大写） | 壹万贰仟肆佰叁拾圆整 | | | | | | （小写）¥12 430.00 | | | |
| 销售方 | 名　　称：广州石油化工有限公司 | | | | | 备注 | | | | |
| | 纳税人识别号：440101179291601 | | | | | | | | | |
| | 地　址、电话：广州市大金钟路239号020-87031065 | | | | | | | | | |
| | 开户行及账号：农行广州龙洞支行33490897111122222333 | | | | | | | | | |

收款人：　　复核：叶维　　开票人：谢云　　销货方：（章）

广东省广州市出租汽车统一车票
GD. GUANGZHOU TAXI RECEIPT

发票联

144011370438
03661921

监督电话：

| | |
|---|---|
| 电话 | 36641979 |
| 车号 | AV4417 |
| 证号 | 00000 |
| 日期 | 2019-05-15 |
| 上车 | 06：10 |
| 下车 | 06：40 |
| 单价 | 2.60元 |
| 里程 | 114.5km |
| 候时 | 00：03：07 |
| 金额 | ¥300.00元 |
| 卡号 | ----- |

此发票手写无效

批准号：穗国税自印〔2013〕044号人印X0468
本发票开具合计金额超过万元无效

图 4-8　出租汽车发票

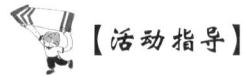

【活动指导】

**【指导业务 4-5】** 原材料是指企业在生产过程中经过加工,改变其形态或性质并构成产品主要实体的各种原料或外购半成品,不构成产品实体但有助于产品形成的辅助材料。材料的采购成本是指企业物资从采购到入库前所发生的全部支出,包括购买价款、相关税费、运输费、装卸费、保险费以及其他可归属于采购成本的费用。

采购材料时,会计部门收到对方交付的增值税专用发票,表示采购行为的发生。采购的材料已验收入库,即原材料(资产类)增加,记借方,其账户结构如表4-27所示。而支付的增值税可以抵扣,即应交税费(负债类)减少,记借方。款项已付,即银行存款(资产类)减少,记贷方。

表4-27 "原材料"账户结构

| 借 方 | 原材料 | 贷 方 |
|---|---|---|
| 已验收入库材料的成本 | | 发出材料的成本 |
| 期末余额:库存材料的实际成本或计划成本 | | |

填制记账凭证如表4-28所示。

表4-28 记账凭证(简易)

| 日期 | 凭证字号 | 附件 | 摘要 | 会计分录 | 记账 |
|---|---|---|---|---|---|
| 2020.5.10 | 记13 | 3 | 购买材料 | 借:原材料——红色母料　　　　　　　　6 200<br>　　应交税费——应交增值税(进项税额)　806<br>　贷:银行存款　　　　　　　　　　　　　7 006 | |

**【指导业务 4-6】** 采购两种(或两种以上)材料时,先要将运费在受益材料之间分配,然后确定各材料的入账价值。

(1) 某材料的入账金额:按该材料的采购成本入账。

(2) 材料的采购成本＝采购材料的买价＋应负担的各项采购费用

采购费用是指在采购过程中发生的相关税费(增值税除外)、运输费、装卸费、保险费,以及其他可归属于材料采购成本的费用。

(3) 当一笔采购费用涉及两种或两种以上材料时,要按一定方法(如重量、数量、买价等)分配采购费用。

$$采购费用分配率 = \frac{实际发生的采购费用}{各种材料物资的重量(或买价)之和}$$

$$某种材料应负担的采购费用 = 该材料物资的重量(或买价) \times 采购费用分配率$$

(4) 在本笔业务中,采购了聚丙烯、聚乙烯两种材料,共同支付了300元运费。运费也是采购成本之一,需要在两种材料中进行分配。实际工作中,可以按材料价格分,也可以按重量分。本企业材料按重量进行费用分配。

$$采购费用分配率 = \frac{300}{400+350} = 0.40(元/千克)$$

聚丙烯分配的采购费用 = 0.4×400 = 160(元)

聚乙烯分配的采购费用 = 0.4×350 = 140(元)

填制采购费用分配表,如表 4-29 所示。

**表 4-29 采购费用分配表**

2020 年 05 月 15 日

| 材料名称 | 分配标准(千克) | 分配率 | 分配额(元) | 备注 |
|---|---|---|---|---|
| 聚丙烯 | 400 | | 160 | |
| 聚乙烯 | 350 | 0.4 | 140 | |
| | | | | |
| 合计 | 750 | | 300 | |

审核:高山　　　　　　　　　　　　　　　　　　　　　制单:李一凡

聚丙烯的采购成本 = 买价+采购费用 = 4 000+160 = 4 160(元)

聚乙烯的采购成本 = 买价+采购费用 = 7 000+140 = 7 140(元)

聚丙烯的单位成本 = 4 160÷400 = 10.40(元/千克)

聚乙烯的单位成本 = 7 140÷350 = 20.40(元/千克)

填制收料单,如表 4-30 所示。

**表 4-30 收料单**

2020 年 05 月 15 日　　　　　　　　　　　　　　　　　No.1901021

| 来料单位:广州石油化工有限公司 | | 发票号 0956113 | | | 2020 年 05 月 15 日收到 | | | | | | | | | |
|---|---|---|---|---|---|---|---|---|---|---|---|---|---|---|
| 材料名称 | 送验数量 | 实收数量 | 单位 | 单价 | 买价 | 运杂费 | 成本总额 | | | | | | 单位成本 | |
| | | | | | | | 十万 | 万 | 千 | 百 | 十 | 元 | 角 | 分 |
| 聚丙烯 | 400 | 400 | 千克 | 10 | 4 000 | 160 | | 4 | 1 | 6 | 0 | 0 | 0 | 10.40 |
| 聚乙烯 | 350 | 350 | 千克 | 20 | 7 000 | 140 | | 7 | 1 | 4 | 0 | 0 | 0 | 20.40 |
| | | | | | | | | | | | | | | |
| | | | | | | | | | | | | | | |
| 备注 | | | | | 合计 ￥11 300 | | | | | | | | | |

第二联 记账联

验收人:王明　　　保管:齐铭　　　　记账:李一凡　　　　制单:齐铭

(5)材料采购行为已发生,已验收入库,即原材料(资产类)增加,记借方;而支付的增值税可以抵扣,即应交税费(负债类)减少,记借方;货款未付,运费对方代垫,一起计入应付账款(负债类),记贷方。"应付账款"账户结构如表 4-31 所示。

表 4-31 "应付账款"账户结构

| 借方 | 应付账款 | 贷方 |
|---|---|---|
| 偿还的应付账款 | | 因购入材料、商品和接受劳务等尚未支付的款项 |
| | | 期末余额：期末尚未支付的应付账款余额 |

填制记账凭证如表 4-32 所示。

表 4-32 记账凭证(简易)

| 日期 | 凭证字号 | 附件 | 摘要 | 会计分录 | 记账 |
|---|---|---|---|---|---|
| 2020.5.15 | 记21 | 4 | 购买材料 | 借：原材料——聚丙烯　　　　　　　　　　4 160<br>　　　原材料——聚乙烯　　　　　　　　　　7 140<br>　　　应交税费——应交增值税(进项税额)　1 430<br>　贷：应付账款——广州石油化工有限公司　12 730 | |

【注意事项】

（1）采购材料有实际成本法和计划成本法两种核算方法。实际成本法适用于规模较小、存货品种简单、采购业务不多的企业；计划成本法适用于存货品种繁多、收发频繁的企业。本教材所涉及的原材料采购与发出均采用实际成本法核算。

（2）购买的材料如果在运输途中尚未验收入库，用"在途物资"账户（资产类）核算，账户结构如表 4-33 所示。

表 4-33 "在途物资"账户结构

| 借方 | 在途物资 | 贷方 |
|---|---|---|
| 购入的在途物资的实际成本 | | 验收入库的在途物资的实际成本 |
| 期末余额：在途物资的采购成本 | | |

【知识归纳】

材料采购的账务处理，如图 4-9 所示。

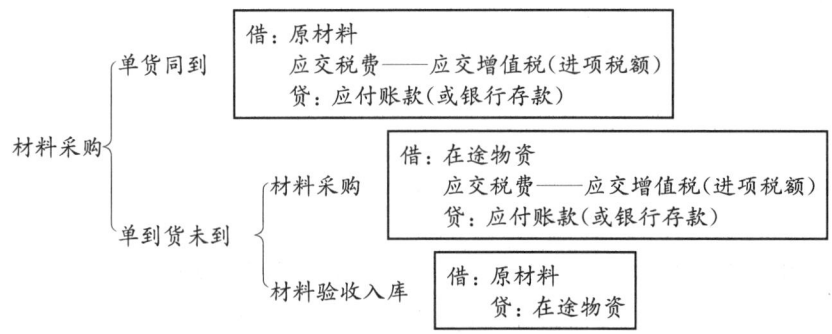

图 4-9 材料采购的账务处理

【自我测试】

## 一、单项选择题

1. 应付账款按（　　）设置明细分类账。
   A. 债务人　　　　　　　　B. 产品品种
   C. 币种　　　　　　　　　D. 债权人
2. 下列账户中核算库存材料成本的账户是（　　）。
   A. "原材料"　　　　　　　B. "应付账款"
   C. "在途物资"　　　　　　D. "银行存款"

## 二、多项选择题

1. 下列各项中,应计入材料采购成本的有（　　）。
   A. 装卸费　　　　　　　　B. 买价
   C. 应缴纳的增值税（进项税）　D. 材料采购运输费
2. 下列各项财产物资中,属于存货的有（　　）。
   A. 汽车　　　　　　　　　B. 仓库存放的产成品
   C. 房屋　　　　　　　　　D. 尚未完工的在产品

## 三、判断题

1. 企业的材料采购成本就是供货单位发票上的价税合计数。（　　）
2. 为了加强材料采购的管理,确定材料的实际采购成本,企业应设置"在途材料"账户。（　　）
3. 购买材料的运费应计入采购成本。（　　）
4. "在途物资"账户期末一定无余额。（　　）

## 四、业务题

东莞市花园纸业有限公司从外地某企业购入甲材料3 000千克,单价4.5元,共计13 500元,增值税1 755元;乙材料1 000千克,单价2元,共计2 000元,增值税260元。以银行存款支付价款15 500元和增值税额2 015元。

此外,以银行存款支付甲、乙材料的采购费用1 600元,要求按材料重量分配运杂费,计入材料的采购成本,并编制材料验收入库的会计分录。

## 任务三　核算生产业务

### 一、领用材料

图 4-10　仓管员齐铭与会计李一凡的对话

【活动资料】

**【业务 4-7】** 本月的领用材料用于生产产品,领料单之一(见表 4-34)。7 月 31 日,汇总所有领料单,编制发料凭证汇总表(见表 4-35),编制当月领用材料业务凭证。

表 4-34　领料单

领料单位：生产车间　　　　　2020 年 07 月 02 日　　　　　领料编号：105126

| 用途：生产饭盒 | | | | | | |
|---|---|---|---|---|---|---|
| 材料类别 | 材料编号 | 材料名称 | 材料规格 | 计量单位 | 请领数量 | 实发数量 |
| 原材料 | | 聚丙烯 | | 千克 | 300 | 300 |
| 原材料 | | 聚乙烯 | | 千克 | 400 | 400 |
| | | | | | | |
| | | | | | | |

主管会计：李一凡　　　　　　发料：齐铭　　　　　　　　　领料：马金龙

表 4-35　发料凭证汇总表　　　　　　　　　　数量单位：千克

2020 年 07 月 31 日　　　　　　　　　　　　　金额单位：元

| 用途 | 聚丙烯 | | 聚乙烯 | | 红色母料 | | 黄色母料 | | 合计 |
|---|---|---|---|---|---|---|---|---|---|
| | 数量 | 金额 | 数量 | 金额 | 数量 | 金额 | 数量 | 金额 | |
| 生产饭盒 | 1 320 | 15 840 | 620 | 12 400 | 22 | 6 776 | | | 35 016 |

(续表)

| 用途 | 聚丙烯 | | 聚乙烯 | | 红色母料 | | 黄色母料 | | 合计 |
|---|---|---|---|---|---|---|---|---|---|
| | 数量 | 金额 | 数量 | 金额 | 数量 | 金额 | 数量 | 金额 | |
| 生产密封盒 | 1 120 | 13 440 | 530 | 10 600 | 20 | 6 160 | | | 30 200 |
| 生产水杯 | 1 160 | 13 920 | 550 | 11 000 | | | 18 | 7 398 | 32 318 |
| 合计 | 3 600 | 43 200 | 1 700 | 34 000 | 42 | 12 936 | 18 | 7 398 | 97 534 |

【活动指导】

【指导业务4-7】 企业存货主要有原材料、库存商品等。存货发出计价方法有加权平均法、先进先出法等。其中加权平均法使用最多。东莞市京贸塑料制品有限公司发出存货采用的计价方法是加权平均法。

因为发出材料使用加权平均法，月末才能核算出材料单位成本，所以企业在平时生产经营过程中，领用材料时只填写领料单（见表4-34），登记领用材料的数量，而不做会计处理。到了月末，把本月的所有领料单汇总，填写发料凭证汇总表（见表4-35），然后做会计处理。

从发料凭证汇总表上可以看出，竖列为本月所使用的各种材料数量和金额，最下一行为合计领用材料的数量、金额；横行为本月各种产品所耗用的材料，最后一列为合计各产品耗用的材料金额。耗用材料用于生产产品，即生产成本（成本类）增加，记借方，"生产成本"账户结构如表4-36所示。同时材料被耗用，即原材料（资产类）减少，记贷方。

表4-36 "生产成本"账户结构

| 借方 | 生产成本 | 贷方 |
|---|---|---|
| 应计入产品成本的各项费用 | 完工入库产成品的生产成本 | |
| 期末余额：期末尚未完工的产品（在产品）的实际生产成本 | | |

填制的记账凭证，如表4-37所示。

表4-37 记账凭证（简易）

| 日期 | 凭证字号 | 附件 | 摘要 | 会计分录 | 记账 |
|---|---|---|---|---|---|
| 2020.7.31 | 记41 | 1 | 领料汇总 | 借：生产成本——饭盒（直接材料）　35 016<br>　　　生产成本——密封盒（直接材料）　30 200<br>　　　生产成本——水杯（直接材料）　32 318<br>　贷：原材料——聚丙烯　43 200<br>　　　原材料——聚乙烯　34 000<br>　　　原材料——红色母料　12 936<br>　　　原材料——黄色母料　7 398 | |

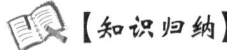【知识归纳】

材料领用的账务处理,如图 4-11 所示。

材料领用 { 生产车间领用直接生产产品 / 生产车间一般耗用 / 企业管理部门领用 }　　借：生产成本  制造费用  管理费用　贷：原材料

图 4-11　材料领用的账务处理

## 二、支付水电费

【活动背景】

图 4-12　总经理李明与财务主管高山的对话

【活动资料】

【业务 4-8】 7 月 10 日,收到供电局开出的电费发票(发票联见表 4-38,抵扣联略),电费已通过银行自动划扣(银行转来的凭证见表 4-39)。

表 4-38 电费发票

## 广东增值税专用发票

号码：4400174130  No 0956113

机器编码：984853581654

开票日期：2020 年 07 月 10 日

| 购买方 | 名称：东莞市京贸塑料制品有限公司<br>纳税人识别号：441911792915001<br>地址、电话：东莞市莞城区学院路287号 22662220<br>开户行及账号：建行东莞建业支行1056020040405555678 | 密码区 | （略） |
|---|---|---|---|

| 货物及应税劳务名称 | 规格型号 | 单位 | 数量 | 单价 | 金额 | 税率 | 税额 |
|---|---|---|---|---|---|---|---|
| *发电及供电*工业用电 |  | 千瓦时 | 8 900 | 0.93 | 8 277.00 | 13% | 1 076.01 |
| 合　　计 |  |  |  |  | ¥8 277.00 |  | ¥1 076.01 |

价税合计（大写）⊗玖仟叁佰伍拾叁圆零壹分　　　（小写）¥9 353.01

| 销售方 | 名称：中国南方电网东莞市供电公司<br>纳税人识别号：258369456123222<br>地址、电话：东莞市金牛路2号 22885689<br>开户行及账号：建行东莞怡丰支行4410331234582200796 | 备注 | （中国南方电网东莞市供电公司 258369456123222 发票专用章） |
|---|---|---|---|

收款人：叶小天　　　复核：林云　　　开票人：钟丽佳　　　销货单位：（章）

表 4-39 特种转账借方凭证

## 特种转账借方凭证

| 付款人 | 全称 | 东莞市京贸塑料制品有限公司 | 收款人 | 全称 | 中国南方电网东莞市供电公司 |
|---|---|---|---|---|---|
|  | 账号 | 1056020040405555678 |  | 账号 | 4410331234582200796 |
|  | 开户行 | 建行东莞建业支行 |  | 开户行 | 建行东莞怡丰支行 |

| 金额 | 人民币（大写）玖仟叁佰伍拾叁元零壹分 | 亿 | 千 | 百 | 十 | 万 | 千 | 百 | 十 | 元 | 角 | 分 |
|---|---|---|---|---|---|---|---|---|---|---|---|---|
|  |  |  |  |  |  | ¥ | 9 | 3 | 5 | 3 | 0 | 1 |

用途：代收电费

备注：

中国建设银行股份有限公司 东莞怡丰支行 2020.07.10 办讫章

银行签章

【业务4-9】 7月31日，对本月电费按各部门耗用电量进行费用分配。本月共耗电8 900千瓦时，其中，饭盒生产线耗电2 400千瓦时，密封盒生产线耗电2 100千瓦时，水杯生产线耗电2 200千瓦时，车间照明耗电1 600千瓦时；管理部门照明耗电600千瓦时。

【活动指导】

**【指导业务 4-8】** 企业电费是先用后付,属于应付账款,电费支付完成,表示应付账款(负债类)减少,记借方;收到增值税专用发票,表示可以抵扣增值税,应交税费(负债类)减少,记借方;银行自动划款,表示银行存款(资产类)减少,记贷方。填制的记账凭证,如表4-40所示。

表 4-40 记账凭证(简易)

| 日期 | 凭证字号 | 附件 | 摘要 | 会计分录 | | 记账 |
|---|---|---|---|---|---|---|
| 2020.7.10 | 记12 | 2 | 支付水电费 | 借:应付账款——东莞供电公司<br>　　应交税费——应交增值税(进项税额)<br>　贷:银行存款 | 8 277.00<br>1 076.01<br>9 353.01 | |

**【指导业务 4-9】** 月末分配电费,根据各个部门的耗电量,计算各个部门应承担的电费,确认各部门的成本与费用。其中,生产产品承担的电费,计入生产成本;生产车间照明承担的电费,计入制造费用;管理部门承担的电费,计入管理费用;未付的电费属应付账款。电费分配表,如表4-41所示。

表 4-41 电费分配表

2020 年 7 月 31 日　　　　　　　　　　　　　　　　　　　　　单位:元

| 项目 | | 用量(千瓦时) | 单价 | 金额 |
|---|---|---|---|---|
| 生产用电 | 饭盒 | 2 400 | 0.93 | 2 232 |
| | 密封盒 | 2 100 | 0.93 | 1 953 |
| | 水杯 | 2 200 | 0.93 | 2 046 |
| 车间照明 | | 1 600 | 0.93 | 1 488 |
| 管理部门照明 | | 600 | 0.93 | 558 |
| 合　　计 | | 8 900 | | 8 277 |

审核:高山　　　　　　　　　　　　　　　　　　　　　　　　制表:李一凡

"制造费用"与"管理费用"的账户结构如表4-42和4-43所示。

表 4-42 "制造费用"账户结构

| 借方 | 制造费用 | 贷方 |
|---|---|---|
| 生产过程中发生的各项间接费用 | | 月末分配结转的应由各种产品承担的制造费用 |

表 4-43 "管理费用"账户结构

| 借方 | 管理费用 | 贷方 |
|---|---|---|
| 发生的各项管理费用 | | 期末转入"本年利润"账户的金额 |

填制的记账凭证,如表 4-44 所示。

表 4-44 记账凭证(简易)

| 日期 | 凭证字号 | 附件 | 摘要 | 会计分录 | | 记账 |
|---|---|---|---|---|---|---|
| 2020.7.31 | 记36 | 1 | 分配水电费 | 借:生产成本——饭盒(直接材料)<br>生产成本——密封盒(直接材料)<br>生产成本——水杯(直接材料)<br>制造费用——水电费<br>管理费用——水电费<br>贷:应付账款——东莞供电公司 | 2 232<br>1 953<br>2 046<br>1 488<br>558<br>8 277 | |

【注意事项】

(1) 水费业务的处理与电费业务的处理相同。

(2) 生产车间发生的水电费,如果可直接归属到各项产品生产上,就直接记入各产品生产成本的增加;如果是车间管理部门发生的水电费,不能归属到各项产品上,就计入制造费用。

【知识归纳】

支付水电费的账务处理。

1. 支付水电费

借:应付账款
　　应交税费——应交增值税(进项税额)
　贷:银行存款

2. 分配水电费

借:生产成本
　　制造费用
　　管理费用
　　销售费用
　贷:应付账款

## 三、发放工资与分配工资

【活动背景】

图 4-13　财务主管高山与出纳员张晴的对话

【活动资料】

【业务 4-10】　7 月 10 日，会计制作好工资结算汇总表（见表 4-45），由出纳员去银行代发工资。支票存根如图 4-14 所示。

表 4-45　工资结算汇总表（简表）

2020 年 07 月　　　　　　　　　　　　　　　　　　　　　　　　　　　单位：元

| 车间、部门 | | 基本工资 | 奖金 | 扣病事假工资 | 应付工资 | 实发工资 |
|---|---|---|---|---|---|---|
| 生产车间 | 饭盒生产班组 | 11 000 | 5 000 | | 16 000 | 16 000 |
| | 密封盒生产班组 | 10 000 | 6 000 | | 16 000 | 16 000 |
| | 水杯生产班组 | 12 000 | 6 000 | | 18 000 | 18 000 |
| | 管理部 | 4 000 | 2 000 | 100 | 5 900 | 5 900 |
| 销售人员 | | 9 000 | 3 000 | | 12 000 | 12 000 |
| 行政管理人员 | | 23 000 | 3 000 | 300 | 25 700 | 25 700 |
| 合　计 | | 69 000 | 25 000 | | 93 600 | 93 600 |

审核：高山　　　　　　　　　　　　　　　　　　　　　　　　　　　　制单：李一凡

图 4-14 支票存根

【业务 4-11】 7月31日,根据当月工资的总额,按其发生的部门和用途,确认各相关的成本、费用(即分配当月工资费用)。工资分配表,如表4-46所示。

表 4-46 工资分配表

2020 年 7 月 31 日

| 车间、部门 | | 应借科目 | 金额 | 备注 |
|---|---|---|---|---|
| 生产车间 | 饭盒生产班组 | 生产成本 | 16 000 | |
| | 密封盒生产班组 | 生产成本 | 16 000 | |
| | 水杯生产班组 | 生产成本 | 18 000 | |
| | 管理部 | 制造费用 | 5 900 | |
| 销售人员 | | 销售费用 | 12 000 | |
| 行政管理人员 | | 管理费用 | 25 700 | |
| 合　　计 | | | 93 600 | |

审核:高山　　　　　　　　　　　　　　　　　　　　　　　制表:李一凡

【活动指导】

【指导业务 4-10】 职工薪酬是指企业为获得职工提供的服务或解除劳动关系而给予的各种形式的报酬或补偿。对于当期职工薪酬,企业应当在职工为其提供服务的会计期间,按实际发生额确认为负债,并计入当期损益或相关资产成本。

发放工资时,会计人员制好工资表,由出纳员去银行办理发放。工资所属会计账户为"应付职工薪酬"(负债类),发放工资表示应付职工薪酬减少,记借方,其账户结构如表4-47所示;银行划款,表示银行存款减少,记贷方。

表 4-47　"应付职工薪酬"账户结构

| 借方 | 应付职工薪酬 | 贷方 |
|---|---|---|
| 本期实际支付的职工薪酬 | 本期应付职工的各种薪酬 | |
| | 期末余额：应付未付的职工薪酬 | |

填制的记账凭证，如表 4-48 所示。

表 4-48　记账凭证（简易）

| 日期 | 凭证字号 | 附件 | 摘要 | 会计分录 | | 记账 |
|---|---|---|---|---|---|---|
| 2020.7.10 | 记 09 | 2 | 发放工资 | 借：应付职工薪酬<br>　贷：银行存款 | 93 600<br>　　　93 600 | |

**【指导业务 4-11】** 月末，会计人员审核单据无误后，根据当月工资的总额，按其发生的部门和用途，确认成本、费用。

职工薪酬应按职工提供服务的受益对象，分别进行账务处理，如表 4-49 所示。

表 4-49　职工薪酬的账务处理

| 情形 | 账务处理 |
|---|---|
| 直接生产人员的职工薪酬 | 借记"生产成本"账户 |
| 车间管理人员的职工薪酬 | 借记"制造费用"账户 |
| 企业行政管理人员的职工薪酬 | 借记"管理费用"账户 |
| 销售人员的职工薪酬 | 借记"销售费用"账户 |

"销售费用"账户结构，如表 4-50 所示。

表 4-50　"销售费用"账户结构

| 借方 | 销售费用 | 贷方 |
|---|---|---|
| 销售商品发生或支付的各种费用和销售机构发生的各种费用 | 期末转入"本年利润"账户的金额 | |

填制记账凭证如表 4-51 所示。

表 4-51　记账凭证（简易）

| 日期 | 凭证字号 | 附件 | 摘要 | 会计分录 | | 记账 |
|---|---|---|---|---|---|---|
| 2020.7.31 | 记 35 | 1 | 结转工资费用 | 借：生产成本——饭盒（直接人工）<br>　　生产成本——密封盒（直接人工）<br>　　生产成本——水杯（直接人工）<br>　　制造费用——工资<br>　　销售费用——工资<br>　　管理费用——工资<br>　贷：应付职工薪酬 | 16 000<br>16 000<br>18 000<br>5 900<br>12 000<br>25 700<br>　　　93 600 | |

## 【知识归纳】

工资分配与发放的账务处理,如图 4-15 所示。

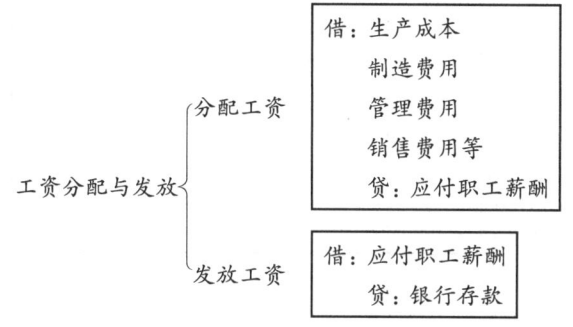

图 4-15　工资分配与发放的账务处理

## 四、计提折旧

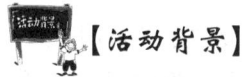

图 4-16　财务主管高山与会计李一凡的对话

### 【活动资料】

【业务 4-12】　7 月 31 日,对各个部门使用的固定资产进行统计,并计提折旧。固定资产折旧计算表如表 4-52 所示。

### 表 4-52 固定资产折旧计算表（简表）

2020 年 7 月 31 日　　　　　　　　　　　　　　　　　　　　　　　　　　单位：元

| 项目 | 上月折旧额 | 上月增加固定资产 | | 上月减少固定资产 | | 本月计提折旧 |
| --- | --- | --- | --- | --- | --- | --- |
| | | 原值 | 月折旧额 | 原值 | 月折旧额 | |
| 管理部办公设备 | 768 | | | | | 768 |
| 销售部办公设备 | 115.2 | | | | | 115.2 |
| 生产部办公设备 | 115.2 | | | | | 115.2 |
| 生产部生产设备 | 18 720 | | | | | 18 720 |
| 合　计 | 19 718.4 | | | | | 19 718.4 |

审核：高山　　　　　　　　　　　　　　　　　　　　　　　　　　　　　制单：李一凡

【活动指导】

**【指导业务 4-12】** 固定资产在使用中，由于不断地磨损，其内在价值不断减少，这部分减少的价值应逐渐转入使用固定资产部门的成本费用中。在会计上，这个磨损值被称为折旧费，使用"累计折旧"账户核算。

"累计折旧"属于资产类账户，是"固定资产"账户的备抵账户。因此，"累计折旧"账户的记账方向与"固定资产"账户的记账方向相反。累计折旧的增加记贷方，减少记借方，账户结构如表 4-53 所示。

### 表 4-53 "累计折旧"账户结构

| 借方 | 累计折旧 | 贷方 |
| --- | --- | --- |
| 因减少固定资产而转出的累计折旧 | 按月提取的折旧额 | |
| | 期末余额：期末固定资产的累计折旧额 | |

根据表 4-52，填制的记账凭证，如表 4-54 所示。

### 表 4-54 记账凭证（简易）

| 日期 | 凭证字号 | 附件 | 摘要 | 会计分录 | 记账 |
| --- | --- | --- | --- | --- | --- |
| 2020.7.31 | 记 32 | 1 | 计提折旧 | 借：制造费用——折旧　　18 835.2<br>　　　销售费用——折旧　　　115.2<br>　　　管理费用——折旧　　　768<br>　　贷：累计折旧　　　　　19 718.4 | |

【知识归纳】

计提折旧的账务处理，如图 4-17 所示。

计提折旧 {生产车间固定资产的折旧／管理部门固定资产的折旧／销售部门固定资产的折旧}　借：制造费用　管理费用　销售费用　贷：累计折旧

图 4-17　计提折旧的账务处理

## 五、分配制造费用

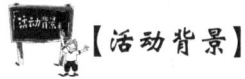【活动背景】

图 4-18　总经理李明与财务主管高山的对话

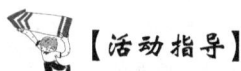【活动资料】

**【业务 4-13】** 7 月 31 日,对制造费用进行分配。当月共发生制造费用 33 000 元,按生产工人工资总额(见表 4-45)分配制造费用,并编制记账凭证。

【活动指导】

**【指导业务 4-13】** 车间为组织生产发生各项费用支出,其中能直接归属到各项产品的费用计入生产成本,而各项间接费用计入制造费用。月末,要将制造费用归集,再按适当的分配标准(如生产工人工资、生产工时、耗用水电费等)分配计入各项产品成本,构成产品成本的一部分。

$$制造费用分配率 = \frac{制造费用总额}{各种产品生产工时(生产工人工资)之和}$$

某种产品应负担的制造费用 = 该种产品生产工时(或生产工人工资) × 制造费用分配率

在实际工作中,制造费用的分配是通过编制制造费用分配表进行的,按照各产品生产工人工资比例分配制造费用,如表4-55所示。

表4-55 制造费用分配表

2020年7月31日　　　　　　　　　　　　　　　　　　　单位:元

| 项目 | 应借科目 | 分配标准(工资) | 分配率 | 应分配费用额 |
| --- | --- | --- | --- | --- |
| 饭盒 | 生产成本——饭盒 | 16 000 | | 10 560 |
| 密封盒 | 生产成本——密封盒 | 16 000 | 0.66 | 10 560 |
| 水杯 | 生产成本——水杯 | 18 000 | | 11 880 |
| 合计 | | 50 000 | | 33 000 |

审核:高山　　　　　　　　　　　　　　　　　　　　　制单:李一凡

根据制造费用分配表,填制的记账凭证如表4-56所示。

表4-56 记账凭证(简易)

| 日期 | 凭证字号 | 附件 | 摘要 | 会计分录 | 记账 |
| --- | --- | --- | --- | --- | --- |
| 2020.7.31 | 记36 | 1 | 结转制造费用 | 借:生产成本——饭盒(制造费用)　10 560<br>　　生产成本——密封盒(制造费用)　10 560<br>　　生产成本——水杯(制造费用)　11 880<br>　贷:制造费用　　　　　　　　　　33 000 | |

**【注意事项】**

分配制造费用时,如果分配率不能整除,为了防止出现因分配率四舍五入,而导致的各产品负担制造费用总额出现误差的现象,要采用倒挤法计算最后一项产品负担的制造费用金额。

最后一项产品负担的制造费用=制造费用总额-前面各项产品负担的制造费用合计

**【知识归纳】**

1. 制造费用分配计算

$$制造费用分配率 = \frac{制造费用总额}{各种产品生产工时(生产工人工资)之和}$$

某种产品应负担的制造费用=该种产品生产工时(或生产工人工资)×制造费用分配率

2. 制造费用分配账务处理

借:生产成本——××产品(制造费用)
　贷:制造费用

## 六、产品完工入库

【活动背景】

图 4-19　仓管员齐铭与会计李一凡的对话

【活动资料】

【业务 4-14】　产品完工入库时填写入库单,入库单之一如表 4-57 所示。7 月 31 日,汇总当月所有入库单,编制完工产品成本计算表(见表 4-58),结转完工产品成本。

表 4-57　入库单

2020 年 07 月 12 日　　　　　　　　　　　　　　　　No. 401762

| 编　号 | 品名规格 | 单位 | 数量 | 单价 | 金　额 十 万 千 百 十 元 角 分 | 备注 |
|---|---|---|---|---|---|---|
|  | 饭盒 | 个 | 200 |  |  | 第三联 记账 |
|  | 密封盒 | 个 | 200 |  |  |  |
|  | 水杯 | 个 | 150 |  |  |  |
|  |  |  |  |  |  |  |
|  |  |  |  |  |  |  |

记账:李一凡　　　　　　　　　　保管:齐铭　　　　　　　　　　制票:齐铭

### 表 4-58　完工产品成本计算表

2020 年 7 月 31 日　　　　　　　　　　　　　　　　　　　　　　　　　单位：元

| 项目＼入库数量 | 饭盒<br>(10 200 个) | 密封盒<br>(10 500 个) | 水杯<br>(11 700 个) | 合计 |
| --- | --- | --- | --- | --- |
| 直接材料 | 39 000 | 36 000 | 35 000 | 110 000 |
| 直接人工 | 16 000 | 16 000 | 18 000 | 50 000 |
| 制造费用 | 10 560 | 10 560 | 11 880 | 33 000 |
| 总成本 | 65 560 | 62 560 | 64 880 | 193 000 |
| 单位成本 | 6.43 | 5.96 | 5.55 | |

审核：高山　　　　　　　　　　　　　　　　　　　　　　　　　　　　　制单：李一凡

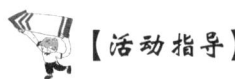【活动指导】

**【指导业务 4-14】** 企业到月末时要进行完工产品成本计算和结转。因为完工成本数据要到月末才计算,所以平时完工入库时会计不用处理,仅由仓管员填写入库单。月末时,会计人员汇总入库单,统计所有完工数量,计算完工成本。计算过程如下：

（1）汇总当月所有入库单,统计完工入库数量。

（2）产品成本由直接材料、直接人工、制造费用构成,计算各项产品的三部分成本。

　　　　本月完工产品成本＝月初在产品成本＋本月发生成本费用－月末在产品成本

（3）计算各项产品的总成本和单位成本。

　　　　产品单位成本＝完工产品总成本÷本月完工入库产品数量

经过计算,完工产品成本如表 4-59 所示。产品完工入库,库存商品（资产类）增加记借方,生产成本（成本类）减少记贷方,填制记账凭证如表 4-59 所示。

### 表 4-59　记账凭证（简易）

| 日期 | 凭证字号 | 附件 | 摘要 | 会计分录 | 记账 |
| --- | --- | --- | --- | --- | --- |
| 2020.7.31 | 记 37 | 1 | 结转完工产品成本 | 借：库存商品——饭盒　　65 560<br>　　库存商品——密封盒　62 560<br>　　库存商品——水杯　　64 880<br>　贷：生产成本——饭盒　　65 560<br>　　　生产成本——密封盒　62 560<br>　　　生产成本——水杯　　64 880 | |

【知识归纳】

生产过程的账务处理如图 4-20 所示。

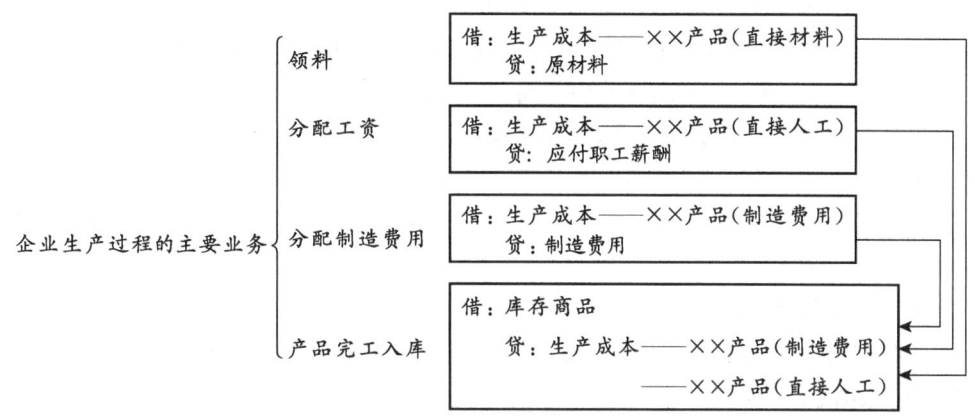

图 4-20 生产过程的账务处理

【自我测试】

一、单项选择题

1. 车间管理部门使用固定资产提取折旧费时,应借记(　　)账户,贷记"累计折旧"账户。
   A."制造费用"　　B."管理费用"　　C."财务费用"　　D."折旧费用"
2. 生产产品直接耗用的材料,在会计处理上应增加(　　)处理。
   A. 生产成本　　B. 制造费用　　C. 管理费用　　D. 产成品
3. "制造费用"账户的余额,在月末分配记入(　　)账户。
   A."管理费用"　　B."销售费用"　　C."主营业务成本"　　D."生产成本"

二、多项选择题

1. 下列项目中,(　　)属于期间费用。
   A. 管理费用　　B. 制造费用　　C. 财务费用　　D. 销售费用
2. 下列费用中,应计入管理费用的有(　　)。
   A. 生产产品领用的材料　　　　B. 管理部门人员工资
   C. 管理部门办公费　　　　　　D. 车间管理人员工资
3. 分配制造费用可以按(　　)比例进行。
   A. 工人工资　　B. 机器工时　　C. 工作小时　　D. 材料重量

三、判断题

1. 车间领用一般性消耗的材料,在会计处理上应属于增加管理费用。(　　)
2. 期末"应付职工薪酬"账户的贷方余额,表示尚未支付给投资者的股利。(　　)

四、业务题

东莞市花园纸业有限公司 4 月份发生以下经济业务,请据此写出会计分录并填制记账凭证。

(1) 生产车间从仓库领用各种原材料进行产品生产。用于生产 A 产品的甲材料 150 千克,单价 10.50 元/千克;乙材料 100 千克,单价 16.56 元/千克。用于生产 B 产品的甲材料 120 千克,单价 10.50 元/千克;乙材料 80 千克,单价 16.50 元/千克。

(2) 结算 4 月份应付职工工资,其按用途归结如下:A 产品生产工人工资 5 000 元,B 产品生产工人工资 4 000 元,车间职工工资 2 000 元,管理部门职工工资 3 000 元。

(3) 计提 4 月份固定资产折旧,其中车间使用的固定资产折旧 600 元,管理部门使用固定资产折旧 300 元。

(4) 支付车间负担的修理费 100 元。

(5) 将制造费用总额如数转入"生产成本"账户,并按生产工人工资的比例摊配计入 A、B 两种产品成本。

(6) 结算 4 月份 A、B 两种产品的生产成本。4 月 A 产品 100 件,B 产品 80 件,均已全部制造完成,并已验收入库,按其实际成本入账。

## 任务四　核算销售业务

### 一、出售产品

【活动背景】

图 4-21　销售员周迪生与出纳员张晴的对话

【活动资料】

【业务 4-15】　9 月 10 日,销售给东莞市新天地购物中心一批产品。其中,饭盒 200 个,单价 18 元;密封盒 200 个,单价 17 元;水杯 150 个,单价 16 元。填写出库单

(出库单会计联见表 4-60)，开出发票(记账联见表 4-61)交给对方，款项已收。进账单如表 4-62 所示。

**表 4-60　出库单**

2020 年 09 月 10 日　　　　　　　　　　　　　　　　　　　　　　No. 431927

| 编号 | 品名规格 | 单位 | 数量 | 单价 | 金额(十万千百十元角分) | 备注 |
|---|---|---|---|---|---|---|
|  | 饭盒 | 个 | 200 |  |  |  |
|  | 密封盒 | 个 | 200 |  |  |  |
|  | 水杯 | 个 | 150 |  |  |  |
|  |  |  |  |  |  |  |
|  |  |  |  |  |  |  |

记账：李一凡　　　　　　　　保管：齐铭　　　　　　　　制票：齐铭

第二联　会计

**表 4-61　增值税专用发票**

广东增值税专用发票

4400174130　　　　　　　　　　　　　　　　　　　　　　No.034568006

此联不作报销、扣税凭证使用

机器编码：5468912356232　　　　　　　　　　　　　　开票日期：2020 年 09 月 10 日

| 购买方 | 名　　　称：东莞市新天地购物中心 | 密码区 | （略） |
|---|---|---|---|
|  | 纳税人识别号：441911792915102 |  |  |
|  | 地　址、电　话：东莞市东城中路218号 22385568 |  |  |
|  | 开户行及账号：工行东莞中信支行0030110188889999000 |  |  |

| 货物及应税劳务名称 | 规格型号 | 单位 | 数量 | 单价 | 金额 | 税率 | 税额 |
|---|---|---|---|---|---|---|---|
| *塑料制品*饭盒 |  | 个 | 200 | 18.00 | 3 600.00 | 13% | 468.00 |
| *塑料制品*密封盒 |  | 个 | 200 | 17.00 | 3 400.00 | 13% | 442.00 |
| *塑料制品*水杯 |  | 个 | 150 | 16.00 | 2 400.00 | 13% | 312.00 |
| 合　　计 |  |  |  |  | ¥9 400.00 |  | ¥1 222.00 |
| 价税合计（大写） | ⊗壹万零陆佰贰拾贰圆整 |  |  |  | （小写）¥10 622.00 |  |  |

| 销售方 | 名　　　称：东莞市京贸塑料制品有限公司 | 备注 | (盖章) |
|---|---|---|---|
|  | 纳税人识别号：441911792915001 |  |  |
|  | 地　址、电　话：东莞市莞城区学院路287号22662220 |  |  |
|  | 开户行及账号：建行东莞建业支行 3231002100310041005 |  |  |

收款人：张晴　　　复核：高山　　　开票人：张晴　　　销售方：(章)

第一联　记账联　销货方记账凭证

表 4-62 进账单

进账单(收账通知)    3

2020 年 9 月 10 日

| 出票人 | 全称 | 东莞市新天地购物中心 | 收款人 | 全称 | 东莞市京贸塑料制品有限公司 | 此联是收款人开户银行交给收款人的收账通知 |
|---|---|---|---|---|---|---|
| | 账号 | 0030110188889999000 | | 账号 | 1056020040405555678 | |
| | 开户银行 | 工行东莞中信支行 | | 开户银行 | 建行东莞建业支行 | |
| 金额 | 人民币(大写) | 壹万零陆佰贰拾贰元整 | | | 亿 千 百 十 万 千 百 十 元 角 分<br>¥ 1 0 6 2 2 0 0 | |
| 票据种类 | 支票 | 票据张数 | 壹张 | | 中国建设银行股份有限公司<br>东莞建业支行<br>2020.09.10<br>办讫章<br>收款人开户银行签章 | |
| 票据号码 | | 1587606 | | | | |
| | | 复核　　　　记账 | | | | |

【业务 4-16】 9 月 31 日,根据产品销售成本计算表(见表 4-63)结转当月已销产品成本。

表 4-63 产品销售成本计算表

2020 年 09 月 10 日

出库单 431927 号至 431932 号,共 6 张　　　　　　　　　　　　　　　　　　　　　　　No 1309

| 品名及规格 | 销售数量(件) | 单位成本 | 总成本 |
|---|---|---|---|
| 饭盒 | 10 000 | 6.5 | 65 000 |
| 密封盒 | 9 000 | 6 | 54 000 |
| 水杯 | 8 000 | 5.5 | 44 000 |
| 合计 | | | 163 000 |

主管:高山　　　　　　　　复核:周迪生　　　　　　　　制单:李一凡

【活动指导】

【指导业务 4-15】 销售产品时,根据销售数量和单价填制发票,产品售价记入"主营业务收入"账户(损益类),增加记贷方,其账户结构如表 4-64 所示;销售时要缴纳增值税,即应交税费(负债类)增加,记贷方;收到对方单位进账单,即银行存款(资产类)增加,记借方。

表 4-64 "主营业务收入"账户结构

| 借方 | 主营业务收入 | 贷方 |
|---|---|---|
| 因销售退回而冲减的销售收入<br>期末转入"本年利润"账户的数额 | 企业销售产品或提供劳务时实现的销售收入 | |

填制的记账凭证如表 4-65 所示。

表 4-65 记账凭证(简易)

| 日期 | 凭证字号 | 附件 | 摘要 | 会计分录 | 记账 |
|---|---|---|---|---|---|
| 2020.9.10 | 记 14 | 2 | 销售产品 | 借：银行存款　　　　　　　　　　　　　10 622<br>　贷：主营业务收入　　　　　　　　　　9 400<br>　　　应交税费——应交增值税(销项税额)　1 222 | |

**【指导业务 4-16】** 本企业发出存货单价采用月末加权平均法,月末才能核算发出单价。所以销售产品时,只填出库单,不做结转成本业务。月末时,汇总当月所有出库单(出库单之一见表 4-60),统计产品销售数量,计算产品成本,计算结果如表 4-63 所示。产品销售出去,即库存商品(资产类)减少,记贷方;同时确认主营业务成本(损益类)增加,记借方,其账户结构如表 4-66 所示。

表 4-66 "主营业务成本"账户结构

| 借方 | 主营业务成本 | 贷方 |
|---|---|---|
| 本期因销售商品、提供劳务等日常活动而发生的实际成本 | 期末转入"本年利润"账户的已销售产品的生产成本 | |

填制记账凭证如表 4-67 所示。

表 4-67 记账凭证(简易)

| 日期 | 凭证字号 | 附件 | 摘要 | 会计分录 | 记账 |
|---|---|---|---|---|---|
| 2020.9.30 | 记 38 | 1 | 结转已销产品成本 | 借：主营业务成本　　　　　　　　163 000<br>　贷：库存商品——饭盒　　　　　65 000<br>　　　库存商品——密封盒　　　　54 000<br>　　　库存商品——水杯　　　　　44 000 | |

**【知识归纳】**

销售产品的账务处理。

1. 销售产品

借：银行存款(或应收账款)
　贷：主营业务收入
　　　应交税费——应交增值税(销项税额)

2. 结转已销产品成本

借：主营业务成本
　贷：库存商品

## 二、出售材料

【活动背景】

图 4-22 销售员周迪生与会计李一凡的对话

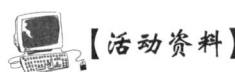【活动资料】

【业务 4-17】 9 月 18 日，销售给东莞市益能化工有限公司材料一批，其数量 300 千克，单价 11 元/千克。开出发票(见表 4-68)交给对方，款项未收。领料单如表 4-69 所示。

表 4-68 增值税专用发票

| 广东增值税专用发票 | | | | | | | No 03456006 |
|---|---|---|---|---|---|---|---|
| 4400174130 | | | 此联不作报销、抵扣凭证使用 | | | | |
| 机器编码：5468912356232 | | | | | | | 开票日期：2020 年 09 月 18 日 |

| 购买方 | 名　　称：东莞市益能化工有限公司<br>纳税人识别号：441911792915002<br>地　址、电话：东莞市桑园狮龙路20号　26753300<br>开户行及账号：建行东莞中堂支行1056020044445555666 | | | | 密码区 | （略） | |
|---|---|---|---|---|---|---|---|
| 货物及应税劳务名称 | 规格型号 | 单位 | 数量 | 单价 | 金额 | 税率 | 税额 |
| *塑料粒料*聚丙烯 | | 千克 | 300 | 11.00 | 3 300.00 | 13% | 429.00 |
| 合　　　计 | | | | | ￥3 300.00 | | ￥429.00 |
| 价税合计（大写） | ⊗叁仟柒佰贰拾玖圆整 | | | | （小写） ￥3 729.00 | | |
| 销售方 | 名　　称：东莞市京贸塑料制品有限公司<br>纳税人识别号：441911792915001<br>地　址、电话：东莞市莞城区学院路287号 22662220<br>开户行及账号：建行东莞建业支行 3231002100310041005 | | | | 备注 | | |
| 收款人： | 复核：高山 | | 开票人：李一凡 | | 销货方：（章） | | |

表 4-69　领料单

领料单位：销售部　　　　　　2020 年 09 月 18 日　　　　　　领料编号：105140

用途：销售

| 材料类别 | 材料编号 | 材料名称 | 材料规格 | 计量单位 | 请领数量 | 实发数量 |
|---|---|---|---|---|---|---|
| 原材料 |  | 聚丙烯 |  | 千克 | 300 | 300 |
|  |  |  |  |  |  |  |
|  |  |  |  |  |  |  |
|  |  |  |  |  |  |  |

第二联　记账联

主管会计：李一凡　　　　　　发料：齐铭　　　　　　领料：马金龙

**【业务 4-18】** 9 月 30 日，月末根据聚丙烯的单价计算材料的销售成本。材料销售成本计算表如表 4-70 所示。

表 4-70　材料销售成本计算表

2020 年 09 月 30 日

领料单 105140 号至 105140 号，共 1 张　　　　　　　　　　　　　　　　No.1303

| 品名及规格 | 销售数量(件) | 单位成本(元) | 总成本(元) |
|---|---|---|---|
| 聚丙烯 | 300 | 9 | 2 700 |
|  |  |  |  |
|  |  |  |  |
|  |  |  |  |
| 合计 |  |  | 27 000 |

主管：高山　　　　　　复核：周迪生　　　　　　制单：李一凡

**【活动指导】**

**【指导业务 4-17】** 销售材料时，未收款，记入"应收账款"账户(资产类)，增加记借方；取得材料收入记入"其他业务收入"账户(损益类)，增加记贷方；"应交税费——应交增值税(销项税额)"账户(负债类)增加记贷方。填制的记账凭证如表 4-71 所示。

表 4-71　记账凭证(简易)

| 日期 | 凭证字号 | 附件 | 摘要 | 会计分录 | 记账 |
|---|---|---|---|---|---|
| 2020.9.18 | 记 20 | 1 | 销售材料 | 借：应收账款——东莞市益能化工有限公司　3 729<br>　　贷：其他业务收入　　　　　　　　　　　　　　3 300<br>　　　　应交税费——应交增值税(销项税额)　　　429 |  |

"应收账款""其他业务收入"的账户结构如表 4-72 和表 4-73 所示。

表 4-72 "应收账款"账户结构

| 借方 | 应收账款 | 贷方 |
|---|---|---|
| 由于销售产品或提供劳务而发生的应收款项 | 企业已经收回的款项 | |
| 期末余额：企业尚未收回的应收账款 | | |

表 4-73 "其他业务收入"账户结构

| 借方 | 其他业务收入 | 贷方 |
|---|---|---|
| 期末转入"本年利润"账户的数额 | 除主营业务活动以外的其他日常经营活动而实现的收入 | |

【指导业务 4-18】 结转销售材料成本时，材料成本记入"其他业务成本"账户（损益类）借方。"原材料"账户（资产）减少记贷方。填制记账凭证如表 4-74 所示。

表 4-74 记账凭证（简易）

| 日期 | 凭证字号 | 附件 | 摘要 | 会计分录 | 记账 |
|---|---|---|---|---|---|
| 2020.9.30 | 记 42 | 1 | 结转已销材料成本 | 借：其他业务成本　　　　　2 700<br>　　贷：原材料——聚丙烯　　　2 700 | |

"其他业务成本"账户结构如表 4-75 所示。

表 4-75 "其他业务成本"账户结构

| 借方 | 其他业务成本 | 贷方 |
|---|---|---|
| 除主营业务成本外的其他销售或业务所发生的成本 | 期末转入"本年利润"账户的数额 | |

【知识归纳】

销售业务的账务处理如图 4-23 所示。

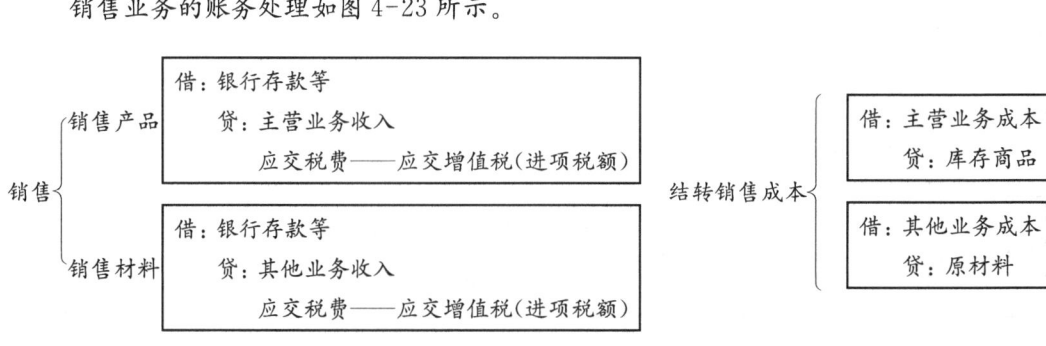

图 4-23 销售业务的账务处理

【自我测试】

**业务题**

东莞市花园纸业有限公司 7 月份发生以下经济业务,请据此写出会计分录并填制记账凭证。

(1) 向甲公司出售 A 产品 500 件,每件售价 60 元,增值税税率 13%,货款已收到,存入银行。

(2) 向乙公司出售 B 产品 300 件,每件售价 150 元,增值税税率 13%,货款尚未收到。

(3) 按出售的两种产品的实际销售成本进行结转(A 产品每件 45 元,B 产品每件 115 元)。

(4) 以银行存款支付上述 A、B 两种产品在销售过程中的运杂费 1 000 元。

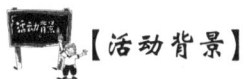

## 任务五　核算经营成果

### 一、支付费用

【活动背景】

图 4-24　会计李一凡与销售员周迪生的对话

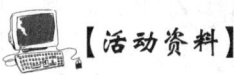【活动资料】

【业务 4-19】　12 月 21 日,银行自动划扣借款利息,贷款利息清单如表 4-76、表 4-77 所示。

表 4-76 贷款利息清单

**（长期贷款）利息清单**

币别：人民币　　　　2020 年 12 月 21 日　　　　流水号：

| 户名： 东莞市京贸塑料制品有限公司 | | 账号 1056020040405555678 | | |
|---|---|---|---|---|
| 计息项目 | 起息日 | 结息日 | 本金/积数 | 利率（%） | 利息 |
| | 20200921 | 20201220 | 150 000 | 6.5 | 2 437.5 |
| | 00000000 | 00000000 | | | |
| | 00000000 | 00000000 | | | |
| | 00000000 | 00000000 | 利息小计 | | 2 437.5 |
| 合计（大写） | 人民币贰仟肆佰叁拾柒元伍角整 | | | | |
| 根据有关规定或双方约定，上列款项已直接扣划你单位账户，你单位上述账户不足支付时，请另筹措资金支付。 | | | 中国建设银行股份有限公司 东莞建业支行 2020.12.21 办讫章 | | 银行签章 |

会计主管　　　　授权　　　　复核　　　　录入

第二联　客户回单

表 4-77 贷款利息清单

**（短期贷款）利息清单**

币别：人民币　　　　2020 年 12 月 21 日　　　　流水号：

| 户名： 东莞市京贸塑料制品有限公司 | | 账号 1056020040405555678 | | |
|---|---|---|---|---|
| 计息项目 | 起息日 | 结息日 | 本金/积数 | 利率（%） | 利息 |
| | 20201121 | 20201220 | 50 000 | 6 | 250 |
| | 0000000 | 00000000 | | | |
| | 00000000 | 00000000 | | | |
| | 00000000 | 00000000 | 利息小计 | | 250 |
| 合计（大写） | 人民币贰佰伍拾元整 | | | | |
| 根据有关规定或双方约定，上列款项已直接扣划你单位账户，你单位上述账户不足支付时，请另筹措资金支付。 | | | 中国建设银行股份有限公司 东莞建业支行 2020.12.21 办讫章 | | 银行签章 |

会计主管　　　　授权　　　　复核　　　　录入

**【业务 4-20】** 12月5日,支付广告费 36 000 元,使用电汇单转账。增值税发票如表 4-78 所示,电汇凭证如表 4-79 所示。

表 4-78 增值税发票

| 广东增值税普通发票 | | | | | | |
|---|---|---|---|---|---|---|
| 4400174130 | | | | | | No 0958623 |
| 校验码:54632 45785 41232 15468 | | | | | 开票日期:2020 年 12 月 05 日 | |
| 购买方 | 名 称:东莞市京贸塑料制品有限公司<br>纳税人识别号:441911792915001<br>地 址、电 话:东莞市莞城区学院路287号 22662220<br>开户行及账号:建行东莞建业支行1056020040405555678 | | | | 密码区 | (略) |
| 货物及应税劳务名称 | 规格型号 | 单位 | 数量 | 单价 | 金额 | 税率 | 税额 |
| *广告服务*广告费 | | 个 | 1 | 33 962.26 | 33 962.26 | 6% | 2 037.74 |
| 合 计 | | | | | ¥33 962.26 | | ¥2 037.74 |
| 价税合计(大写) | ⊗叁万陆仟圆整 | | | | | (小写) ¥36 000.00 | |
| 销售方 | 名 称:东莞市华美广告有限公司<br>纳税人识别号:361369456123562<br>地 址、电 话:东莞市东城中路15号 22883698<br>开户行及账号:建行东莞东城支行4410331234582600987 | | | | 备注 | 东莞市华美广告有限公司<br>361369456123562<br>发票专用章 |
| 收款人:叶晓品 | | 复核:蒋家骏 | | 开票人:林力 | | 销货单位:(章) |

表 4-79 电汇凭证

电汇凭证(回单)

☑普通 □加急    委托日期:2020 年 12 月 05 日

| 汇款人 | 全称 | 东莞市京贸塑料制品有限公司 | 收款人 | 全称 | 东莞市华美广告有限公司 |
|---|---|---|---|---|---|
| | 账号 | 1056020040405555678 | | 账号 | 4400189110901332500 |
| | 汇出地点 | 广东 省 东莞市 市/县 | | 汇入地点 | 广东 省 东莞 市/县 |
| | 汇出行名称 | 建行东莞建业支行 | | 汇入行名称 | 建行东莞东城支行 |
| 金额 | 人民币(大写) 叁万陆仟元整 | | | 亿千百十万千百十元角分<br>¥ 3 6 0 0 0 0 0 0 | |
| 中国建设银行股份有限公司<br>东莞建业支行<br>2020.12.05<br>办讫章 | | 支付密码 | | | |
| | | 附加信息及用途: | | | |
| | | 汇出银行签章 | | 复核   记账 | |

**【业务 4-21】** 12 月 23 日，支付管理部门电脑维修费 100 元，使用现金支付。增值税发票如表 4-80 所示。

表 4-80 增值税发票

| 4400174130 | | | | 广东增值税普通发票 | | | No 0958623 | |
|---|---|---|---|---|---|---|---|---|
| | | 校验码：55463 21234 85432 14545 | | | | 开票日期：2020 年 12 月 05 日 | | |
| 购买方 | 名　　称 | 东莞市京贸塑料制品有限公司 | | | | 密码区 | （略） | |
| | 纳税人识别号 | 441911792915001 | | | | | | |
| | 地址、电话 | 东莞市莞城区学院路287号 22662220 | | | | | | |
| | 开户行及账号 | 建行东莞建业支行1056020040405555678 | | | | | | |
| 货物及应税劳务名称 | | 规格型号 | 单位 | 数量 | 单价 | 金　额 | 税率 | 税额 |
| *修理修配服务*维修费 | | | 次 | 1 | 88.50 | 88.50 | 13% | 11.50 |
| | | | 现金付讫 | | | | | |
| 合　　　计 | | | | | | ¥88.50 | | ¥11.50 |
| 价税合计（大写） | | ⊗壹佰圆整 | | | | （小写）¥100.00 | | |
| 销售方 | 名　　称 | 东莞市立信服务有限公司 | | | | 备注 | 东莞市立信服务有限公司 4419053240062 发票专用章 | |
| | 纳税人识别号 | 4419053240062 | | | | | | |
| | 地址、电话 | 东莞市建设路15号 22886987 | | | | | | |
| | 开户行及账号 | 建行东莞怡丰支行4410331258587359006 | | | | | | |
| 收款人：张力民 | | | 复核：王云 | | 开票人：黄云叶 | | 销货单位：（章） | |

**【活动指导】**

**【指导业务 4-19】** 企业支付的利息有当月的利息，也有以前月份的利息，当月发生的利息支出属于当月的财务费用。"财务费用"账户核算企业为筹集生产经营所需资金等发生的筹资费用，其账户结构如表 4-81 所示；而"应付利息"账户核算企业按照合同约定应支付的利息，其账户结构如表 4-82 所示。

表 4-81 "财务费用"账户结构

| 借方 | 财务费用 | 贷方 |
|---|---|---|
| 企业发生的各项财务费用 | | 期末转入"本年利润"账户的金额 |

表 4-82 "应付利息"账户结构

| 借方 | 应付利息 | 贷方 |
|---|---|---|
| 归还的利息 | | 按合同利率计算确定的应付未付利息 |
| | | 期末余额：应付未付的利息 |

审核原始凭证,其中长期借款利息按季支付 2 437.5 元,属于当月的利息为 812.5 元 (2 437.5÷3),属于前两月的利息为 1 625 元(812.5×2);短期借款利息按月支付,当月发生利息 250 元。当月利息合计 1 062.5 元(250+812.5),计入财务费用;前期利息 1 625 元计入应付利息。填制记账凭证如表 4-83 所示。

表 4-83 记账凭证(简易)

| 日期 | 凭证字号 | 附件 | 摘要 | 会计分录 | 记账 |
|---|---|---|---|---|---|
| 2020.12.21 | 记 26 | 2 | 支付利息 | 借:财务费用——利息支出　1 062.5<br>　　应付利息　　　　　　　1 625<br>　贷:银行存款　　　　　　　2 687.5 | |

【指导业务 4-20】 产品广告费是为了促进销售而发生的,计入销售费用,费用通过转账支付,计入银行存款。填制记账凭证如表 4-84 所示。

表 4-84 记账凭证(简易)

| 日期 | 凭证字号 | 附件 | 摘要 | 会计分录 | 记账 |
|---|---|---|---|---|---|
| 2020.12.05 | 记 08 | 2 | 支付广告费 | 借:销售费用　　　　　36 000<br>　贷:银行存款　　　　　36 000 | |

【指导业务 4-21】 管理部门发生的维修费计入管理费用,发票上加盖现金付讫印章,表示现金已经支付完毕。填制记账凭证如表 4-85 所示。

表 4-85 记账凭证(简易)

| 日期 | 凭证字号 | 附件 | 摘要 | 会计分录 | 记账 |
|---|---|---|---|---|---|
| 2020.12.21 | 记 30 | 1 | 支付电脑维修费 | 借:管理费用——修理费　100<br>　贷:库存现金　　　　　　100 | |

【知识归纳】

费用支出归类如图 4-25 所示。

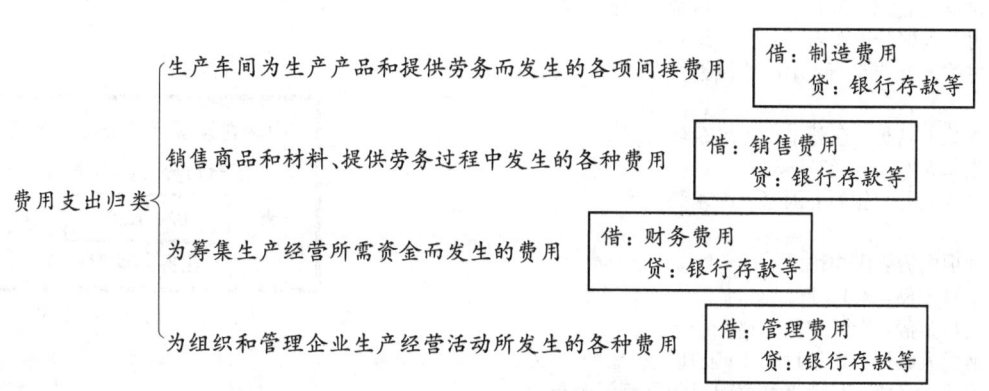

图 4-25 费用支出归类

## 二、结转税费

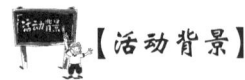【活动背景】

图 4-26　总经理李明与会计李一凡的对话

【活动资料】

**【业务 4-22】** 12 月 7 日，支付上月城市维护建设税、教育费附加，合计 1 400 元，银行自动扣款。电子缴税系统回单如表 4-86 所示。

表 4-86　电子缴税系统回单

### 东莞市电子缴税系统回单

扣款日期：2020.12.7
清算日期：2020.12.15

付款人名称：东莞市京贸塑料制品有限公司
付款人账号：1056020040405555678
付款人开户银行：中国建设银行东莞市分行建业支行

收款人名称：东莞市税务局东城分局
收款人账号：123654388
收款人开户银行：国家金库东莞支库

款项内容：代扣税款
小写金额：￥1 400
大写金额：壹仟肆佰元整
纳税人编码：441911792915001
纳税人名称：东莞市京贸塑料制品有限公司

中国建设银行股份有限公司
东莞市分行建业支行
★ 2020.12.07 ★
业务办理章

电子税票号：711002189

(续表)

| 税种 | 所属时期 | 纳税金额 | 备注 |
|---|---|---|---|
| 城市维护建设税 | 20201101—20201130 | ￥980 | |
| 教育费附加 | 20201101—20201130 | ￥420 | |
| 经办： | 复核： | 打印次数：1 | 打印日期 |

【业务4-23】 12月31日,计提当月城市维护建设税、教育费附加,合计1 150元。税费计算表如表4-87所示。

表4-87 税费计算表

2020年12月31日　　　　　　　　　　　　　　　　　　　　　　单位：元

| 税(费)种 | 计税基数 | 税(费)率 | 税(费)额 |
|---|---|---|---|
| 城市维护建设税 | 11 500 | 7% | 805 |
| 教育费附加 | 11 500 | 3% | 345 |
| 合计 | | | 1 150 |

复核：高山　　　　　　　　　　　　　　　　　　　　　　　制表：李一凡

【活动指导】

【指导业务4-22】 城市维护建设税、教育费附加均属于应交税费,缴纳时属于应交税费减少,记借方；银行自动扣款,属于银行存款减少,记贷方。填制记账凭证如表4-88所示。

表4-88 记账凭证(简易)

| 日期 | 凭证字号 | 附件 | 摘要 | 会计分录 | | 记账 |
|---|---|---|---|---|---|---|
| 2020.12.07 | 记07 | 1 | 支付税费 | 借：应交税费——城市维护建设税<br>　　应交税费——教育费附加<br>　贷：银行存款 | 980<br>420<br>　　1 400 | |

【指导业务4-23】 "税金及附加"账户属于损益类账户,核算企业生产经营活动发生的消费税、城市维护建设税、资源税和教育费附加等相关税费,其账户结构如表4-89所示。

表4-89 "税金及附加"账户结构

| 借方 | 税金及附加 | 贷方 |
|---|---|---|
| 企业应负担的各项税金及附加 | | 期末转入"本年利润"账户的各项税金及附加 |

计提城市维护建设税、教育费附加时,一方面确认应交税费(负债类)增加,记贷方；另一方面确认税金及附加(损益类)增加,记借方。填制记账凭证如表4-90所示。

表 4-90　记账凭证(简易)

| 日期 | 凭证字号 | 附件 | 摘要 | 会计分录 | 记账 |
|---|---|---|---|---|---|
| 2020.12.31 | 记 42 | 1 | 计提税费 | 借：税金及附加　　　　　　　　　　1 150<br>　贷：应交税费——城市维护建设税　　805<br>　　　应交税费——教育费附加　　　　345 | |

【知识归纳】

结转税费的账务处理：

借：税金及附加
　　贷：应交税费——城市维护建设税
　　　　应交税费——教育费附加

## 三、结转损益

【活动背景】

图 4-27　总经理李明与财务主管高山的对话

【活动资料】

【业务 4-24】 12 月 31 日，当月损益类账户发生额如表 4-91 所示，结转损益类账户。

表 4-91　损益类账户本期发生额

| 收入类账户 | 贷方 | 成本费用类账户 | 借方 |
|---|---|---|---|
| 主营业务收入 | 480 000 | 主营业务成本 | 160 000 |
| 其他业务收入 | 8 000 | 其他业务成本 | 2 300 |
| | | 税金及附加 | 1 150 |

（续表）

| 收入类账户 | 贷方 | 成本费用类账户 | 借方 |
|---|---|---|---|
|  |  | 管理费用 | 43 550 |
|  |  | 财务费用 | 2 000 |
|  |  | 销售费用 | 36 000 |

【活动指导】

【指导业务 4-24】 为了了解企业利润的形成情况，期末应将所有损益类账户结转入"本年利润"账户。"本年利润"属于所有者权益类账户，核算企业当期实现的利润或亏损。其账户结构如表 4-92 所示。

表 4-92 "本年利润"账户结构

| 借方 | 本年利润 | 贷方 |
|---|---|---|
| 期末将主营业务成本、税金及附加、其他业务成本、管理费用、财务费用、销售费用、营业外支出、所得税费用等转入的数额结转本期实现的净利润 |  | 期末将主营业务收入、其他业务收入、营业外收入等转入的数额结转本期发生的净亏损 |

损益类账户可分成收入类账户、成本费用类账户。月末结账时，所有收入类账户的贷方余额转入"本年利润"账户的贷方；所有成本费用类账户的借方余额转入"本年利润"账户的借方。结转之后，所有损益类账户余额为0。编制的记账凭证如表 4-93、表 4-94 所示。

表 4-93 记账凭证（简易）

| 日期 | 凭证字号 | 附件 | 摘要 | 会计分录 | 记账 |
|---|---|---|---|---|---|
| 2020.12.31 | 记43 | 1 | 结转收入 | 借：主营业务收入　　　　480 000<br>　　　其他业务收入　　　　　8 000<br>　　贷：本年利润　　　　　　488 000 |  |

表 4-94 记账凭证（简易）

| 日期 | 凭证字号 | 附件 | 摘要 | 会计分录 | 记账 |
|---|---|---|---|---|---|
| 2020.12.31 | 记44 | 0 | 结转成本费用 | 借：本年利润　　　　　　245 000<br>　　贷：主营业务成本　　　　160 000<br>　　　　其他业务成本　　　　2 300<br>　　　　税金及附加　　　　　1 150<br>　　　　管理费用　　　　　　43 550<br>　　　　财务费用　　　　　　2 000<br>　　　　销售费用　　　　　　36 000 |  |

【知识归纳】

结转损益的账务处理。

1. 结转收入类

借：主营业务收入
　　其他业务收入
　　营业外收入
　贷：本年利润

2. 结转成本费用

借：本年利润
　贷：主营业务成本
　　　其他业务成本
　　　营业外支出
　　　税金及附加
　　　管理费用
　　　销售费用
　　　财务费用

## 四、计算结转企业所得税

【活动背景】

图 4-28　总经理李明与财务主管高山的对话

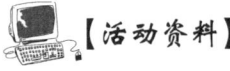【活动资料】

【业务 4-25】　12 月 31 日，计算当月所得税并结转入"本年利润"账户。所得税计算表如表 4-95 所示。

表 4-95　所得税计算表

2020 年 12 月 31 日　　　　　　　　　　　　　　　　　　　　单位：元

| 利润总额 | 应纳税所得额 | 企业所得税税率 | 应交所得税额 |
|---|---|---|---|
| 243 000 | 243 000 | 25% | 60 750 |

复核：高山　　　　　　　　　　　　　　　　　　　　　　　　　制表：李一凡

【活动指导】

【指导业务 4-25】 结转损益业务中,当月利润总额＝"本年利润"账户贷方金额－"本年利润"账户借方金额。所得税费用＝利润总额×所得税税率25%。

本月中,利润总额＝488 000－245 000＝243 000(元)

所得税费用＝243 000×25%＝60 750(元)

计提应交所得税时,所得税费用与应交税费都增加,所得税费用(损益类)增加记借方,账户结构如表 4-96 所示。

表 4-96　"所得税费用"账户结构

| 借　方 | 所得税费用 | 贷　方 |
|---|---|---|
| 企业发生的所得税费用 | | 期末转入"本年利润"账户的金额 |

预计应交所得税的记账凭证如表 4-97 所示。

表 4-97　记账凭证(简易)

| 日期 | 凭证字号 | 附件 | 摘要 | 会计分录 | 记账 |
|---|---|---|---|---|---|
| 2020.12.31 | 记 45 | 1 | 预计应交所得税 | 借：所得税费用　　　　　　　　60 750<br>　贷：应交税费——应交企业所得税　60 750 | |

"所得税费用"属于损益类账户,月末时同样要将所得税费用借方余额转入"本年利润"账户借方。结转完,"所得税费用"账户余额为 0。结转所得税的记账凭证如表 4-98 所示。

表 4-98　记账凭证(简易)

| 日期 | 凭证字号 | 附件 | 摘要 | 会计分录 | 记账 |
|---|---|---|---|---|---|
| 2020.12.31 | 记 46 | 0 | 结转所得税 | 借：本年利润　　　　　60 750<br>　贷：所得税费用　　　　　60 750 | |

实行查账征收企业所得税的企业按月计提所得税费用,按季预交,年终汇算清缴。

【知识归纳】

企业所得税的账务处理。

1. 预计应交所得税

借：所得税费用
　　贷：应交税费——应交所得税费用

2. 结转所得税

借：本年利润
　　贷：所得税费用

## 五、年终分配利润和结转全年净利润

【活动背景】

图 4-29　总经理李明与财务主管高山的对话

【活动资料】

【业务 4-26】　12 月 31 日，结转全年净利润 1 600 000 元。

【业务 4-27】　12 月 31 日，根据全年净利润，计提 10% 的法定盈余公积。法定盈余公积计算表如表 4-99 所示。

表 4-99　法定盈余公积计算表

2020 年 12 月 31 日　　　　　　　　　　　　　　　　　　　　单位：元

| 本年净利润 | 计提率 | 应计提法定盈余公积 | 备注 |
| --- | --- | --- | --- |
| 1 600 000 | 10% | 160 000 | |

复核：高山　　　　　　　　　　　　　　　　　　　　　　　　制表：李一凡

【业务 4-28】　12 月 31 日，根据股东会的决议，将全年净利润的 20% 分配给股东。利润分配表如表 4-100 所示。

表 4-100  各投资者利润分配表

2020 年 12 月 31 日　　　　　　　　　　　　　　　　　　　单位：元

| 投资者 | 持股比例 | 应付股利 | 备注 |
|---|---|---|---|
| 李明 | 60% | 192 000 | |
| 东莞市花园纸业有限公司 | 40% | 128 000 | |
| 合计 | | 320 000 | |

复核：高山　　　　　　　　　　　　　　　　　　　　　　　制表：李一凡

【业务 4-29】 12 月 31 日，根据表 4-99、表 4-100，结转全年利润分配数。

【活动指导】

【指导业务 4-26】 年终，企业结转全年实现的净利润，把"本年利润"账户余额全部转入"利润分配"账户。"利润分配"账户属于所有者权益类账户，用以核算企业利润的分配（或亏损的弥补）和历年分配（或弥补亏损）后的余额，其账户结构如表 4-101 所示。

表 4-101  "利润分配"账户结构

| 借方 | 利润分配 | 贷方 |
|---|---|---|
| 自"本年利润"账户转入的净亏损<br>当年对净利润的分配 | | 自"本年利润"账户转入的净利润 |
| 期末余额：历年累计未弥补的亏损 | | 期末余额：历年累计未分配的利润 |

填制记账凭证如表 4-102 所示。

表 4-102  记账凭证（简易）

| 日期 | 凭证字号 | 附件 | 摘要 | 会计分录 | 记账 |
|---|---|---|---|---|---|
| 2020.12.31 | 记 47 | 0 | 结转全年净利润 | 借：本年利润　　　　　　　　1 600 000<br>　贷：利润分配——未分配利润　1 600 000 | |

【指导业务 4-27】 根据《中华人民共和国公司法》等法规规定，年终按全年净利润的 10% 提取法定盈余公积。"盈余公积"账户是所有者权益类账户，核算企业从净利润中提取的盈余公积，其账户结构如表 4-103 所示。

表 4-103  "盈余公积"账户结构

| 借方 | 盈余公积 | 贷方 |
|---|---|---|
| 用盈余公积弥补亏损的金额 | | 企业提取的盈余公积金额 |
| | | 期末余额：盈余公积的结余金额 |

盈余公积（所有者权益类）增加，记贷方；利润分配出去，利润分配（所有者权益类）减少，记借方。填制记账凭证如表 4-104 所示。

表 4-104　记账凭证(简易)

| 日期 | 凭证字号 | 附件 | 摘要 | 会计分录 | 记账 |
|---|---|---|---|---|---|
| 2020.12.31 | 记 48 | 1 | 提取法定盈余公积 | 借：利润分配——提取法定盈余公积　160 000<br>　　贷：盈余公积　　　　　　　　　　　　160 000 | |

**【指导业务 4-28】** 企业向投资者分配利润,应按一定的顺序进行：先计算可供分配的利润,然后提取法定盈余公积和任意盈余公积,最后才可以分配利润。根据股东会的决议,将本年净利润的 20% 分配给股东,要支付给股东的利润称为应付利润(负债类),增加记贷方,其账户结构如表 4-105 所示；同时利润分配出去了,所有者权益减少,记借方。填制记账凭证如表 4-106 所示。

表 4-105　"应付利润"账户结构

| 借方 | 应付利润 | 贷方 |
|---|---|---|
| 实际向投资者支付的利润 | 企业向投资者分配的利润 | |
| | 期末余额：已分配给投资者但尚未实际支付的股利 | |

表 4-106　记账凭证(简易)

| 日期 | 凭证字号 | 附件 | 摘要 | 会计分录 | 记账 |
|---|---|---|---|---|---|
| 2020.12.31 | 记 49 | 1 | 分配股利 | 借：利润分配——应付利润　　　　320 000<br>　　贷：应付利润——李明　　　　　192 000<br>　　　　应付利润——东莞市花园纸业有限公司<br>　　　　　　　　　　　　　　　　128 000 | |

**【指导业务 4-29】** 企业年终结转全年利润分配数,根据表 4-100、表 4-101,将发生的提取盈余公积金额、应付利润金额抵减未分配利润,即将"利润分配——提取法定盈余公积""利润分配——应付利润"账户的发生额,全转入"利润分配——未分配利润"账户。结转后,除"利润分配——未分配利润"账户,利润分配其他明细账余额为零。填制记账凭证如表 4-107 所示。

表 4-107　记账凭证(简易)

| 日期 | 凭证字号 | 附件 | 摘要 | 会计分录 | 记账 |
|---|---|---|---|---|---|
| 2020.12.31 | 记 50 | 1 | 结转未分配利润 | 借：利润分配——未分配利润　　　480 000<br>　　贷：利润分配——提取法定盈余公积 160 000<br>　　　　利润分配——应付利润　　　320 000 | |

【知识归纳】

结转、分配全年净利润的账务处理。

1. 结转全年净利润

借：本年利润
　　贷：利润分配——未分配利润

如果全年亏损，则结转全年净亏损。

借：利润分配——未分配利润
　　贷：本年利润

2. 提取法定盈余公积

借：利润分配——提取法定盈余公积
　　贷：盈余公积

3. 分配股利

借：利润分配——应付利润
　　贷：应付利润

4. 结转未分配利润

借：利润分配——未分配利润
　　贷：利润分配——提取法定盈余公积
　　　　　　　　——应付利润

【自我测试】

一、单项选择题

1. "所得税费用"账户的贷方登记(　　)。
　　A. 转入"本年利润"账户的所得税　　B. 实际缴纳的所得税
　　C. 应由本企业负担的所得税　　　　D. 转入"生产成本"账户的所得税

2. 应由企业负担，不计入"税金及附加"账户的税费是(　　)。
　　A. 增值税　　　　　　　　　　　　B. 消费税
　　C. 城市维护建设税　　　　　　　　D. 教育费附加

3. 下列项目中，不属于"营业外支出"账户核算内容的是(　　)。
　　A. 固定资产盘亏　　　　　　　　　B. 捐赠支出
　　C. 支付的赔偿金　　　　　　　　　D. 确实无法收回的应收账款

4. 关于利润计算及其分配账户，下列各种说法不正确的是(　　)。
　　A. "本年利润"账户属于损益类账户
　　B. "本年利润"账户年末无余额

C. "利润分配"账户的贷方发生额表示未分配的利润数

D. "利润分配"账户的年末余额既可在借方又可在贷方

5. 企业从净利润中提取公积金和公益金时，应通过（　　）账户核算。

A. "公积金"　　　　　　　　　　　B. "公益金"

C. "盈余公积"　　　　　　　　　　D. "应付利润"

## 二、判断题

1. 所得税是企业的一项费用。（　　）
2. 营业外收入与营业外支出之间也有一种配比关系。（　　）

## 三、业务题

东莞市花园纸业有限公司5月份发生以下经济业务，请据此写出会计分录并填制记账凭证。

（1）1日，收到银行的转账回单，收到爱华公司投资款10万元。

（2）1日，向银行借入三年期借款20万元。

（3）1日，以银行存款购入一台不需要安装的生产机器设备，价值80 000元，增值税10 400元，同时发生运输费3 000元。

（4）2日，从东方公司购入A材料2 000千克，每千克5元，B材料4 000千克，每千克10元，货款共50 000元，增值税6 500元，货款未付。发生运输费300元，已用现金支付（运输费按材料的重量分配），材料尚未到达。

（5）3日，以银行存款支付前欠光明公司款项48 000元。

（6）3日，本月2日采购的材料已运到本公司并验收入库。

（7）5日，销售甲产品给致信有限公司，一共800台，每台售价200元，货款160 000元，增值税20 800元，当即收到，存入银行存款户。

（8）以银行存款支付产品广告费30 000元。

（9）收到上月应收A公司货款70 200元，存入银行存款户。

（10）8日，以支票支付车间设备修理费5 000元。

（11）10日，售给成德公司甲产品400台，每台售价200元；乙产品800件，每件售价150元。增值税款共计26 000元。已收到款项190 000元，存入银行，其余暂欠。

（12）14日，从银行提取现金40 000元，备发上月工资。

（13）14日，以现金发放上月职工工资40 000元。

（14）16日，支票支付本月车间租金9 800元。

（15）17日，销售部李光借支差旅费500元，以现金支付。

（16）20日，销售部李光回厂报销差旅费460元，退回现金40元。

（17）21日，以银行存款归还到期的短期借款。其中，本金50 000元，利息1 500元。

（18）22日，以现金支付政府部门的罚款500元。

（19）30日，计提本月固定资产折旧24 000元，其中生产车间固定资产折旧16 000元，企业行政管理部门固定资产折旧8 000元。

(20) 30 日,以银行存款支付本月份水电费 1 000 元,其中车间 600 元,行政部门 400 元。

(21) 30 日,计算本月份应付职工工资 40 000 元。其中:甲产品生产工人工资 22 000 元,乙产品生产工人工资 10 000 元,车间管理人员工资 5 000 元,企业管理人员工资 3 000 元。

(22) 30 日,汇总本月仓库发出材料,如表 4-108 所示。

表 4-108 材料表

| 用途 | A 材料 | | B 材料 | | 合计(元) |
| --- | --- | --- | --- | --- | --- |
| | 数量(千克) | 金额(元) | 数量(千克) | 金额(元) | |
| 生产甲产品领用 | 48 000 | 96 000 | 4 000 | 64 000 | 160 000 |
| 生产乙产品领用 | 5 000 | 10 000 | 2 000 | 32 000 | 42 000 |
| 车间一般耗用 | | | 200 | 3 200 | 3 200 |
| 管理部门耗用 | 1 000 | 2 000 | | | 2 000 |
| 合计 | 54 000 | 108 000 | 6 200 | 99 200 | 207 200 |

(23) 30 日,按甲、乙产品生产工时比例,分配结转本月制造费用,其中甲产品生产工时为 6 000 小时,乙产品生产工时为 4 000 小时。

(24) 结转本月完工入库产品成本(假设甲、乙产品均无期初在产品):甲产品全部完工,共 2 500 件;乙产品全部未完工。

(25) 结转本月已售产品的成本,甲产品每台成本 100 元,乙产品每件成本 70 元。

(26) 结转本月损益。

项目四的习题答案

# 项目五 登记账簿

【学习目标】
- 知道账簿种类和格式
- 知道财会人员登记账簿的分工
- 能规范登记日记账、明细账和总账
- 会对账并规范更正错账
- 养成认真、细致的工作态度

## 基础知识

**1. 会计账簿概述**

会计账簿(简称账簿)是指由一定格式账页组成的,以经过审核的会计凭证为依据,全面、系统、连续地记录各项经济业务事项的簿籍。它是编制会计报表的基础,是连接会计凭证与会计报表的中间环节。各单位应当按照国家统一的会计制度的规定和会计业务的需要设置会计账簿。账簿的种类是多种多样的,它可以按用途、账页格式和外表特征进行分类。

(1) 按用途的不同,账簿可分为序时账簿、分类账簿和备查账簿。序时账簿也称日记账,它是指按照经济业务发生时间的先后顺序逐日逐笔登记的账簿,如库存现金日记账。分类账簿是指按照账户对经济业务进行分类核算和监督的账簿。按照总分类账户进行分类登记的账簿,称为总分类账簿;按照明细分类账户进行分类登记的账簿,称为明细分类账簿。备查账簿又称辅助账簿,是指对在序时账簿和分类账簿中未能反映和记录的事项进行补充登记的账簿,如租入固定资产登记簿。

(2) 按账页格式的不同,账簿可分为三栏式账簿、多栏式账簿和数量金额式账簿和横线登记式账簿。三栏式账簿是指采用借方、贷方、余额三个主要栏目的账簿,一般适用于各种日记账、总分类账以及资本、债权债务明细账。多栏式账簿是指在借方栏或贷方栏下设置多个栏目,用以反映经济业务不同内容的账簿,一般适用于成本、费用类的明细账,如管理费用明细账、生产成本明细账、制造费用明细账等。数量金额式账簿是指采用在借方(收入)、贷方(发出)、余额(结存)三个主要栏目的基础上,需要反映数量与金额双重指标的账簿,一般适用于具有实物形态的财产物资的明细账,如原材料明细账、库存商品明细账。横线登记式账簿是指在借方、贷方各栏目内,分设日期、凭证号数、摘要及金额栏的账簿,适用于逐笔结算的经济业务,如其他应收款明细账和在途物资明细账。

(3) 按外表特征的不同,账簿可分为订本账、活页账和卡片账。订本式账簿是指在启用前进行顺序编号并固定装订成册的账簿,简称订本账。活页式账簿又称活页账,是指把账页装订在账夹内,可以随时增添或取出账页的账簿,一般用于明细分类账。卡片式账簿又称卡片账,是指由专门格式、分散的卡片作为账页组成的账簿,如固定资产卡片。

**2. 会计账簿的内容、设置与登记规则**

1) 会计账簿的基本内容

会计账簿的基本构成包括封面、扉页和账页三个部分。

封面主要用来标明会计账簿的名称,如总分类账、库存现金日记账、银行存款日记账、各种明细分类账等。

扉页主要用来填列会计账簿的使用信息,其主要内容包括科目索引、账簿启用和经管人员一览表。

账页是会计账簿的主体,会计账簿由若干账页组成。每一账页应包括以下内容:账户名称(即会计科目)、登记账簿的日期栏、凭证的种类和号数栏、摘要栏、金额栏等。

2) 账簿设置

企业应当按照国家统一会计制度的规定、企业自身的经营规模和业务的需要设置会计账簿。会计账簿包括总账、明细账、日记账和其他辅助性账簿,如表5-1所示。

表 5-1 企业开设账簿种类

| 账簿种类 | | 账簿外表形式 | 账页格式 | 小型企业的账簿数量 |
|---|---|---|---|---|
| 日记账 | 库存现金日记账 | 必须采用订本式 | 采用"借方""贷方""余额"三栏式 | 一般为1本 |
| | 银行存款日记账 | | | 一般为1本 |
| 总账 | | 一般采用订本式 | 采用"借方""贷方""余额"三栏式 | 一般为1本 |
| 明细账 | | 活页式、卡片式 | ①三栏式;②数量金额式;③多栏式;④横线登记式;⑤固定资产卡片 | 按企业需要开设 |
| 备查账 | | | 没有统一格式 | 按企业需要开设 |

3) 会计账簿的登记规则

为了保证账簿记录的正确性,会计人员必须根据审核无误的会计凭证登记会计账簿。登记会计账簿的基本要求有如下几点。

(1) 准确完整。登记会计账簿时,应当将会计凭证日期、编号、业务内容摘要、金额和其他有关资料逐项记入账内,做到数字准确、摘要清楚、登记及时、字迹工整。账簿中的日期,应填写在记账凭证上的日期处;若以自制原始凭证,如收料单、领料单等作为记账依据的,账簿记录中的日期应按有关自制原始凭证上的日期填列。

(2) 注明记账符号。账簿登记完毕后,要在记账凭证上签名或者盖章,并注明已经登账的符号,表示已经记账完毕,以避免重记、漏记。

(3) 书写留空。账簿中书写的文字和数字上面要留有适当的空格,不要写满格,一般应占格距的1/2。

(4) 正常记账使用蓝黑墨水或碳素墨水。为了保持账簿记录的持久性,防止涂改,登记账簿必须使用蓝黑墨水或碳素墨水书写,不得使用圆珠笔(银行的复写账簿除外)或者铅笔书写。

(5) 特殊记账使用红色墨水。在下列情况下,可以用红色墨水记账:①按照红字冲账的记账凭证,冲销错误记录;②在不设借贷栏的多栏式账页中,登记减少数;③在三栏式账户的余额栏前,如未印明余额方向的,在余额栏内登记负数余额;④根据国家统一的会计制度的规定可以用红字登记的其他会计记录。

由于会计中的红字表示负数,因而除上述情况外,不得用红色墨水登记账簿。

(6) 顺序连续登记。在登记各种账簿时,应按页次顺序连续登记,不得隔页、跳行。如发生隔页、跳行现象,应在空页、空行处用红色墨水划对角线注销,或者注明"此页空白"或"此行空白"字样,并由记账人员和会计机构负责人签名或盖章。

(7) 结出余额。凡需要结出余额的账户,结出余额后,应当在"借或贷"栏目内注明"借"或"贷"字样,以示余额的方向;对于没有余额的账户,应在"借或贷"栏内写"平"字,并在"余额"栏用"0"表示。现金日记账和银行存款日记账必须逐日结出余额。

(8) 过次承前。每一账页登记完毕结转下页时,应当结出本页合计数及余额,写在本页最后一行的摘要栏内注明"过次页"和在下页第一行摘要栏注明内"承前页"字样;也可以将本页合计数及金额只写在下页第一行相关栏内,并在摘要栏内注明"承前页"字样,以保持账簿记录的连续性,便于对账和结账。

对需要结计本月发生额的账户,结计"过次页"的本页合计数应当为自本月初起至本页末止的发生额合计数;对需要结计本年累计发生额的账户,结计"过次页"的本页合计数应当为自年初起至本页末止的累计数;对既不需要结计本月发生额也不需要结计本年累计发生额的账户,可以只将每页末的余额结转次页。

(9) 定期打印。《会计基础工作规范》第六十一条对实行会计电算化的单位提出了打印上的要求:实行会计电算化的单位,总账和明细账应当定期打印;发生收款和付款业务的,在输入收款凭证和付款凭证的当天必须打印出现金日记账和银行存款日记账,并与库存现金核对无误。

**3. 错账更正**

登记账簿难免发生一些差错,但不得随意用刮擦、挖补、涂改或用褪色药水等方法更改字迹,应该根据错误记录的具体情况,按照更正错账的规定方法进行更正。错账更正的方法主要有划线更正法、补充登记法和红字更正法。

(1) 划线更正法的适用范围是编制的记账凭证没有错误,而在登记账簿时发生错误,导致账簿记录错误。其更正方法如下:在错误的文字或数字上画一条红线注销;在画线的正上方用蓝黑字或黑字填写正确的文字或数字,并由更正人员在更正处盖章,以明确责任。

(2) 补充登记法的适用范围是编制的记账凭证中的会计科目和方向没有错误,所填金额小于应记金额,导致账簿记录错误。其更正方法如下:按少记金额用蓝字填制一张记账凭证,与原错误记账凭证所记载的应借应贷会计科目相同,并据以登记入账,以补记少记金额。

(3) 红字更正法的适用范围是编制的记账凭证会计科目错误或者方向错误而导致账簿记录的错误;或编制的记账凭证中会计科目和方向没有错误,所记金额大于应记的金额,导致账簿记录的错误。其更正方法有如下两种情况。

第一,记账凭证使用的应借、应贷会计科目正确,但所记金额大于原始凭证金额,造成账簿记录错误。其更正方法:将多记的金额用红字填制一张记账凭证,与原错误记账凭证所记载的应借应贷会计科目相同,并据以登记入账,以冲销多记金额。

第二,记账凭证写错会计科目或借贷方向,造成账簿记录错误。其更正方法:第一步,先用红字填制一张与原错误记账凭证内容完全相同的记账凭证,并据以登记入账,冲销原有错误的账簿记录;第二步用蓝字凭证填制一张正确的记账凭证,并据以登记入账,更正账簿记录。

**4. 会计核算程序**

会计核算程序,也称账务处理程序或会计核算组织程序,是指会计凭证、会计账簿、会计报表相结合的方式。其包括账簿组织和记账程序。账簿组织是指会计凭证和账簿的种类、格式,会计凭证与账簿之间的联系方法。记账程序是指由填制原始凭证到编制记账凭证、登记日记账、明细账和总账,编制会计报表的工作程序和方法等。

目前,我国企业常用的会计核算程序主要有记账凭证核算程序、汇总记账凭证核算程序和科目汇总表核算程序等。它们之间的主要区别为登记总分类账的依据和方法不同。

## 任务一 建　账

### 一、设　账

**【活动背景】**

图 5-1　会计李一凡与财务主管高山的对话

**【活动资料】**

【业务 5-1】　东莞市京贸塑料制品有限公司财务人员开设 2020 年账簿,填写总账启用表和账户目录表。

**【活动指导】**

【指导业务 5-1】　账簿是重要的会计档案和历史资料。一般来说,总账、日记账和明细账应每年更换一次。对于有些财产物资明细账和债务明细账由于材料品种、规格和往来单位较多,更换新账,重抄一遍的工作量较大,可以不必每年度更换一次。同时为了保证会计账簿记录的合法性和资料的完整性,明确记账责任,会计人员在启用账簿时,要填写账簿启用表(见表 5-2)和账户目录表(见表 5-3)。启用新账簿的要求如下:

(1) 在账簿封面上填写单位名称和账簿名称。
(2) 在账簿扉页填写"账簿启用表"和"账户目录表"。
(3) 在账簿启用表规定位置加盖公章,粘贴印花税票,并画线注销。
(4) 订本式账簿在启用时,应当从第 1 页到最后一页按顺序编写页码,不得跳页和缺号。

（5）使用活页式账页，装订后再按实际使用的账页顺序编写页码，并填写账户目录表。

表 5-2　账簿启用表

| 账簿启用表 |||||| 贴印花处 |
|---|---|---|---|---|---|---|
| 单位名称 | 东莞市某某塑料制品有限公司 || 负责人 | 职务 | 姓名 | |
| 账簿名称 | 总账 || 单位负责人 | 总经理 | 李明 | |
| 账簿号码 | 第1号 | 启用日期 2020年1月1日 | 单位主管财会工作负责人 | 总经理 | 李明 | |
| 账簿页数 | 本账簿共计 100 页 || 会计机构负责人会计主管人员 | 财务主管 | 高山 | |
| 经管本账簿人员一览表 |||||||
| 记账人员 ||| 接管 || 移交 || 监交人员 || 备注 |
| 职务 | 姓名 | 盖章 | 年 | 月 | 日 | 年 | 月 | 日 | 职务 | 姓名 | |
| 会计 | 李一凡 |  李一凡 | 2020 | 1 | 1 | | | | | | |

表 5-3　账户目录表

| 编号 | 科目 | 页码 | 编号 | 科目 | 页码 | 编号 | 科目 | 页码 |
|---|---|---|---|---|---|---|---|---|
| 1001 | 库存现金 | 1 | 1211 | 原材料 | 11 | 2101 | 短期借款 | 21 |
| 1002 | 银行存款 | 2 | 1243 | 库存商品 | 12 | 2111 | 应付票据 | 22 |
| 1111 | 应收票据 | 3 | 1501 | 固定资产 | 13 | 2121 | 应付账款 | 23 |
| 1131 | 应收账款 | 4 | 1502 | 累计折旧 | 14 | 2131 | 预收账款 | 24 |
| 1123 | 预付账款 | 5 | 1605 | 在建工程 | 15 | 2211 | 应付职工薪酬 | 25 |

【知识归纳】

账簿的设置如图 5-2 所示。

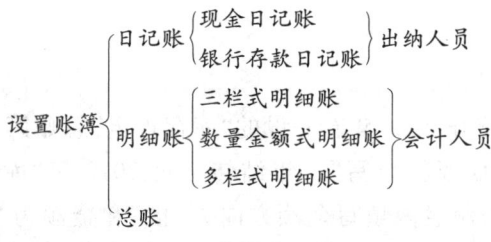

图 5-2　账簿的设置

## 二、开　账

【活动背景】

图 5-3　出纳员张晴与会计李一凡的对话

【活动资料】

【业务 5-2】　会计李一凡根据 2019 年"库存现金"总账的年末余额（见表 5-4），开设 2020 年的"库存现金"总账。

表 5-4　总　账

总账科目：库存现金

| 2019年 | | 凭证编号 | 摘要 | 借方 | | | | | | | | | 贷方 | | | | | | | | | 借或贷 | 余额 | | | | | | | | |
|---|---|---|---|---|---|---|---|---|---|---|---|---|---|---|---|---|---|---|---|---|---|---|---|---|---|---|---|---|---|---|---|
| 月 | 日 | | | 百 | 十 | 万 | 千 | 百 | 十 | 元 | 角 | 分 | 百 | 十 | 万 | 千 | 百 | 十 | 元 | 角 | 分 | | 百 | 十 | 万 | 千 | 百 | 十 | 元 | 角 | 分 |
| 10 | 1 | | 承前页 | | | | 6 | 8 | 2 | 0 | 0 | 0 | | | | 7 | 2 | 1 | 0 | 0 | 0 | 借 | | | | 5 | 5 | 0 | 0 | 0 | 0 |
| | | 记10 | 购买办公用品 | | | | | | | | | | | | | 1 | 2 | 0 | 0 | 0 | | | | | | | | | | | |
| 12 | 31 | | 本年合计 | | | | 8 | 5 | 5 | 0 | 0 | 0 | | | | 8 | 2 | 2 | 0 | 0 | 0 | 借 | | | | 5 | 7 | 1 | 0 | 0 | 0 |

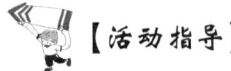【活动指导】

【指导业务 5-2】　翻开 2020 年新开设的"库存现金"总账第一页，在第一行日期填写"2020 年 1 月 1 日"；摘要栏填写"上年结转"；将 2019 年"库存现金"总账的 12 月 31 日余额直接登记在余额栏内填写余额方向为"借"和金额为"5 710.00"。总账如表 5-5 所示。

表 5-5　总账

总账科目：库存现金

| 2020年 | | 凭证编号 | 摘要 | 借方 | | | | | | | | | 贷方 | | | | | | | | | 借或贷 | 余额 | | | | | | | |
|---|---|---|---|---|---|---|---|---|---|---|---|---|---|---|---|---|---|---|---|---|---|---|---|---|---|---|---|---|---|---|
| 月 | 日 | | | 百 | 十 | 万 | 千 | 百 | 十 | 元 | 角 | 分 | 百 | 十 | 万 | 千 | 百 | 十 | 元 | 角 | 分 | | 百 | 十 | 万 | 千 | 百 | 十 | 元 | 角 | 分 |
| 1 | 1 | | 上年结转 | | | | | | | | | | | | | | | | | | | 借 | | | | 5 | 7 | 1 | 0 | 0 | 0 |

**【注意事项】**

若账簿没有期初余额则不用填写。

**【知识归纳】**

（1）总账、日记账、三栏式明细账的期初余额开账方法相同。

（2）数量金额式明细账应在"收入""支出"和"结存"栏下登记数量、单价、金额等详细资料。

（3）多栏式明细账要按具体项目详细登记金额。

**【自我测试】**

一、单项选择题

1. 账簿按（　　）的不同，可以分为订本账、活页账和卡片账。
　　A. 用途　　　　　B. 外表特征　　　C. 性质　　　　　D. 填制方式

2. 现金日记账和银行存款日记账属于（　　）。
　　A. 序时账　　　　B. 分类账　　　　C. 总账　　　　　D. 备查账

3. "制造费用""管理费用"明细分类账一般使用的账簿格式是（　　）。
　　A. 多栏式　　　　B. 三栏式　　　　C. 数量金额式　　D. 横线登记式

4. 用来登记各单位的全部经济业务，提供所有会计要素总括核算资料的账簿是（　　）。
　　A. 明细分类账簿　B. 备查账簿　　　C. 日记账簿　　　D. 总分类账簿

5. 具有能避免账页散失，防止账页被抽换，比较严密的账簿是（　　）。
　　A. 卡片式账簿　　B. 三栏式账簿　　C. 订本式账簿　　D. 活页式账簿

6. 原材料明细分类账一般采用（　　）账簿。
　　A. 三栏式　　　　B. 数量金额式　　C. 多栏式　　　　D. 横线登记式

7. 总账和日记账应每年更换（　　）次。
　　A. 2　　　　　　B. 1　　　　　　C. 3　　　　　　D. 0

二、多项选择题

1. 明细分类账的账页格式主要有（　　）。
　　A. 三栏式　　　　B. 数量金额式　　C. 多栏式　　　　D. 横线登记式

2. 会计账簿按其用途的不同,可分为(　　)。
   A. 分类账簿　　　　　　　　　　B. 活页账
   C. 备查账簿　　　　　　　　　　D. 数量金额式账簿
3. 会计账簿按账页格式的不同,可分为(　　)。
   A. 横线登记式账簿　　　　　　　B. 多栏式账簿
   C. 备查账簿　　　　　　　　　　D. 数量金额式账簿
4. (　　)可用红笔在账簿上进行记录。
   A. 在表示负数余额时
   B. 在不设减少的多栏式账页中登记减少数
   C. 结账时所划的线
   D. 划线更正时所划的线
5. 启用新账簿时,应填写(　　)。
   A. 账户目录表　　B. 账簿启用表　　C. 备查表　　D. 会计报表

## 任务二　出纳登记日记账

### 一、登记现金日记账

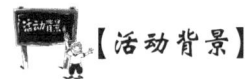【活动背景】

图5-4　销售员周迪生与出纳员张晴的对话

【活动资料】

【业务5-3】 东莞市京贸塑料制品有限公司2020年4月份发生以下现金收付业务，具体如表5-6所示。

表5-6 记账凭证

| 日期 | 凭证字号 | 附件张数 | 摘要 | 会计分录 | 记账√ |
|---|---|---|---|---|---|
| 2020.4.5 | 记05 | 1 | 购买办公用品 | 借：管理费用——办公费　　150<br>　贷：库存现金　　　　　　　　150 | √ |
| 2020.4.8 | 记08 | 1 | 提现备发工资 | 借：库存现金　　　　　　93 500<br>　贷：银行存款　　　　　　　93 500 | √ |
| 2020.4.8 | 记09 | 2 | 发放工资 | 借：应付职工薪酬　　　　93 500<br>　贷：库存现金　　　　　　　93 500 | √ |
| 2020.4.15 | 记16 | 1 | 预借差旅费 | 借：其他应收款——王明　2 000<br>　贷：库存现金　　　　　　　2 000 | √ |
| 2020.4.17 | 记18 | 5 | 报销差旅费 | 借：管理费用——差旅费　1 500<br>　　库存现金　　　　　　　　500<br>　贷：其他应收款——王明　2 000 | √ |
| 2020.4.20 | 记21 | 1 | 支付餐费 | 借：管理费用——业务招待费　3 500<br>　贷：库存现金　　　　　　　3 500 | √ |

【活动指导】

【指导业务5-3】 现金日记账的登记方法和结账。

1. 现金日记账的登记方法

现金日记账是用来记录企业库存现金每天收入、支出和结存情况的账簿。现金日记账一般使用订本式的三栏式账页，由出纳人员根据同现金收付有关的记账凭证，按时间先后顺序逐日逐笔进行登记。其登记方法如下：

(1) 日期栏：按照记账凭证的日期登记。
(2) 凭证号数栏：按照记账凭证的种类和编号登记，以便查账和核对。
(3) 摘要栏：按照记账凭证所记录的摘要登记。
(4) 对方科目栏：按照记账凭证所列的库存现金对方科目进行登记。
(5) 借方栏、贷方栏：均按照记账凭证记录的"库存现金"科目借方金额或贷方金额登记。
(6) 余额栏：根据公式"本日余额＝上日余额＋本日收入－本日支出"计算填入。
(7) 在记账凭证库存现金对应的记账栏内打"√"，表示库存现金已登账。

## 2. 现金日记账的结账

每日终了,应该分别计算现金的收入和支出合计数,结出本日余额,同时将余额与实际库存现金进行核对,即通常说的"日清"。到月末终了,同样计算本月的现金收入合计数和支出合计数,并结出本月余额,即通常说的"月结"。月结的步骤如下:

(1) 在最后一笔业务记录下端画一通栏单红线。

(2) 在最后一笔业务下一行,结出本月借方发生额、贷方发生额和期末余额,并在摘要栏内注明"本月合计"字样。并在其下端划一单红线,表示结账完毕。

东莞市京贸塑料制品有限公司根据 2020 年 4 月份编制的记账凭证登记现金日记账,如表 5-7 所示。

表 5-7  现金日记账

| 2020年 月 | 日 | 凭证编号 | 摘要 | 对方科目 | 借方 | 贷方 | 余额 | |
|---|---|---|---|---|---|---|---|---|
| 4 | 1 | | 承前页 | | 1085200 | 1062500 | 95000 | |
| | 5 | 记05 | 购买办公用品 | 管理费用 | | 1500 0 | 93500 0 | |
| | 8 | 记08 | 提现备发工资 | 银行存款 | 935000 | | | |
| | 8 | 记09 | 发放工资 | 应付职工薪酬 | | 935000 | 93500 0 | |
| | 8 | | 本日合计 | | 935000 | 935000 | 93500 0 | |
| | 15 | 记16 | 预借差旅费 | 其他应收款 | | 20000 | 73500 0 | |
| | 17 | 记18 | 报销差旅费 | 其他应收款 | 5000 0 | | 78500 0 | |
| | 20 | 记21 | 支付餐费 | 管理费用 | | 35000 | 43500 0 | 红线 |
| | 30 | | 本月合计 | | 940000 | 991500 | 43500 0 | 红线 |

**【注意事项】**

(1) 出纳人员应按业务发生或完成时间的先后顺序逐日逐笔登记,且按日结出余额。

(2) 如果一天只发生一笔现金收支业务,可以直接当天结出余额,不需填写"本日合计";如果一天发生两笔或两笔以上的现金收支业务,则在最后一笔业务后填写"本日合计",结出当天的借方、贷方发生额合计及余额。

**【知识归纳】**

现金日记账由出纳根据与现金收付有关的记账凭证,按时间顺序逐日逐笔登记,在记账凭证记账栏打"√"。每天计出"本日合计",月末计出"本月合计",并将现金日记账的账面余额与现金实存数核对,做到日清月结。

## 二、登记银行存款日记账

【活动背景】

图 5-5　财务主管高山与出纳员张晴的对话

【活动资料】

【业务 5-4】 东莞市京贸塑料制品有限公司 2020 年 4 月份发生以下银行存款收付业务，如表 5-8 所示。

表 5-8　记账凭证

| 日期 | 凭证字号 | 附件张数 | 摘要 | 会计分录 | 记账√ |
|---|---|---|---|---|---|
| 2020.4.1 | 记 01 | 1 | 收到前欠货款 | 借：银行存款　　　　　　　　　　　77 220<br>　　贷：应收账款——百家百货　　　　　77 220 | √ |
| 2020.4.1 | 记 02 | 1 | 借入短期借款 | 借：银行存款　　　　　　　　　　100 000<br>　　贷：短期借款　　　　　　　　　　100 000 | √ |
| 2020.4.3 | 记 03 | 3 | 购买聚乙烯 | 借：原材料——聚乙烯　　　　　　　14 000<br>　　应交税费——应交增值税（进项税额）　1 820<br>　　贷：银行存款　　　　　　　　　　15 820 | √ |
| 2020.4.8 | 记 08 | 1 | 提现备发工资 | 借：库存现金　　　　　　　　　　　93 500<br>　　贷：银行存款　　　　　　　　　　93 500 | √ |
| 2020.4.10 | 记 10 | 1 | 收到前欠货款 | 借：银行存款　　　　　　　　　　150 000<br>　　贷：应收账款——新天地　　　　　150 000 | √ |

(续表)

| 日期 | 凭证字号 | 附件张数 | 摘要 | 会计分录 | 记账√ |
|---|---|---|---|---|---|
| 2020.4.19 | 记20 | 3 | 销售产品 | 借：银行存款　　　　　　　　　　　　　81 360<br>　　贷：主营业务收入　　　　　　　　　72 000<br>　　　　应交税费——应交增值税（销项税额）　9 360 | √ |
| 2020.4.20 | 记22 | 1 | 收到前欠货款 | 借：银行存款　　　　　　　　　　　　　200 000<br>　　贷：应收账款——百家百货　　　　　200 000 | √ |
| 2020.4.20 | 记23 | 1 | 支付租金 | 借：制造费用——租赁费　　　　　　　　12 800<br>　　　管理费用——租赁费　　　　　　　 3 200<br>　　贷：银行存款　　　　　　　　　　　16 000 | √ |
| 2020.4.21 | 记24 | 1 | 支付利息 | 借：财务费用　　　　　　　　　　　　　　750<br>　　贷：银行存款　　　　　　　　　　　　　750 | √ |
| 2020.4.22 | 记25 | 1 | 收到前欠货款 | 借：银行存款　　　　　　　　　　　　　198 320<br>　　贷：应收账款——华润百货　　　　　198 320 | √ |
| 2020.4.25 | 记28 | 1 | 支付水费 | 借：应付账款　　　　　　　　　　　　　 3 000<br>　　　应交税费——应交增值税（进项税额）　270<br>　　贷：银行存款　　　　　　　　　　　　3 270 | √ |
| 2020.4.25 | 记29 | 1 | 支付电费 | 借：应付账款　　　　　　　　　　　　　 9 300<br>　　　应交税费——应交增值税（进项税额）　1 209<br>　　贷：银行存款　　　　　　　　　　　10 509 | √ |

【活动指导】

**【指导业务 5-4】** 银行存款日记账的登记方法。

银行存款日记账是用来记录企业银行存款每日收入、支出和结余情况的账簿。银行存款日记账一般使用订本式的三栏式账页，其格式与现金日记账的格式基本相同，但增加了"结算凭证"一栏。该栏主要用来登记与银行存款收入或支出的结算凭证种类和编号，便于与银行对账。银行存款日记账由出纳员根据审核无误的银行存款收付的有关记账凭证，按时间先后顺序逐日逐笔进行登记。银行存款日记账的登记方法和结账方法与现金日记账基本相同。

东莞市京贸塑料制品有限公司根据 2020 年 4 月份编制的记账凭证登记银行存款日记账，如表 5-9 所示。

表 5-9  银行存款日记账

| 2020年 | | 凭证编号 | 摘 要 | 结算凭证 | 借方 | 贷方 | 余额 | |
|---|---|---|---|---|---|---|---|---|
| 月 | 日 | | | | 百十万千百十元角分 | 百十万千百十元角分 | 百十万千百十元角分 | |
| 4 | 1 | | 承前页 | | 3 5 0 5 8 0 0 0 | 3 3 9 6 0 0 0 0 | 9 8 5 6 0 0 0 0 | |
| | 1 | 记01 | 收到前欠货款 | 支票32021 | 7 7 2 2 0 0 0 | | | |
| | 1 | 记02 | 借入短期借款 | 贷款单056 | 1 0 0 0 0 0 0 0 | | 1 1 6 2 8 2 0 0 0 | |
| | 3 | 记03 | 购入聚乙烯 | 支票13572 | | 1 5 8 2 0 0 1 | 1 4 7 0 0 0 0 0 | |
| | 8 | 记08 | 提现备发工资 | 支票13573 | | 9 3 5 0 0 0 0 | 1 0 5 3 5 0 0 0 | |
| | 10 | 记10 | 收到前欠货款 | 支票33585 | 1 5 0 0 0 0 0 0 | | 1 2 0 3 5 0 0 0 | |
| | 19 | 记20 | 销售产品 | 支票43013 | 8 1 3 6 0 0 0 | | 1 2 8 4 8 6 0 0 0 | |
| | 20 | 记22 | 收到前欠货款 | 支票39576 | 2 0 0 0 0 0 0 0 | | | |
| | 20 | 记23 | 支付租金 | 支票13574 | | 1 6 0 0 0 0 0 | 1 4 6 8 8 6 0 0 0 | |
| | 21 | 记24 | 支付利息 | 支票13575 | | 7 5 0 0 0 0 | 1 4 6 8 1 1 0 0 0 | |
| | 22 | 记25 | 收到前欠货款 | 支票35276 | 1 9 8 3 2 0 0 0 | | 1 6 6 6 4 3 0 0 0 | |
| | 25 | 记28 | 支付水费 | 支票13576 | | 3 2 7 0 0 0 | 1 6 6 3 1 6 0 0 0 | |
| | 25 | 记29 | 支付电费 | 支票13577 | | 1 0 5 0 9 0 0 | 1 6 5 2 6 5 1 0 0 | 红线 |
| | 30 | | 本月合计 | | 8 0 6 9 0 0 0 0 | 1 3 9 8 4 9 0 0 0 | 1 6 5 2 6 5 1 0 0 | 红线 |

【注意事项】

（1）银行存款日记账只需每天结出余额，不用计算出本日发生额。

（2）银行存款日记账发生额要与银行对账单逐笔核对。

【知识归纳】

（1）出纳员根据审核无误的涉及银行存款收付的记账凭证按经济业务发生时间的先后顺序逐日逐笔登记，每天结出余额，月末银行存款日记账计出"本月合计"，并与银行对账单核对。

（2）在记账凭证的银行存款记账栏打"√"。

【自我测试】

一、单项选择题

1. 现金日记账应由（   ）负责登记。

    A. 会计人员　　　　B. 出纳人员　　　　C. 会计主管　　　　D. 企业负责人

2. 现金日记账和银行存款日记账（    ）。

    A. 可以采用活页式账簿　　　　B. 可以采用订本式账簿

C. 必须采用活页式账簿　　　　　　　D. 必须采用订本式账簿

3. 现金日记账和银行存款日记账的登记方法是（　　）。
   A. 逐日汇总登记　　　　　　　　　B. 定期逐笔序时登记
   C. 逐日逐笔登记　　　　　　　　　D. 逐日逐笔序时登记

4. 现金日记账和银行存款日记账的登记依据是（　　）。
   A. 审核无误的收、付款原始凭证　　B. 审核无误的收、付款记账凭证
   C. 审核无误的所有原始凭证　　　　D. 审核无误的所有记账凭证

## 二、多项选择题

1. 关于现金日记账和银行存款日记账，下列说法正确的有（　　）。
   A. 一般采用订本式账簿和三栏式账页　B. 由出纳员登记
   C. 根据审核后的收、付款凭证登记　　D. 逐日逐笔序时登记

2. 现金日记账的登记依据有（　　）。
   A. 现金收支的原始凭证　　　　　　B. 现金收款凭证
   C. 现金付款凭证　　　　　　　　　D. 银行存款付款凭证

3. 银行存款日记账的登记依据有（　　）。
   A. 银行存款收支的原始凭证　　　　B. 银行存款收款凭证
   C. 银行存款付款凭证　　　　　　　D. 现金付款凭证

## 三、判断题

1. 现金日记账每日经济业务登记完毕，应结计现金日记账的当日余款，并以账面余额同库存现金的实存额进行核对，检查账实是否相符。（　　）

2. 现金日记账和银行存款日记账须逐笔结出余额。（　　）

3. 银行存款日记账每月至少与开户银行对一次账。（　　）

## 四、实务题

东莞市花园纸业有限公司2020年5月1日"库存现金"账户期初余额4 800元，"银行存款"账户期初余额为250 000元，该公司5月份发生的现金、银行存款收付业务如下。

（1）2日将现金1 800元存入银行，记账凭证如表5-10所示。

表5-10　记账凭证（简易）

| 日期 | 凭证字号 | 附件张数 | 摘要 | 会计分录 | 记账√ |
|---|---|---|---|---|---|
| 2020.5.2 | 记02 | 1 | 现金存入银行 | 借：银行存款　　　　1 800<br>　贷：库存现金　　　　　1 800 | |

（2）6日开出现金支票，从银行提取现金1 500元，记账凭证如表5-11所示。

表5-11　记账凭证（简易）

| 日期 | 凭证字号 | 附件张数 | 摘要 | 会计分录 | 记账√ |
|---|---|---|---|---|---|
| 2020.5.6 | 记08 | 1 | 提现 | 借：库存现金　　　　1 500<br>　贷：银行存款　　　　　1 500 | |

(3) 8 日以银行存款偿还前欠月季公司货款 70 200 元,记账凭证如表 5-12 所示。

表 5-12　记账凭证(简易)

| 日期 | 凭证字号 | 附件张数 | 摘要 | 会计分录 | 记账√ |
|---|---|---|---|---|---|
| 2020.5.8 | 记 10 | 1 | 归还前欠货款 | 借:应付账款——月季　　70 200<br>　贷:银行存款　　　　　　　　70 200 | |

(4) 11 日行政管理人员王霞预借差旅费 2 000 元,当即付给现金,记账凭证如表 5-13 所示。

表 5-13　记账凭证(简易)

| 日期 | 凭证字号 | 附件张数 | 摘要 | 会计分录 | 记账√ |
|---|---|---|---|---|---|
| 2020.5.11 | 记 15 | 1 | 预借差旅费 | 借:其他应收款——王霞　　2 000<br>　贷:库存现金　　　　　　　　2 000 | |

(5) 14 日以现金购买行政管理部门办公用品 200 元,记账凭证如表 5-14 所示。

表 5-14　记账凭证(简易)

| 日期 | 凭证字号 | 附件张数 | 摘要 | 会计分录 | 记账√ |
|---|---|---|---|---|---|
| 2020.5.14 | 记 17 | 1 | 购买办公用品 | 借:管理费用——办公费　　200<br>　贷:库存现金　　　　　　　　200 | |

(6) 20 日向银行借入半年期借款 50 000 元,存入银行,记账凭证如表 5-15 所示。

表 5-15　记账凭证(简易)

| 日期 | 凭证字号 | 附件张数 | 摘要 | 会计分录 | 记账√ |
|---|---|---|---|---|---|
| 2020.5.20 | 记 22 | 1 | 借入短期借款 | 借:银行存款　　　　　　　50 000<br>　贷:短期借款　　　　　　　　50 000 | |

(7) 22 日行政管理人员王霞报销差旅费 1 840 元,退回余额现金 160 元,结清前暂借款,记账凭证如表 5-16 所示。

表 5-16　记账凭证(简易)

| 日期 | 凭证字号 | 附件张数 | 摘要 | 会计分录 | 记账√ |
|---|---|---|---|---|---|
| 2020.5.22 | 记 24 | 6 | 报销差旅费 | 借:库存现金　　　　　　　　160<br>　　管理费用——差旅费　　1 840<br>　贷:其他应收款——王霞　　2 000 | |

(8) 26 日收到紫薇公司前欠货款 23 400 元,存入银行,记账凭证如表 5-17 所示。

表 5-17 记账凭证(简易)

| 日期 | 凭证字号 | 附件张数 | 摘要 | 会计分录 | 记账√ |
|---|---|---|---|---|---|
| 2020.5.26 | 记 28 | 1 | 收到前欠货款 | 借:银行存款　　　　　　　　　　23 400<br>　贷:应收账款——紫薇　　　　　　23 400 | |

(9) 28 日向凌霄公司购进乙材料 1 000 千克,每千克 10 元,增值税进项税额计 1 300 元,材料已入库,款项以银行存款支付,记账凭证如表 5-18 所示。

表 5-18 记账凭证(简易)

| 日期 | 凭证字号 | 附件张数 | 摘要 | 会计分录 | 记账√ |
|---|---|---|---|---|---|
| 2020.5.28 | 记 30 | 3 | 购进乙材料 | 借:原材料——乙材料　　　　　　10 000<br>　应交税费——应交增值税(进项税额)<br>　　　　　　　　　　　　　　　1 300<br>　贷:银行存款　　　　　　　　　11 300 | |

(10) 30 日银行存款支付电费 2 260 元,记账凭证如表 5-19 所示。

表 5-19 记账凭证(简易)

| 日期 | 凭证字号 | 附件张数 | 摘要 | 会计分录 | 记账√ |
|---|---|---|---|---|---|
| 2020.5.28 | 记 32 | 1 | 支付电费 | 借:应付账款　　　　　　　　　　2 000<br>　应交税费——应交增值税(进项税额)<br>　　　　　　　　　　　　　　　260<br>　贷:银行存款　　　　　　　　　2 260 | |

要求:

(1) 根据资料开设现金日记账和银行存款日记账,登记期初余额。

(2) 根据填制的记账凭证,登记现金日记账(见表 5-20)和银行存款日记账(见表 5-21),并进行月度结账。

表 5-20 现金日记账

| 年 | | 凭证编号 | 摘要 | 对方科目 | 借方 | 贷方 | 结余 |
|---|---|---|---|---|---|---|---|
| 月 | 日 | | | | | | |
| | | | | | | | |
| | | | | | | | |
| | | | | | | | |
| | | | | | | | |

表 5-21  银行存款日记账

| 年 | | 凭证编号 | 摘要 | 结算凭证 | 借方 | 贷方 | 结余 |
|---|---|---|---|---|---|---|---|
| 月 | 日 | | | | | | |
| | | | | | | | |
| | | | | | | | |
| | | | | | | | |
| | | | | | | | |
| | | | | | | | |
| | | | | | | | |

## 任务三　仓管员登记存货明细账

### 一、登记材料明细账

【活动背景】

图 5-6　仓管员齐铭与会计李一凡的对话

【活动资料】

【业务 5-5】 东莞市京贸塑料制品有限公司 2020 年 4 月份发生聚乙烯的收发业务有如下几项。

(1) 3 日,向东莞市益能化工有限公司购入聚乙烯 700 千克,每千克 20 元,增值税 1 820 元,材料已验收入库,货款已开出支票支付。具体如表 5-22、表 5-23 所示。(发票、支票存根联略)

表 5-22　收料单

2020 年 04 月 03 日　　　　　　　　　　　　　　　　　No. 19011105

| 来料单位：东莞市益能化工有限公司 | | | 发票号 0675218　2020 年 04 月 03 日　收到 | | | | | | | | | | | | | |
|---|---|---|---|---|---|---|---|---|---|---|---|---|---|---|---|---|
| 材料名称 | 送验数量 | 实收数量 | 单位 | 单价 | 买价 | 运杂费 | 成本总额 | | | | | | | | 单位成本 |
| | | | | | | | 十 | 万 | 千 | 百 | 十 | 元 | 角 | 分 | |
| 聚乙烯 | 700 | 700 | 千克 | 20 | 14 000 | 0 | | 1 | 4 | 0 | 0 | 0 | 0 | 0 | 20 |
| | | | | | | | | | | | | | | | |
| | | | | | | | | | | | | | | | |
| 备注 | | | | | 合计￥14 000 | | | | | | | | | | |

验收人：王明　　　　保管：齐铭　　　　记账：李一凡　　　　制单：齐铭

第二联　记账联

表 5-23　记账凭证(简易)

| 日期 | 凭证字号 | 附件张数 | 摘要 | 会计分录 | 记账√ |
|---|---|---|---|---|---|
| 2020.4.03 | 记 03 | 3 | 购买聚乙烯 | 借：原材料——聚乙烯　　　　14 000<br>　　应交税费——应交增值税(进项税额)<br>　　　　　　　　　　　　　　1 820<br>　　贷：银行存款　　　　　　　15 820 | √ |

(2) 4 日，向东莞市益能化工有限公司购入聚乙烯 600 千克，每千克 20 元，增值税 1 560 元，材料已验收入库，货款未付。具体如表 5-24、表 5-25 所示。(发票略)

表 5-24　收料单

2020 年 04 月 04 日　　　　　　　　　　　　　　　　　No. 19011106

| 来料单位：东莞市益能化工有限公司 | | | 发票号 0675220　2020 年 04 月 04 日　收到 | | | | | | | | | | | | | |
|---|---|---|---|---|---|---|---|---|---|---|---|---|---|---|---|---|
| 材料名称 | 送验数量 | 实收数量 | 单位 | 单价 | 买价 | 运杂费 | 成本总额 | | | | | | | | 单位成本 |
| | | | | | | | 十 | 万 | 千 | 百 | 十 | 元 | 角 | 分 | |
| 聚乙烯 | 600 | 600 | 千克 | 20 | 12 000 | 0 | | 1 | 2 | 0 | 0 | 0 | 0 | 0 | 20 |
| | | | | | | | | | | | | | | | |
| | | | | | | | | | | | | | | | |
| 备注 | | | | | 合计￥12 000 | | | | | | | | | | |

验收人：王明　　　　保管：齐铭　　　　记账：李一凡　　　　制单：齐铭

第二联　记账联

表 5-25　记账凭证(简易)

| 日期 | 凭证字号 | 附件张数 | 摘要 | 会计分录 | 记账√ |
|---|---|---|---|---|---|
| 2020.4.4 | 记 04 | 2 | 购买聚乙烯 | 借：原材料——聚乙烯　　　　12 000<br>　　应交税费——应交增值税(进项税额)<br>　　　　　　　　　　　　　　1 560<br>　　贷：应付账款——益能化工　13 560 | √ |

(3) 9日,生产饭盒领用聚乙烯520千克。其领料单如表5-26所示。

表 5-26　领料单

领料单位:生产车间　　　　　　2020 年 04 月 09 日　　　　　　领料编号:0003

| 用途:生产饭盒 | | | | | | |
|---|---|---|---|---|---|---|
| 材料类别 | 材料编号 | 材料名称 | 材料规格 | 计量单位 | 请领数量 | 实发数量 |
| | | 聚乙烯 | | 千克 | 520 | 520 |
| | | | | | | |
| | | | | | | |
| | | | | | | |

第二联　记账联

主管会计:高山　　　　　　　发料:齐铭　　　　　　　领料:马金龙

(4) 11日,生产密封盒领用聚乙烯480千克。其领料单如表5-27所示。

表 5-27　领料单

领料单位:生产车间　　　　　　2020 年 04 月 11 日　　　　　　领料编号:0008

| 用途:生产密封盒 | | | | | | |
|---|---|---|---|---|---|---|
| 材料类别 | 材料编号 | 材料名称 | 材料规格 | 计量单位 | 请领数量 | 实发数量 |
| | | 聚乙烯 | | 千克 | 480 | 480 |
| | | | | | | |
| | | | | | | |
| | | | | | | |

第二联　记账联

主管会计:高山　　　　　　　发料:齐铭　　　　　　　领料:马金龙

(5) 17日,生产水杯领用聚乙烯450千克。其领料单如表5-28所示。

表 5-28　领料单

领料单位:生产车间　　　　　　2020 年 04 月 17 日　　　　　　领料编号:0022

| 用途:生产水杯 | | | | | | |
|---|---|---|---|---|---|---|
| 材料类别 | 材料编号 | 材料名称 | 材料规格 | 计量单位 | 请领数量 | 实发数量 |
| | | 聚乙烯 | | 千克 | 450 | 450 |
| | | | | | | |
| | | | | | | |
| | | | | | | |

第二联　记账联

主管会计:高山　　　　　　　发料:齐铭　　　　　　　领料:马金龙

【活动指导】

【指导业务5-5】　存货明细账结构和原材料明细账登记方法。

1. 存货明细账结构

存货明细账是根据存货明细科目名称开设,能分类、连续记录企业存货收发情况的账簿,主要包括原材料和库存商品。由于有金额核算和实物数量核算,因此存货明细账的登记采用数量金额式账页。该明细账的账页设有收入、发出和结存三大栏,并在每一大栏下设有数量、单价和金额三个小栏目。

2. 原材料明细账登记方法

原材料明细账是由仓管员和会计员根据审核无误的原始凭证、原始凭证汇总表和记账凭证,按时间先后顺序逐日逐笔进行登记。其具体登记方法如下:

(1) 将明细科目名称、计量单位、规格等填写到相应栏目内。

(2) 日期栏:按照原始凭证或记账凭证的日期登记。

(3) 凭证号数栏:按所依据的原始凭证的字号填写,如收料单的"收"字、领料单的"领"字等。

(4) 三个数量栏:由仓管员按照实际收入、发出和结存的数量填写。

(5) 收入栏的单价栏和金额栏:由会计员按照入库材料的单价和金额填写。

(6) 发出栏和结存栏的单价和金额栏:会计员登记的时间及金额取决于企业所采用的期末存货计价方法。例如,采用月末一次加权平均法,发出和结存的单价栏和金额栏一个月只在月末登记一次。

(7) 在记账凭证原材料对应的记账栏内打"√",表示已登记原材料账。

(8) 月末结账时不需结出本日发生额、余额,直接在最后一笔业务记录的下端画单红线,表示结账完毕。

东莞市京贸塑料制品有限公司仓管员齐铭根据 2020 年 4 月份的领料单、收料单登记原材料明细账,如表 5-29 所示。

表 5-29 原材料明细账

材料名称:聚乙烯　　　　　　　　　　　　　　　　　　　　　　计量单位:千克

| 2020年 | | 凭证编号 | 摘要 | 收入 | | | 发出 | | | 结存 | | |
|---|---|---|---|---|---|---|---|---|---|---|---|---|
| 月 | 日 | | | 数量 | 单价 | 万千百十元角分 | 数量 | 单价 | 万千百十元角分 | 数量 | 单价 | 万千百十元角分 |
| 4 | 1 | | 承前页 | 900 | | | 800 | | | 350 | | |
| | 3 | 收105 | 购入 | 700 | | | | | | 1 050 | | |
| | 4 | 收106 | 购入 | 600 | | | | | | 1 650 | | |
| | 9 | 领0003 | 领料 | | | | 520 | | | 1 130 | | |
| | 11 | 领0008 | 领料 | | | | 480 | | | 650 | | |
| | 17 | 领0022 | 领料 | | | | 450 | | | 200 | | |
| ⋮ | ⋮ | ⋮ | ⋮ | ⋮ | ⋮ | ⋮ | ⋮ | ⋮ | ⋮ | ⋮ | ⋮ | ⋮ |

**【注意事项】**

（1）原材料明细账是由仓管员和会计员根据审核无误的原始凭证、原始凭证汇总表和记账凭证，按时间先后顺序逐日逐笔进行登记，逐笔计出结余数量，随时反映库存量。

（2）月末结账，只需在最后一笔业务记录的下端画一条单红线，不需结出当月的借方、贷方发生额合计及期末余额。

**【知识归纳】**

原材料明细账登记流程如图5-7所示。

仓管员——收料单、领料单 ┐ 登记数量
会计——记账凭证 ┘ 登记单价、金额 →原材料明细账

**图5-7 原材料明细账登记流程**

## 二、登记库存商品明细账

**【活动背景】**

**图5-8 销售员周迪生与仓管员齐铭的对话**

**【活动资料】**

**【业务5-6】** 东莞市京贸塑料制品有限公司2020年4月份库存商品饭盒的完工和销售情况如下。

（1）5日，完工产品入库，如表5-30所示。

表 5-30  入库单

2020 年 04 月 05 日　　　　　　　　　　　　　　　　　　　　No. 402053

| 编号 | 品名规格 | 单位 | 数量 | 单价 | 金额 十 万 千 百 十 元 角 分 | 备注 |
|---|---|---|---|---|---|---|
|  | 饭盒 | 个 | 4 000 |  |  | 第三联 记账 |
|  |  |  |  |  |  |  |
|  |  |  |  |  |  |  |
|  |  |  |  |  |  |  |
|  |  |  |  |  |  |  |

记账：李一凡　　　　　　　保管：齐铭　　　　　　　制票：齐铭

（2）6 日，向上海市华润百货有限公司销售饭盒 144 000 元，增值税 18 720 元，货款未收到，具体如表 5-31、表 5-32 所示。（发票略）

表 5-31  出库单

2020 年 04 月 06 日　　　　　　　　　　　　　　　　　　　　No. 432056

| 编号 | 品名规格 | 单位 | 数量 | 单价 | 金额 十 万 千 百 十 元 角 分 | 备注 |
|---|---|---|---|---|---|---|
|  | 饭盒 | 个 | 8 000 |  |  | 第二联 会计 |
|  |  |  |  |  |  |  |
|  |  |  |  |  |  |  |
|  |  |  |  |  |  |  |
|  |  |  |  |  |  |  |

记账：李一凡　　　　　　　保管：齐铭　　　　　　　制票：齐铭

表 5-32  记账凭证（简易）

| 日期 | 凭证字号 | 附件张数 | 摘要 | 会计分录 | 记账 √ |
|---|---|---|---|---|---|
| 2020.4.06 | 记 06 | 2 | 销售产品 | 借：应收账款——华润百货 162 720<br>　贷：主营业务收入　　　　144 000<br>　　　应交税费——应交增值税（销项税额）<br>　　　　　　　　　　　　18 720 |  |

（3）14 日，完工产品入库，如表 5-33 所示。

**表 5-33　入库单**

2020 年 04 月 14 日　　　　　　　　　　　　　　　　　　　No. 402062

| 编号 | 品名规格 | 单位 | 数量 | 单价 | 金额 十万千百十元角分 | 备注 |
|---|---|---|---|---|---|---|
| | 饭盒 | 个 | 6 000 | | | |
| | | | | | | |
| | | | | | | |
| | | | | | | |
| | | | | | | |

记账:李一凡　　　　　　　保管:齐铭　　　　　　　制票:齐铭

第三联　记账

（4）19 日,向东莞市新天地购物中心公司销售饭盒 72 000 元,增值税 9 360 元,货款已收到存入银行,如表 5-34、表 5-35 所示。（发票、支票存根略）

**表 5-34　出库单**

2020 年 04 月 19 日　　　　　　　　　　　　　　　　　　　No. 432065

| 编号 | 品名规格 | 单位 | 数量 | 单价 | 金额 十万千百十元角分 | 备注 |
|---|---|---|---|---|---|---|
| | 饭盒 | 个 | 4 000 | | | |
| | | | | | | |
| | | | | | | |
| | | | | | | |
| | | | | | | |

记账:李一凡　　　　　　　保管:齐铭　　　　　　　制票:齐铭

第二联　会计

**表 5-35　记账凭证(简易)**

| 日期 | 凭证字号 | 附件张数 | 摘要 | 会计分录 | 记账 √ |
|---|---|---|---|---|---|
| 2020.4.19 | 记 20 | 3 | 销售产品 | 借:银行存款　　　　　　　81 360<br>　贷:主营业务收入　　　　　72 000<br>　　　应交税费——应交增值税(销项税额)<br>　　　　　　　　　　　　　 9 360 | |

【活动指导】

【指导业务 5-6】　库存商品明细账是指按商品的品名、规格、等级分户设置,登记其收入、发出和结存情况的账簿。一般采用数量金额式账页,以反映和控制每一种商品的数量和金额。其登记方法与原材料明细账的登记方法相同。

东莞市京贸塑料制品有限公司仓管员齐铭根据 2020 年 4 月份的出库单、入库单登记库存商品明细账,如表 5-36 所示。

表 5-36 库存商品明细账

材料名称:饭盒　　　　　　　　　　　　　　　　　　　　　　　　　　　计量单位:个

| 2019年 | | 凭证编号 | 摘　要 | 收入 | | | 发出 | | | 结存 | | |
|---|---|---|---|---|---|---|---|---|---|---|---|---|
| 月 | 日 | | | 数量 | 单价 | 万千百十元角分 | 数量 | 单价 | 万千百十元角分 | 数量 | 单价 | 万千百十元角分 |
| 4 | 1 | | 承前页 | 11 000 | | | 10 500 | | | 5 000 | | |
| | 5 | 入402053 | 完工产品入库 | 4 000 | | | | | | 9 000 | | |
| | 6 | 出432056 | 销售产品 | | | | 8 000 | | | 1 000 | | |
| | 14 | 入402062 | 完工产品入库 | 6 000 | | | | | | 7 000 | | |
| | 19 | 出432065 | 销售产品 | | | | 4 000 | | | 3 000 | | |
| ⋮ | ⋮ | ⋮ | | ⋮ | ⋮ | | ⋮ | ⋮ | | ⋮ | ⋮ | 红线 |

【知识归纳】

库存商品明细账的登记流程如图 5-9 所示。

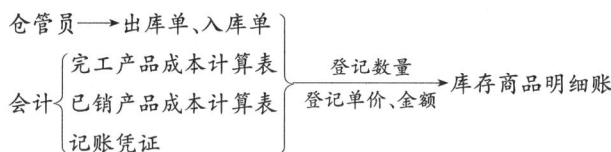

图 5-9　库存商品明细账的登记流程

【自我测试】

一、单项选择题

1. 数量金额式明细账适用于( )账户的明细账。

　　A."原材料"　　　B."应收账款"　　　C."生产成本"　　　D."实收资本"

2. ( )明细账的基本结构为"收入""发出""结存"三栏,每栏设置"数量""单价"和"金额"三栏。

　　A. 三栏式　　　　B. 多栏式　　　　C. 数量金额式　　　D. 横线登记式

3. 原材料明细账( )结出数量。

　　A. 每次记账后　　B. 每日　　　　　C. 每月　　　　　　D. 每季度

二、多项选择题

1. 采用数量金额式明细账的有( )。

　　A. 实收资本明细账　　　　　　　　　B. 原材料明细账

  C. 库存商品明细账      D. 应付账款明细账

2. 原材料明细账根据（　　）来登记。

  A. 原始凭证        B. 原始凭证汇总表

  C. 记账凭证        D. 汇总记账凭证

### 三、判断题

1. 原材料明细账不能由仓管员登记。　　　　　　　　　　　　　　　　（　　）
2. 数量金额式明细账账页适用于既需要进行金额核算，又需要进行具体实物数量核算的账户。　　　　　　　　　　　　　　　　　　　　　　　　　　　　（　　）

## 任务四　会计登记账簿

### 一、登记应收账款明细账

【活动背景】

**图 5-10　总经理李明与财务主管高山的对话**

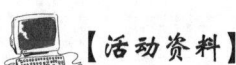【活动资料】

【业务 5-7】　东莞市京贸塑料制品有限公司 2020 年 4 月份填制的与应收账款——华润百货有关的记账凭证如表 5-37 所示。

表 5-37 记账凭证(简易)

| 日期 | 凭证字号 | 附件张数 | 摘要 | 会计分录 | 记账√ |
|---|---|---|---|---|---|
| 2020.4.06 | 记06 | 2 | 销售产品 | 借：应收账款——华润百货  162 720<br>　贷：主营业务收入　　　　　144 000<br>　　　应交税费——应交增值税(销项税额)<br>　　　　　　　　　　　　　　18 720 | √ |
| 2020.4.22 | 记25 | 1 | 收到前欠货款 | 借：银行存款　　　　　　　198 320<br>　贷：应收账款——华润百货  198 320 | √ |

**【活动指导】**

**【指导业务 5-7】** 三栏式明细账设有"借方""贷方""余额"三个栏目，用以分类核算各项经济业务，提供详细核算资料的账簿。它适用于只需要进行金额核算的账户，如"应收账款""应付账款"等债权债务类账户。三栏式明细账是由会计人员根据审核无误的记账凭证及其所依附的原始凭证，按经济业务发生时间的先后顺序逐日逐笔进行登记。由于三栏式明细账平时记账时，随时结出余额，每月最后一笔余额即为月末余额，所以月末结账时，不需要结计本月合计，只需要在最后一笔经济业务记录之下划一通栏单红线。

东莞市京贸塑料制品有限公司根据 2020 年 4 月份编制的记账凭证登记"应收账款——上海市华润百货有限公司"明细账，如表 5-38 所示。

表 5-38 应收账款明细账

科目名称：上海市华润百货有限公司

| 2020年 | | 凭证编号 | 摘要 | 借方 | | | | | | | | 贷方 | | | | | | | | 借或贷 | 余额 | | | | | | | | |
|---|---|---|---|---|---|---|---|---|---|---|---|---|---|---|---|---|---|---|---|---|---|---|---|---|---|---|---|---|---|
| 月 | 日 | | | 百 | 十 | 万 | 千 | 百 | 十 | 元 | 角 | 分 | 百 | 十 | 万 | 千 | 百 | 十 | 元 | 角 | 分 | | 百 | 十 | 万 | 千 | 百 | 十 | 元 | 角 | 分 |
| 4 | 1 | | 承前页 | | 1 | 0 | 6 | 4 | 0 | 0 | 0 | 0 | | | 9 | 2 | 3 | 0 | 0 | 0 | 0 | 借 | | | 3 | 5 | 6 | 0 | 0 | 0 | 0 |
| | 6 | 记06 | 销售产品 | | 1 | 6 | 2 | 7 | 2 | 0 | 0 | 0 | | | | | | | | | | 借 | | 1 | 9 | 8 | 3 | 2 | 0 | 0 | 0 |
| | 22 | 记25 | 收到前欠货款 | | | | | | | | | | | 1 | 9 | 8 | 3 | 2 | 0 | 0 | 0 | 平 | | | | | | | 0 | | |

红线

**【注意事项】**

债权债务类明细账(如应收账款、应付账款等账户)随时结出余额，月末结账只需在最后一笔业务记录下端画一条单红线，不需结出当月的借方、贷方发生额合计及期末余额。

**【知识归纳】**

三栏式明细账月末结账方法：

(1) 不需要结计本月合计的：债权债务类明细账或只发生一笔业务的三栏式明细账，平时记账时，随时结出余额，月末结账时，只需要在最后一笔经济业务记录之下画一条单红线。

（2）需要结计本月合计的：除了债权债务类明细账外，发生两笔或两笔以上的业务的三栏式明细账，在最后一笔业务记录后先结计本月发生额和余额，在摘要栏内注明"本月合计"字样，并在下面通栏画单红线。

## 二、登记管理费用明细账

【活动背景】

图 5-11 总经理李明与财务主管高山的对话

【活动资料】

【业务 5-8】 东莞市京贸塑料制品有限公司 2020 年 4 月份填制的与管理费用有关的记账凭证，如表 5-39 所示。

表 5-39 记账凭证（简易）

| 日期 | 凭证字号 | 附件张数 | 摘要 | 会计分录 | 记账 √ |
|---|---|---|---|---|---|
| 2020.4.05 | 记 05 | 1 | 购买办公用品 | 借：管理费用——办公费　　150<br>　贷：库存现金　　　　　　　150 | √ |
| 2020.4.17 | 记 18 | 5 | 报销差旅费 | 借：管理费用——差旅费　1 500<br>　　库存现金　　　　　　　　500<br>　贷：其他应收款——王明　2 000 | √ |
| 2020.4.20 | 记 21 | 1 | 支付餐费 | 借：管理费用——业务招待费 3 500<br>　贷：库存现金　　　　　　 3 500 | √ |
| 2020.4.20 | 记 23 | 1 | 支付租金 | 借：管理费用——租赁费　　3 200<br>　　制造费用——租赁费　 12 800<br>　贷：银行存款　　　　　　16 000 | √ |
| 2020.4.23 | 记 26 | 1 | 分配水费 | 借：管理费用——水费　　　　600<br>　　制造费用——水费　　　2 400<br>　贷：应付账款　　　　　　3 000 | √ |

(续表)

| 日期 | 凭证字号 | 附件张数 | 摘要 | 会计分录 | 记账√ |
|---|---|---|---|---|---|
| 2020.4.23 | 记27 | 1 | 分配电费 | 借：管理费用——电费　　　　1 860<br>　　制造费用——电费　　　　7 440<br>　贷：应付账款　　　　　　　　　　9 300 | √ |
| 2020.4.30 | 记30 | 1 | 分配工资 | 借：管理费用——职工薪酬　　25 700<br>　　生产成本——饭盒　　　　17 500<br>　　生产成本——密封盒　　　16 750<br>　　生产成本——水杯　　　　15 050<br>　　生产成本——制造费用　　 9 600<br>　　销售费用——职工薪酬　　 8 900<br>　贷：应付职工薪酬　　　　　　　93 500 | √ |
| 2020.4.30 | 记31 | 1 | 计提折旧 | 借：管理费用——折旧　　　　　 672<br>　　制造费用——折旧　　　　18 835.2<br>　　销售费用——折旧　　　　　 115.2<br>　贷：累计折旧　　　　　　　　　19 622.4 | √ |
| 2020.4.30 | 记36 | 1 | 结转损益 | 借：本年利润　　　　　　　　283 527.2<br>　贷：管理费用　　　　　　　　　37 182<br>　　　主营业务成本　　　　　　235 330<br>　　　税金及附加　　　　　　　 1 250<br>　　　销售费用　　　　　　　　9 015.2<br>　　　财务费用　　　　　　　　　 750 | √ |

【活动指导】

**【指导业务 5-8】** 多栏式明细账，是根据经济业务的特点和经营管理的需要，在账页内按有关明细项目分设若干专栏。按明细分类账登记的经济业务不同，多栏式明细账又分为借方多栏、贷方多栏和借贷方均为多栏三种格式。这里主要介绍通用的借方多栏式明细账。

借方多栏式明细账的账页格式，适用于借方需要设多个明细科目或明细项目的账户，如"生产成本""制造费用""管理费用"等成本费用类科目的明细分类核算。费用明细账由会计根据审核无误的记账凭证逐笔登记，其登记要点如下：

(1) 根据记账凭证借方科目的明细项目登记费用明细账，直接登记在对应明细栏目内。

(2) 若根据记账凭证贷方科目的明细项目登记费用明细账，则应在明细栏目内用"红"字冲记。

(3) 月末结账，在最后一笔业务记录之下通栏画单红线，结出"本月合计"并在其下面画通栏单红线，然后在下一行结出"本年累计"，再在下面画通栏单红线。

东莞市京贸塑料制品有限公司根据2020年4月份编制的记账凭证登记管理费用明细账，如表5-40所示。

表 5-40 管理费用明细账

| 2020年 | | 凭证编号 | 摘要 | 借方 | 贷方 | 借或贷 | 余额 | 借方 办公费 | 差旅费 | 业务招待费 | 租赁费 | 水电费 | 职工薪酬 | 折旧 |
|---|---|---|---|---|---|---|---|---|---|---|---|---|---|---|
| 月 | 日 | | | | | | | | | | | | | |
| 3 | 31 | | 本月合计 | 365000 | 365000 | | | 50000 | 81000 | 63500 | 32000 | 24680 | 285000 | 6720 |
| 3 | 31 | | 本年累计 | 1273600 | 1273600 | | | 150000 | 700000 | | 96000 | 74040 | 843000 | 20160 |
| 4 | 5 | 记05 | 购买办公用品 | 15000 | | 借 | 15000 | 15000 | | | | | | |
| 4 | 17 | 记18 | 报销差旅费 | 150000 | | 借 | 165000 | | 150000 | | | | | |
| 4 | 20 | 记21 | 支付餐费 | 35000 | | 借 | 515000 | | | 35000 | | | | |红线
| 4 | 20 | 记23 | 支付租金 | 32000 | | 借 | 835000 | | | | 32000 | | | |
| 4 | 23 | 记26 | 分配水费 | 6000 | | 借 | 895000 | | | | | 6000 | | |
| 4 | 23 | 记27 | 分配电费 | 18600 | | 借 | 1081000 | | | | | 18600 | | |
| 4 | 30 | 记29 | 分配工资 | 257000 | | 借 | 365100 | | | | | | 257000 | |
| 4 | 30 | 记30 | 计提折旧 | 6720 | | 借 | 371820 | | | | | | | 6720 |
| 4 | 30 | 记35 | 结转损益 | | 371820 | 平 | 0 | 15000 | 150000 | 35000 | 32000 | 24600 | 257000 | 6720 |红线
| 4 | 30 | | 本月合计 | 371820 | 371820 | | | 15000 | 150000 | 35000 | 32000 | 24600 | 257000 | 6720 |红线
| 4 | 30 | | 本年累计 | 1645420 | 1645420 | | | 65000 | 850000 | 98500 | 128000 | 98640 | 1128000 | 26880 |红线

**【注意事项】**

(1) 成本费用类科目的明细账,可以只按借方发生额设置专栏,贷方发生额由于每月发生的笔数很少,可以在借方直接用红字冲销。

(2) 月末结账时,在最后一笔业务记录之下画通栏单红线,结出"本月合计"并在其下画通栏单红线,后在下一行结出"本年累计",再在下面画通栏单红线。

**【知识归纳】**

(1) 成本费用类科目的明细账,可以只按借方发生额设置专栏,贷方登记月末将借方发生额一次转出的数额。所以,平时如发生贷方发生额,应该用红字在借方多栏中登记。

(2) 成本费用类科目的明细账的月末结账与存货、往来明细账的月末结账是不同的。月末结账时,在最后一笔业务记录之下画通栏单红线,结出"本月合计"并在下面画通栏单红线,后在下一行结出"本年累计",再在下面画通栏单红线。

## 三、登记其他应收款明细账

【活动背景】

图 5-12　出纳员张晴与会计李一凡的对话

【活动资料】

**【业务 5-9】** 东莞市京贸塑料制品有限公司 2020 年 4 月份填制的与其他应收款有关的记账凭证,如表 5-41 所示。

表 5-41　记账凭证(简易)

| 日期 | 凭证字号 | 附件张数 | 摘要 | 会计分录 | 记账 √ |
|---|---|---|---|---|---|
| 2020.4.15 | 记 16 | 1 | 预借差旅费 | 借：其他应收款——王明　　2 000<br>　贷：库存现金　　　　　　　　　2 000 | √ |
| 2020.4.17 | 记 18 | 5 | 报销差旅费 | 借：管理费用——差旅费　　1 500<br>　　库存现金　　　　　　　　　500<br>　贷：其他应收款——王明　　2 000 | √ |

【活动指导】

【指导业务 5-9】　横线登记式明细账是在账页上分为"借""贷"两方，各设日期、凭证号数、摘要、金额栏，对同一笔业务的借贷发生额，不论其发生时间的先后，都采用横线登记，即将每一相关的业务登记在同一行，从而可依据每一行各个栏目的登记是否齐全来判断该项业务的进展情况。这种明细账实际上也是一种多栏式明细账，适用于"其他应收款""在途物资"等科目。

东莞市京贸塑料制品有限公司根据 2020 年 4 月份编制的记账凭证登记的其他应收款明细账，如表 5-42 所示。

表 5-42　其他应收款明细账

| 2020 年 | | 凭证编号 | 摘　要 | 户名 | 借方 | 贷方(报销、收回) | | | | |
|---|---|---|---|---|---|---|---|---|---|---|
| 月 | 日 | | | | | 2020 年 | | 凭证 | 报销金额 | 收回金额 |
| | | | | | | 月 | 日 | 字 | 号 | | |
| 4 | 15 | 记 16 | 预借差旅费 | 王明 | 2 000 | 4 | 17 | 记 | 18 | 1 500 | 500 |
| | | | | | | | | | | | |

【注意事项】

横线登记式明细账月末不需要结账。

【知识归纳】

横线登记式明细账要求在同一行上反映同一项经济业务的发生和结束。

## 四、登 记 总 账

**【活动背景】**

图 5-13 总经理李明与会计李一凡的对话

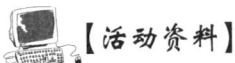**【活动资料】**

**【业务 5-10】** 东莞市京贸塑料制品有限公司 2020 年 4 月份填制的与制造费用有关的记账凭证,如表 5-43 所示。

表 5-43 记账凭证(简易)

| 日期 | 凭证字号 | 附件张数 | 摘要 | 会计分录 | | 记账 √ |
|---|---|---|---|---|---|---|
| 2020.4.20 | 记 23 | 1 | 支付租金 | 借：管理费用——租赁费<br>　　制造费用——租赁费<br>贷：银行存款 | 3 200<br>12 800<br>16 000 | √ |
| 2020.4.23 | 记 26 | 1 | 分配水费 | 借：管理费用——水费<br>　　制造费用——水费<br>贷：应付账款 | 600<br>2 400<br>3 000 | √ |
| 2020.4.23 | 记 27 | 1 | 分配电费 | 借：管理费用——电费<br>　　制造费用——电费<br>贷：应付账款 | 1 860<br>7 440<br>9 300 | √ |
| 2020.4.30 | 记 31 | 1 | 计提折旧 | 借：管理费用——折旧<br>　　制造费用——折旧<br>　　销售费用——折旧<br>贷：累计折旧 | 672<br>18 835.2<br>115.2<br>19 622.4 | √ |
| 2020.4.30 | 记 33 | 1 | 分配制造费用 | 借：生产成本——饭盒(制造费用)<br>　　生产成本——密封盒(制造费用)<br>　　生产成本——水杯(制造费用)<br>贷：制造费用 | 14 500<br>13 780<br>13 195.2<br>41 475.2 | √ |

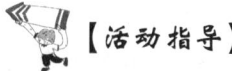

**【活动指导】**

**【指导业务 5-10】** 一切单位都要设置总分类账。总分类账必须采用订本式账簿。总分类账的账页格式有三栏式和多栏式两种。总分类账最常用的格式为三栏式,设置借方、贷方和余额三个基本金额栏目。

1. 总账登记方法

总账由会计人员根据审核无误的记账凭证、科目汇总表和汇总记账凭证登记总账。总账登记的依据和方法取决于各企业采用的会计核算程序。

(1) 在记账凭证核算程序下,可以直接根据审核无误的记账凭证逐笔登记总账。

(2) 在科目汇总表核算程序下,根据记账凭证定期(按旬、半个月、一个月)编制科目汇总表,再据以登记总账。

(3) 在汇总记账凭证核算程序下,根据记账凭证定期(按旬、半个月、一个月)编制汇总记账凭证,再据以登记总账。

2. 总账结账方法

(1) 平时登记总账不用逐笔结出余额,在最后一笔业务登记后结出月末余额。

(2) 月末结账方法与日记账相同,即在最后一笔业务下一行,结出本月借方发生额、贷方发生额和期末余额,在摘要栏内注明"本月合计"字样,并在下面通栏划单红线,表示结账完毕。

(3) 年末,所有总账账户都要结计全年发生额和年末余额,摘要栏内写上"本年合计",在下面通栏画双红线。

东莞市京贸塑料制品有限公司采用记账凭证核算程序。现根据 2020 年 4 月份编制的记账凭证登记制造费用总账如表 5-44 所示。

表 5-44 总账

科目名称:制造费用

| 2020年 | | 凭证编号 | 摘要 | 借方 百十万千百十元角分 | 贷方 百十万千百十元角分 | 借或贷 | 余额 百十万千百十元角分 | |
|---|---|---|---|---|---|---|---|---|
| 月 | 日 | | | | | | | |
| 4 | 20 | 记23 | 支付租金 | 1 2 8 0 0 0 | | | | |
| | 23 | 记26 | 分配水费 | 2 4 0 0 0 | | | | |
| | 23 | 记27 | 分配电费 | 7 4 4 0 0 | | | | |
| | 30 | 记31 | 计提折旧 | 1 8 8 3 5 2 0 | | | | |
| | 30 | 记33 | 分配制造费用 | | 4 1 4 7 5 2 0 | 平 | 0 | 红线 |
| | 30 | | 本月合计 | 4 1 4 7 5 2 0 | 4 1 4 7 5 2 0 | 平 | 0 | 红线 |

**【注意事项】**

(1) 每个单位都必须设置总账。

(2) 总账平时不用逐笔结出余额,在最后一笔业务登记后结出月末余额。

（3）如果总账当月只发生了一笔经济业务，月度结账时，只需在该笔业务下方画一条通栏单红线，不需结出本月借贷方发生额。如果月末总账没有发生业务，只有期初余额的，直接在该期初余额下方画一条通栏单红线。

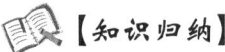【知识归纳】

登记总账的依据如图5-14所示。

$$
\text{登记总账的依据}\begin{cases}\text{记账凭证}\\\text{科目汇总表}\\\text{汇总记账凭证}\end{cases}
$$

图5-14　登记总账的依据

## 五、平行登记总账、明细账

【活动背景】

图5-15　财务主管高山与会计李一凡的对话

【活动资料】

【业务5-11】　根据东莞市京贸塑料制品有限公司的记账凭证（见表5-35），进行平行登记应收账款总账和明细账。

表5-45　记账凭证

| 日期 | 凭证字号 | 附件张数 | 摘要 | 会计分录 | 记账√ |
|---|---|---|---|---|---|
| 2020.4.01 | 记01 | 1 | 收到前欠货款 | 借：银行存款　　　　　　　77 220<br>　贷：应收账款——百家百货　77 220 | √ |
| 2020.4.06 | 记06 | 2 | 销售产品 | 借：应收账款——华润百货　162 720<br>　贷：主营业务收入　　　　　144 000<br>　　　应交税费——应交增值税（销项税额）<br>　　　　　　　　　　　　　18 720 | √ |

(续表)

| 日期 | 凭证字号 | 附件张数 | 摘要 | 会计分录 | 记账√ |
|---|---|---|---|---|---|
| 2020.4.07 | 记07 | 2 | 销售产品 | 借：应收账款——新天地　144 640<br>　　贷：主营业务收入　　　128 000<br>　　　　应交税费——应交增值税（销项税额）<br>　　　　　　　　　　　　　16 640 | √ |
| 2020.4.10 | 记10 | 1 | 收到前欠货款 | 借：银行存款　　　　　　　150 000<br>　　贷：应收账款——新天地　150 000 | √ |
| 2020.4.12 | 记12 | 2 | 销售产品 | 借：应收账款——百家百货　115 260<br>　　贷：主营业务收入　　　102 000<br>　　　　应交税费——应交增值税（销项税额）<br>　　　　　　　　　　　　　13 260 | √ |
| 2020.4.16 | 记17 | 2 | 销售产品 | 借：应收账款——新天地　163 285<br>　　贷：主营业务收入　　　144 500<br>　　　　应交税费——应交增值税（销项税额）<br>　　　　　　　　　　　　　18 785 | √ |
| 2020.4.18 | 记19 | 2 | 销售产品 | 借：应收账款——百家百货　90 400<br>　　贷：主营业务收入　　　80 000<br>　　　　应交税费——应交增值税（销项税额）<br>　　　　　　　　　　　　　10 400 | √ |
| 2020.4.20 | 记22 | 1 | 收到前欠货款 | 借：银行存款　　　　　　　200 000<br>　　贷：应收账款——百家百货　200 000 | √ |
| 2020.4.22 | 记25 | 1 | 收到前欠货款 | 借：银行存款　　　　　　　198 320<br>　　贷：应收账款——华润百货　198 320 | √ |

【活动指导】

**【指导业务 5-11】** 平行登记是指对发生的每项经济业务，都要以会计凭证为依据，一方面记入有关的总分类账户，另一方面以相等的金额、相同的方向记入该总分类账户所属的明细账户。具体来说，总账和明细账是同一业务不同角度的反映，它们所提供的资料互为补充，既总括又详细地说明同一事物的来龙去脉。

1. 平行登记的要点和方法

（1）依据相同：对所发生的经济业务，要以相同的会计凭证作为记账依据，一方面登记总账，另一方面又在其所属明细账中进行登记。

（2）期间相同：对每一项经济业务在登记总账和其所属明细账的时间有先有后，但必须将总账和其所属的明细账登记在同一会计期间（同一个月、同一个季度、同一个会计年度）。

（3）方向相同：将经济业务记入总账和其所属明细账的方向必须是相同的，即总账记入借方，其所属明细账也必须记入借方；总账记入贷方，其所属明细账也必须记入贷方。

(4) 金额相等:记入总账的金额必须与记入其所属明细账的金额合计是相等的。

2. 平行登记的具体步骤(以"应收账款"账户为例)

(1) 根据记字 01 号、记字 12 号、记字 19 号、记字 22 号凭证登记"应收账款——百家百货"明细账,并结出余额,具体如表 5-46 所示。

表 5-46 明细账

| 2020年 | | 凭证编号 | 摘要 | 借方 百十万千百十元角分 | 贷方 百十万千百十元角分 | 借或贷 | 余额 百十万千百十元角分 | |
|---|---|---|---|---|---|---|---|---|
| 月 | 日 | | | | | | | |
| 4 | 1 | | 承前页 | 1 2 3 5 2 0 0 0 | 1 0 8 5 0 0 0 0 | 借 | 7 7 2 2 0 0 0 | |
| | 1 | 记01 | 收到前欠货款 | | 7 7 2 2 0 0 0 | 平 | 0 | |
| | 12 | 记12 | 销售产品 | 1 1 5 2 6 0 0 0 | | 借 | 1 1 5 2 6 0 0 0 | |
| | 18 | 记19 | 销售产品 | 9 0 4 0 0 0 0 | | 借 | 2 0 5 6 6 0 0 0 | |
| | 20 | 记22 | 收到前欠货款 | | 2 0 0 0 0 0 0 0 | 借 | 5 6 6 0 0 0 | 红线 |
| | | | | | | | | |
| | | | | | | | | |

(2) 根据记字 07 号、记字 10 号、记字 17 号凭证登记"应收账款——新天地"明细账,并结出余额,如表 5-47 所示。

表 5-47 应收账款明细账

科目名称:东莞市新天地购物中心公司

| 2020年 | | 凭证编号 | 摘要 | 借方 百十万千百十元角分 | 贷方 百十万千百十元角分 | 借或贷 | 余额 百十万千百十元角分 | |
|---|---|---|---|---|---|---|---|---|
| 月 | 日 | | | | | | | |
| 4 | 1 | | 承前页 | 1 2 5 6 0 0 0 0 | 1 5 7 8 0 0 0 0 | 借 | 3 8 6 2 0 0 0 | |
| | 7 | 记07 | 销售产品 | 1 4 4 6 4 0 0 0 | | 借 | 1 8 3 2 6 0 0 0 | |
| | 10 | 记10 | 收到前欠货款 | | 1 5 0 0 0 0 0 0 | 借 | 3 3 2 6 0 0 0 | |
| | 16 | 记17 | 销售产品 | 1 6 3 2 8 5 0 0 | | 借 | 1 9 6 5 4 5 0 0 | 红线 |

(3) 根据记字 06 号、记字 25 号凭证登记"应收账款——华润百货"明细账,并结出余额,具体如表 5-48 所示。

表 5-48 应收账款明细账

科目名称:上海市华润百货有限公司

| 2019年 | | 凭证编号 | 摘要 | 借方 百十万千百十元角分 | 贷方 百十万千百十元角分 | 借或贷 | 余额 百十万千百十元角分 | |
|---|---|---|---|---|---|---|---|---|
| 月 | 日 | | | | | | | |
| 4 | 1 | | 承前页 | 1 0 6 4 0 0 0 0 | 9 2 3 0 0 0 0 | 借 | 3 5 6 0 0 0 0 | |
| | 6 | 记06 | 销售产品 | 1 6 2 7 2 0 0 0 | | 借 | 1 9 8 3 2 0 0 0 | |
| | 22 | 记25 | 收到前欠货款 | | 1 9 8 3 2 0 0 0 | 平 | 0 | 红线 |

(4) 根据记字 01 号、记字 06 号、记字 07 号、记字 10 号、记字 12 号、记字 17 号、记字

19号、记字22号、记字25号凭证登记"应收账款"总账,并结出余额,具体如表5-49所示。

表5-49 总账

科目名称:应收账款

| 2020年 | | 凭证编号 | 摘 要 | 借方 百十万千百十元角分 | 贷方 百十万千百十元角分 | 借或贷 | 余额 百十万千百十元角分 | |
|---|---|---|---|---|---|---|---|---|
| 月 | 日 | | | | | | | |
| 4 | 1 | | 承前页 | 3 3 2 8 0 0 0 0 | 2 0 3 5 4 0 0 0 | 借 | 1 5 1 4 4 0 0 0 | |
| | 1 | 记01 | 收到前欠货款 | | 7 7 2 2 0 0 0 | | | |
| | 6 | 记06 | 销售产品 | 1 6 2 7 2 0 0 0 | | | | |
| | 7 | 记07 | 销售产品 | 1 4 4 6 4 0 0 0 | | | | |
| | 10 | 记10 | 收到前欠货款 | | 1 5 0 0 0 0 0 0 | | | |
| | 12 | 记12 | 销售产品 | 1 1 5 2 6 0 0 0 | | | | |
| | 16 | 记17 | 销售产品 | 1 6 3 2 8 5 0 0 | | | | |
| | 18 | 记19 | 销售产品 | 9 0 4 0 0 0 0 | | | | |
| | 20 | 记22 | 收到前欠货款 | | 2 0 0 0 0 0 0 0 | | | |
| | 22 | 记25 | 收到前欠货款 | | 1 9 8 3 2 0 0 0 | 借 | 2 0 2 2 0 5 0 0 | 红线 |
| | 30 | | 本月合计 | 6 7 6 3 0 5 0 0 | 6 2 5 5 4 0 0 0 | 借 | 2 0 2 2 0 5 0 0 | 红线 |

(5)月末,编制的应收账款总账与明细账核对表如表5-50所示。

表5-50 总账与明细账核对表

2020年4月

| 会计科目 | | 期初余额 | | 本期发生额 | | 期末余额 | |
|---|---|---|---|---|---|---|---|
| | | 借方 | 贷方 | 借方 | 贷方 | 借方 | 贷方 |
| 总账科目 | 应收账款 | 151 440 | | 676 305 | 625 540 | 202 205 | |
| 明细科目 | 百家百货 | 77 220 | | 205 660 | 277 220 | 5 660 | |
| | 新天地 | 38 620 | | 307 925 | 150 000 | 196 545 | |
| | 华润百货 | 35 600 | | 162 720 | 198 320 | 0 | |
| | 合 计 | 151 440 | | 676 305 | 625 540 | 202 205 | |

审核人:高山　　　　　　　　　　　　　　　　编制人:李一凡

**【注意事项】**

（1）总分类账户的本期借方发生额＝所属明细分类账户本期借方发生额合计。

（2）总分类账户的本期贷方发生额＝所属明细分类账户本期贷方发生额合计。

（3）总分类账户的期初余额＝所属明细分类账户期初余额合计。

（4）总分类账户的期末余额＝所属明细分类账户期末余额合计。

**【知识归纳】**

平行登记的要点：依据相同、期间相同、方向相同和金额相等。

**【自我测试】**

### 一、单项选择题

1. "制造费用""管理费用"明细分类账一般使用的账页格式是（　　）。
   A. 多栏式　　　　B. 三栏式　　　　C. 数量金额式　　　D. 横线登记式

2. "应收账款""应付账款"账户的明细分类核算，其明细账的账页格式一般是（　　）。
   A. 三栏式　　　　B. 多栏式　　　　C. 横线登记式　　　D. 数量金额式

### 二、多项选择题

1. 总账的登记依据包括（　　）。
   A. 记账凭证　　　　　　　　　B. 记账凭证汇总表
   C. 原始凭证　　　　　　　　　D. 原始凭证汇总表

2. 总账与明细账平行登记的要点有（　　）。
   A. 同时登记　　　B. 方向相同　　　C. 金额相同　　　D. 金额相等

3. 总分类账与其所属的明细账平行登记的结果，必然有（　　）。
   A. 总分类账户的本期借方发生额＝所属明细分类账户本期借方发生额合计。
   B. 总分类账户的期初余额＝所属明细分类账户期初余额合计。
   C. 总分类账户的期末余额＝所属明细分类账户期末余额合计。
   D. 总分类账户的本期借方发生额＝所属明细分类账户本期贷方发生额合计。

### 三、判断题

1. 横线登记式明细账，是在账页的同一行内，记录某一项经济业务从发生到结束的所有事项。（　　）

2. 总分类账户与明细分类账户在总金额上必然相等。（　　）

3. 每个单位都必须设置总账。（　　）

### 四、实务题

练习总分类账户和明细分类账户的平行登记。

东莞市花园纸业有限公司2020年6月发生的经济业务如下：

（1）4日，向A企业购入甲材料1 000千克，单价20元/千克，价款20 000元；购入乙材料 3 000 千克,单价 10 元,价款 30 000 元。货物已验收入库,款项 50 000 元已用银行存款支付。(不考虑增值税,下同)

(2) 10 日,向 B 企业购入甲材料 1 800 千克,单价 20 元,价款 36 000 元,货物已验收入库,款项尚未支付。

(3) 13 日,生产车间为生产产品领用材料。其中,领用甲材料 3 000 千克,单价 20 元,价款 60 000 元;领用乙材料 2 500 千克,单价 10 元,价款 25 000 元。

(4) 22 日,以银行存款支付前欠 B 企业购材料款 36 000 元。

(5) 26 日,向 A 企业购入乙材料 800 千克,单价 10 元,价款 8 000 元已用银行存款支付,货物同时验收入库。

要求:

(1) 编制记账凭证。

(2) 登记原材料总账(见表 5-51)及其所属的明细账(见表 5-52、表 5-53),并于月末结账。

**表 5-51　总分类账户**

账户名称:原材料

| 2020 年 | | 凭证号数 | 摘要 | 借方 | 贷方 | 借或贷 | 余额 |
|---|---|---|---|---|---|---|---|
| 月 | 日 | | | | | | |
| 6 | 1 | | 月初余额 | | | 借 | 11 000 |
| | | | | | | | |
| | | | | | | | |
| | | | | | | | |
| | | | | | | | |
| | | | | | | | |

**表 5-52　原材料明细分类账(一)**

明细科目:甲材料　　　　　　　　　　　　　　　　　　　　　　　　数量单位:千克

| 2020 年 | | 凭证号数 | 摘要 | 收入 | | | 发出 | | | 结存 | | |
|---|---|---|---|---|---|---|---|---|---|---|---|---|
| 月 | 日 | | | 数量 | 单价 | 金额 | 数量 | 单价 | 金额 | 数量 | 单价 | 金额 |
| 6 | 1 | | 月初余额 | | | | | | | 300 | 20 | 6 000 |
| | | | | | | | | | | | | |
| | | | | | | | | | | | | |
| | | | | | | | | | | | | |

表 5-53　原材料明细分类账(二)

明细科目：乙材料　　　　　　　　　　　　　　　　　　　　　　　　　数量单位：千克

| 2019年 | | 凭证号数 | 摘要 | 收入 | | | 发出 | | | 结存 | | |
|---|---|---|---|---|---|---|---|---|---|---|---|---|
| 月 | 日 | | | 数量 | 单价 | 金额 | 数量 | 单价 | 金额 | 数量 | 单价 | 金额 |
| 6 | 1 | | 月初余额 | | | | | | | 500 | 10 | 5 000 |
| | | | | | | | | | | | | |
| | | | | | | | | | | | | |
| | | | | | | | | | | | | |
| | | | | | | | | | | | | |

## 任务五　对账和更正错账

### 一、对　账

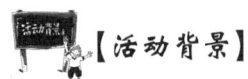
【活动背景】

图 5-16　会计李一凡与出纳员张晴的对话

【活动资料】

【业务 5-12】　2020 年 4 月末，会计李一凡进行账证核对、账账核对、账实核对。

（1）购买材料的发票（见表 5-54）、收料单（见表 5-55）、记账凭证（见表 5-56）、原材料总账（见表 5-57）、应付账款总账（见表 5-58）与其所属的东莞市益能化工有限公司明细账（见表 5-59）核对。

表 5-54　增值税专用发票

广东增值税专用发票　No 07635826

4400174130

机器编码：1239845785412

开票日期：2020 年 04 月 13 日

| 购买方 | 名　称：东莞市京贸塑料制品有限公司　　纳税人识别号：441911792915001　　地　址、电　话：东莞市莞城区学院路287号 22662220　　开户行及账号：建行东莞建业支行1056020040405555678 | 密码区 | （略） |
|---|---|---|---|

| 货物及应税劳务名称 | 规格型号 | 单位 | 数量 | 单价 | 金　额 | 税率 | 税额 |
|---|---|---|---|---|---|---|---|
| *塑料粒料*红色母料 |  | 千克 | 15 | 310.00 | 4 650.00 | 13% | 604.50 |
| 合　　计 |  |  |  |  | ￥4 650.00 |  | ￥604.50 |

价税合计（大写）　⊗伍仟贰佰伍拾肆圆伍角整　　　　　（小写）￥5 254.50

| 销售方 | 名　称：东莞市益能化工有限公司　　纳税人识别号：441911792915002　　地　址、电　话：东莞市桑园狮龙路20号26753300　　开户行及账号：建行东莞桑园支行1056020011112222333 | 备注 | （东莞市益能化工有限公司发票专用章） |
|---|---|---|---|

收款人：张智光　　复核：刘依琳　　开票人：王允　　销货单位：（章）

表 5-55　收料单

2020 年 04 月 13 日　　　　No. 19011163

来料单位：东莞市益能化工有限公司　　发票号 0763826　　2020 年 04 月 13 日收到

| 材料名称 | 送验数量 | 实收数量 | 单位 | 单价 | 买价 | 运杂费 | 成本总额 |  |  |  |  |  |  | 单位成本 |
|---|---|---|---|---|---|---|---|---|---|---|---|---|---|---|
|  |  |  |  |  |  |  | 十万 | 千 | 百 | 十 | 元 | 角 | 分 |  |
| 红色母料 | 15 | 15 | 千克 | 310 | 4 650 | 0 |  | 4 | 6 | 5 | 0 | 0 | 0 | 310 |

备注　　　　　　　　　　　合计￥4 650

验收人：王明　　保管：齐铭　　记账：李一凡　　制单：齐铭

表 5-56 记账凭证(简易)

| 日期 | 凭证字号 | 附件张数 | 摘要 | 会计分录 | 记账 ✓ |
|---|---|---|---|---|---|
| 2020.4.13 | 记13 | 2 | 购买红色母料 | 借：原材料——红色母料　　　　　4 650<br>应交税费——应交增值税(进项税额)<br>　　　　　　　　　　　　　　　604.5<br>贷：应付账款——益能化工　　　5 254.5 | ✓<br>✓<br>✓ |

表 5-57 原材料总账

科目名称：原材料

| 2020年 | | 凭证编号 | 摘要 | 借方 | | | | | | | | 贷方 | | | | | | | | 借或贷 | 余额 | | | | | | | | |
|---|---|---|---|---|---|---|---|---|---|---|---|---|---|---|---|---|---|---|---|---|---|---|---|---|---|---|---|---|---|
| 月 | 日 | | | 百 | 十 | 万 | 千 | 百 | 十 | 元 | 角 | 分 | 百 | 十 | 万 | 千 | 百 | 十 | 元 | 角 | 分 | | 百 | 十 | 万 | 千 | 百 | 十 | 元 | 角 | 分 |
| 4 | 1 | | 承前页 | | | 1 | 2 | 0 | 6 | 1 | 0 | 0 | | | | 9 | 3 | 8 | 0 | 0 | 0 | 借 | | | | 6 | 6 | 2 | 0 | 0 | 0 |
| | 3 | 记03 | 购买聚乙烯 | | | | 1 | 4 | 0 | 0 | 0 | 0 | | | | | | | | | | | | | | | | | | | |
| | 4 | 记04 | 购买聚乙烯 | | | | 1 | 2 | 0 | 0 | 0 | 0 | | | | | | | | | | | | | | | | | | | |
| | 11 | 记11 | 购买聚丙烯 | | | | | 5 | 0 | 0 | 0 | 0 | | | | | | | | | | | | | | | | | | | |
| | 13 | 记13 | 购买红色母料 | | | | 4 | 6 | 5 | 0 | 0 | 0 | | | | | | | | | | | | | | | | | | | |
| | 14 | 记14 | 购买红色母料 | | | | 6 | 2 | 0 | 0 | 0 | 0 | | | | | | | | | | | | | | | | | | | |
| | 15 | 记15 | 购买黄色母料 | | | | 8 | 7 | 0 | 0 | 0 | 0 | | | | | | | | | | | | | | | | | | | |
| | 30 | 记32 | 结转发出材料成本 | | | | | | | | | | | | | 9 | 2 | 6 | 0 | 0 | 0 | 借 | | | | 2 | 4 | 1 | 3 | 0 | 0 | 红线 |
| | 30 | | 本月合计 | | | | 5 | 0 | 5 | 5 | 0 | 0 | | | | 9 | 2 | 6 | 0 | 0 | 0 | 借 | | | | 2 | 4 | 1 | 3 | 0 | 0 | 红线 |

(2) 应付账款总账(见表 5-58)与其所属的东莞市益能化工有限公司明细账(见表 5-59)核对。

表 5-58 应付账款总账

科目名称：应付账款

| 2020年 | | 凭证编号 | 摘要 | 借方 | | | | | | | | 贷方 | | | | | | | | 借或贷 | 余额 | | | | | | | | |
|---|---|---|---|---|---|---|---|---|---|---|---|---|---|---|---|---|---|---|---|---|---|---|---|---|---|---|---|---|---|
| 月 | 日 | | | 百 | 十 | 万 | 千 | 百 | 十 | 元 | 角 | 分 | 百 | 十 | 万 | 千 | 百 | 十 | 元 | 角 | 分 | | 百 | 十 | 万 | 千 | 百 | 十 | 元 | 角 | 分 |
| 4 | 1 | | 承前页 | | | 1 | 3 | 2 | 8 | 6 | 0 | 0 | | | 1 | 0 | 3 | 5 | 0 | 0 | 0 | 贷 | | | | 4 | 6 | 8 | 0 | 0 | 0 |
| | 4 | 记04 | 购买聚乙烯 | | | | | | | | | | | | | 1 | 3 | 5 | 6 | 0 | 0 | | | | | | | | | | | |
| | 11 | 记11 | 购买聚丙烯 | | | | | | | | | | | | | | 5 | 6 | 5 | 0 | 0 | | | | | | | | | | | |
| | 13 | 记13 | 购买红色母料 | | | | | | | | | | | | | | 5 | 0 | 5 | 4 | 5 | | | | | | | | | | | |
| | 14 | 记14 | 购买红色母料 | | | | | | | | | | | | | | 6 | 7 | 8 | 0 | 0 | | | | | | | | | | | |
| | 15 | 记15 | 购买黄色母料 | | | | | | | | | | | | | | 9 | 8 | 3 | 1 | 0 | 0 | | | | | | | | | | |
| | 23 | 记26 | 分配水费 | | | | | | | | | | | | | | 3 | 0 | 0 | 0 | 0 | | | | | | | | | | | |
| | 23 | 记27 | 分配电费 | | | | | | | | | | | | | | 9 | 3 | 0 | 0 | 0 | | | | | | | | | | | |
| | 25 | 记28 | 支付水费 | | | | | 3 | 0 | 0 | 0 | 0 | | | | | | | | | | | | | | | | | | | | |
| | 25 | 记29 | 支付电费 | | | | | 9 | 3 | 0 | 0 | 0 | | | | | | | | | | 贷 | | | | 8 | 7 | 6 | 7 | 5 | 5 | 0 | 红线 |
| | 30 | | 本月合计 | | | | 1 | 2 | 3 | 0 | 0 | 0 | | | | 5 | 3 | 1 | 7 | 5 | 5 | 0 | 贷 | | | | 8 | 7 | 6 | 7 | 5 | 5 | 0 | 红线 |

表 5-59　应付账款明细账

科目名称：东莞市益能化工有限公司

| 2020年 | | 凭证编号 | 摘要 | 借方 百十万千百十元角分 | 贷方 百十万千百十元角分 | 借或贷 | 余额 百十万千百十元角分 | |
|---|---|---|---|---|---|---|---|---|
| 月 | 日 | | | | | | | |
| 4 | 1 | | 承前页 | 5 5 2 8 0 0 0 | 6 7 3 0 0 0 0 0 | 贷 | 2 8 2 0 0 0 0 | |
| | 4 | 记04 | 购买聚乙烯 | | 1 3 5 6 0 0 0 | 贷 | 4 1 7 6 0 0 0 | |
| | 13 | 记13 | 购买红色母料 | | 5 2 5 4 5 0 | 贷 | 4 7 0 1 4 5 0 | |
| | 15 | 记15 | 购买黄色母料 | | 9 8 3 1 0 0 | 贷 | 5 6 8 4 5 5 0 | 红线 |

（3）会计李一凡根据"应付账款——广州石油化工有限公司"明细账，填写询证函（见表 5-60），送至广州石油化工有限公司，以核对应付账款的数额。

表 5-60　询证函

## 询证函

致：广州石油化工有限公司

　　本公司为复核账目，现询证本公司与贵公司的往来项目。下列数据出自本公司账簿记录，如与贵公司记录相符，请在"数据证明无误"处签章；如有不符，请在"数据不符需加说明事项"处详为指正。（本函仅为复核账目之用，并非还款结算）

| 截止日期 | 贵公司欠 | 欠贵公司 | 备注 |
|---|---|---|---|
| 2020.4.20 | | 31 704 元 | |

若项目在上述日期之后已经付清，仍请及时复函为盼。

[东莞市京贸塑料制品有限公司 财务专用章]

公司印鉴＿＿＿＿＿＿

数据证明无误

[广州石油化工有限公司财务专用章]

签章＿＿＿＿＿＿＿＿＿　　　　　　　　日期 2020.4.22

数据不符需加说明事项

签章＿＿＿＿＿＿＿＿＿　　　　　　　　日期＿＿＿＿＿＿＿

【活动指导】

【指导业务 5-12】　各单位应当定期对会计账簿记录的有关数字与库存实物、货币资金、有价证券、往来款项等进行核对，以保证账证相符、账账相符、账实相符。对账工作每年至少进行一次。对账就是核对账目。对账的主要内容有以下几点。

1. 账证核对(见表 5-54、表 5-55、表 5-56、表 5-57)

账证核对是指账簿记录与记账凭证及其所附的原始凭证核对。账证核对在日常记账过程中就应进行,以便及时发现错账进行更正。这是保证账账相符、账实相符的基础。

2. 账账核对(见表 5-58、表 5-59)

账账核对是指对各种账簿之间的相关数字进行核对。其核对内容主要包括:

(1) 所有总账本期借方发生额合计与其所属明细账借方发生额合计是否相等。

(2) 所有总账本期贷方发生额合计与其所属明细账贷方发生额合计是否相等(可查出应付账款总账的错误)。

(3) 所有总账余额合计与其所属明细账余额合计是否相符。

(4) 库存现金总账、银行存款总账与现金日记账、银行存款日记账核对相符。

(5) 会计部门的财产物资明细账与财产物资保管、使用部门的有关明细账核对相符。

3. 账实核对

账实核对是指将账面结存数与财产物资、往来款项等的实际结存数核对。这种核对是通过财产清查进行的。其核对内容包括:

(1) 现金日记账的账面余额每天与现金实际库存数核对。

(2) 银行存款日记账的账面余额至少每月与银行对账单核对。

(3) 财产物资明细账的账面余额与其实存数核对。

(4) 各种应收、应付款项明细账账面余额与有关债权、债务单位或者个人核对,主要采用发函询证法进行(见表 5-60)。

【知识归纳】

对账工作每年至少进行一次。对账的内容包括账证核对、账账核对、账实核对。

## 二、更正错账

【活动背景】

图 5-17 财务主管高山与会计李一凡的对话

# 【活动资料】

**【业务 5-13】** 东莞市京贸塑料制品有限公司会计李一凡 4 月末结账前发现以下错账业务。

（1）应付账款总账（见表 5-58）与其所属的东莞市益能化工有限公司明细账（见表 5-59）核对后，再查看记账凭证（见表 5-61），证实只是在登总账时出现笔误。

表 5-61 记账凭证（简易）

| 日期 | 凭证字号 | 附件张数 | 摘要 | 会计分录 | 记账 √ |
|---|---|---|---|---|---|
| 2020.4.13 | 记 13 | 2 | 购买材料 | 借：原材料——红色母料　4 650<br>　　应交税费——应交增值税（进项税额）<br>　　　　　　　　　　　　　　604.5<br>贷：应付账款——益能化工　5 254.5 | √<br><br>√<br><br>√ |

（2）核对记账凭证与购货发票后，发现记账凭证的借贷会计科目正确，但所记录的金额小于发票 200 元，具体如表 5-62、表 5-63 所示。

表 5-62 增值税专用发票

| | | 广东增值税专用发票 | | | No 060235 | |
|---|---|---|---|---|---|---|
| 4400174130 | | | | | | |
| 机器编码：8543254698125 | | | | 开票日期：2020 年 04 月 14 日 | | |
| 购买方 | 名　　称：东莞市京贸塑料制品有限公司<br>纳税人识别号：441911792915001<br>地址、电话：东莞市莞城区学院路287号 22662220<br>开户行及账号：建行东莞建业支行1056020040405555678 | | | 密码区 | （略） | 第三联 发票联 购货方记账凭证 |
| 货物及应税劳务名称 | 规格型号 | 单位 | 数量 | 单价 | 金　额 | 税率 | 税额 |
| *塑料粒料*红色母料 | | 千克 | 20 | 310.00 | 6 200.00 | 13% | 806.00 |
| 合　　计 | | | | | ¥6 200.00 | | ¥806.00 |
| 价税合计（大写） | ⊗柒仟零陆圆整 | | | | （小写）¥7 006.00 | | |
| 销售方 | 名　　称：广州石油化工有限公司<br>纳税人识别号：440101179291601<br>地址、电话：广州市大金钟路239号020-87031065<br>开户行及账号：中国农业银行广州龙洞支行334908971111 | | | 备注 | | |

收款人：李四　　　复核：刘琳　　　开票人：王海　　　销货单位：（章）

表 5-63　记账凭证(简易)

| 日期 | 凭证字号 | 附件张数 | 摘要 | 会计分录 | 记账√ |
|---|---|---|---|---|---|
| 2020.4.14 | 记 14 | 2 | 购买红色母料 | 借：原材料——红色母料　　6 000<br>　　应交税费——应交增值税(进项税额)　　780<br>　贷：应付账款——石油化工　　6 780 | √<br>√<br>√ |

（3）核对记账凭证与购货发票后，发现记账凭证的借贷会计科目正确，但所记录的金额大于发票 300 元，具体如表 5-64、表 5-65 所示。

表 5-64　增值税专用发票

| 4400174130 | | | | | 广东增值税专用发票<br>发票联 | | | No 07603830<br>开票日期：2020 年 04 月 15 日 | |
|---|---|---|---|---|---|---|---|---|---|
| 机器编码：1255422356144 | | | | | | | | | |
| 购买方 | 名　称：东莞市京贸塑料制品有限公司<br>纳税人识别号：441911792915001<br>地址、电话：东莞市莞城区学院路287号 22662220<br>开户行及账号：建行东莞建业支行1056020040405555678 | | | | | 密码区 | | （略） | |
| 货物及应税劳务名称 | 规格型号 | 单位 | 数量 | 单价 | 金　额 | | 税率 | 税额 | |
| *塑料粒料*黄色母料 | | 千克 | 20 | 420.00 | 8 400.00 | | 13% | 1 092.00 | |
| 合　　计 | | | | | ￥8 400.00 | | | ￥1 092.00 | |
| 价税合计（大写） | ⊗玖仟肆佰玖拾贰圆整 | | | | | | （小写）￥9 492.00 | | |
| 销售方 | 名　称：东莞市益能化工有限公司<br>纳税人识别号：441911792915002<br>地址、电话：东莞市桑园狮龙路20号26753300<br>开户行及账号：建行东莞桑园支行1056020011112222333 | | | | | 备注 | 东莞市益能化工有限公司<br>441911792915002<br>发票专用章 | | |
| 收款人：张智光　　　复核：刘依琳　　　开票人：王允　　　销货单位：（章） | | | | | | | | | |

表 5-65　记账凭证(简易)

| 日期 | 凭证字号 | 附件张数 | 摘要 | 会计分录 | 记账√ |
|---|---|---|---|---|---|
| 2020.4.15 | 记 15 | 2 | 购买黄色母料 | 借：原材料——黄色母料　　8 700<br>　　应交税费——应交增值税(进项税额)　　1 131<br>　贷：应付账款——益能化工　　9 831 | √<br>√<br>√ |

(4) 核对记账凭证与工资分配表后,发现记账凭证借方科目误记入"生产成本"账户,从而造成错账,具体如表5-66、表5-67所示。

**表5-66 工资分配表**

2020年4月30日　　　　　　　　　　　　　　　　　　　　　　　　　　　　单位:元

| 部门 | | 应借科目 | 金额 | 备注 |
|---|---|---|---|---|
| 生产车间 | 饭盒生产组 | 生产成本 | 17 500 | |
| | 密封盒生产组 | 生产成本 | 16 750 | |
| | 水杯生产组 | 生产成本 | 15 050 | |
| | 管理人员 | 制造费用 | 9 600 | |
| 销售人员 | | 销售费用 | 8 900 | |
| 行政管理人员 | | 管理费用 | 25 700 | |
| 合计 | | | 93 500 | |

**表5-67 记账凭证(简易)**

| 日期 | 凭证字号 | 附件张数 | 摘要 | 会计分录 | 记账 √ |
|---|---|---|---|---|---|
| 2020.4.30 | 记30 | 1 | 分配工资 | 借:生产成本——饭盒(直接人工)　　17 500　　　　　　生产成本——密封盒(直接人工)　　16 750　　　　　　生产成本——水杯(直接人工)　　15 050　　　　　　生产成本——制造费用　9 600　　　　　　销售费用——职工薪酬　8 900　　　　　　管理费用——职工薪酬　25 700　　　　贷:应付职工薪酬　　　　　93 500 | √ √ √ √ √ √ √ |

【活动指导】

**【指导业务5-13】** 错账更正。

(1) 应付账款总账(见表5-58)与其所属的东莞市益能化工有限公司明细账(见5-59)核对后,再查看记账凭证(见表5-61),证实只是在登总账时出现笔误,应采用划线更正法更正应付账款总账记录(见表5-68)。

表 5-68　总账

科目名称：应付账款

| 2020 | | 凭证编号 | 摘要 | 借方 | | | | | | | | 贷方 | | | | | | | | 借或贷 | 余额 | | | | | | | |
|---|---|---|---|---|---|---|---|---|---|---|---|---|---|---|---|---|---|---|---|---|---|---|---|---|---|---|---|---|
| 月 | 日 | | | 百 | 十 | 万 | 千 | 百 | 十 | 元 | 角 | 分 | 百 | 十 | 万 | 千 | 百 | 十 | 元 | 角 | 分 | | 百 | 十 | 万 | 千 | 百 | 十 | 元 | 角 | 分 |
| 4 | 1 | | 承前页 | | | 1 | 3 | 2 | 8 | 6 | 0 | 0 | | | 1 | 0 | 3 | 5 | 0 | 0 | 0 | 贷 | | | | 4 | 6 | 8 | 0 | 0 | 0 |
| | 4 | 记04 | 购买聚乙烯 | | | | | | | | | | | | | 1 | 3 | 5 | 6 | 0 | 0 | | | | | | | | | | |
| | 11 | 记11 | 购买聚丙烯 | | | | | | | | | | | | | | 5 | 6 | 5 | 0 | 0 | | | | | | | | | | |
| | 13 | 记13 | 购买红色母料 | | | | | | | | | | | | | | 5 | 2 | 5 | 4 | 5 | 0 | | | | | | | | | |
| | | | | | | | | | | | | | | | | | 5 | 0 | 6 | 4 | 5 | 0 | | | | | | | | | |
| | 14 | 记14 | 购买红色母料 | | | | | | | | | | | | | | 6 | 7 | 8 | 0 | 0 | | | | | | | | | | |

（2）核对记账凭证与购货发票后，发现记账凭证的借贷会计科目正确，但所记录的金额小于发票 200 元，应采用补充登记法更正错账，即按照少记金额 200 元（6 200－6 000）填制记账凭证（见表 5-69），并据以登记原材料、应付账款总账和明细账（略）。

表 5-69　记账凭证（简易）

| 日期 | 凭证字号 | 附件张数 | 摘要 | 会计分录 | 记账 √ |
|---|---|---|---|---|---|
| 2020.4.30 | 记38 | / | 补充 4 月 14 日记字 14 号凭证 | 借：原材料——红色母料　　　　200<br>　贷：应付账款——益能化工　　　200 | √<br>√ |

（3）核对记账凭证与购货发票后，发现记账凭证的借贷会计科目正确，但所记录的金额大于发票 300 元，应采用红字更正法更正错账，即按照多记金额 300 元（8 700－8 400）填制记账凭证（见表 5-70），并据以登记原材料、应付账款总账和明细账（略）。

表 5-70　记账凭证（简易）

| 日期 | 凭证字号 | 附件张数 | 摘要 | 会计分录 | 记账 √ |
|---|---|---|---|---|---|
| 2020.4.30 | 记39 | / | 冲销 4 月 15 日记字 15 号凭证 | 借：原材料——黄色母料　　　　300<br>　贷：应付账款——益能化工　　　300 | √<br>√ |

（4）核对记账凭证与工资分配表后，发现记账凭证借方科目误记入"生产成本"账户，造成错账（见表 5-66、表 5-67），应采用红字更正法更正，即用红字填制一张与原错误记账凭证相同的凭证（见表 5-71），并据以登记生产成本明细账、管理费用明细账、销售费用明细账和应付职工薪酬总账冲销错误记录（略）。同时填制一张正确的记账凭证（见表 5-72），并据以登记生产成本明细账、制造费用明细账、管理费用明细账、销售费用明细账和应付职工薪酬总账（略）。

表 5-71 记账凭证(简易)

| 日期 | 凭证字号 | 附件张数 | 摘要 | 会计分录 | 记账 √ |
|---|---|---|---|---|---|
| 2020.4.30 | 记 40 | / | 冲销 4 月 30 日记字 30 号凭证 | 借:生产成本——饭盒(直接人工)    17 500<br>    生产成本——密封盒(直接人工)<br>                              16 750<br>    生产成本——水杯(直接人工)  15 050<br>    生产成本——制造费用         9 600<br>    销售费用——职工薪酬         8 900<br>    管理费用——职工薪酬        25 700<br>  贷:应付职工薪酬              93 500 | √<br>√<br>√<br>√<br>√<br>√<br>√ |

表 5-72 记账凭证(简易)

| 日期 | 凭证字号 | 附件张数 | 摘要 | 会计分录 | 记账 √ |
|---|---|---|---|---|---|
| 2020.4.30 | 记 41 | / | 订正 4 月 30 日记字 30 号凭证 | 借:生产成本——饭盒(直接人工)    17 500<br>    生产成本——密封盒(直接人工)<br>                              16 750<br>    生产成本——水杯(直接人工)  15 050<br>    制造费用——职工薪酬         9 600<br>    销售费用——职工薪酬         8 900<br>    管理费用——职工薪酬        25 700<br>  贷:应付职工薪酬              93 500 | √<br>√<br>√<br>√<br>√<br>√<br>√ |

【知识归纳】

错账更正方法如表 5-73 所示。

表 5-73 错账更正方法

| 错账更正方法 | 适用范围 | 更正方法 |
|---|---|---|
| 划线更正法 | 编制的记账凭证没有错误,而是在登记账簿时发生错误 | ① 在错误的文字或数字上画一条红色横线注销<br>② 在画线的正上方用蓝黑字或黑字填写正确的文字或数字,并由更正人员在更正处盖章 |
| 红字更正法 | 记账后,编制的记账凭证会计科目错误或者方向错误而导致账簿记录错误 | ① 先用红字填制一张与原错记记账凭证内容完全相同的记账凭证,并据以登记入账,冲销原有错误的账簿记录<br>② 用蓝字凭证填制一张正确的记账凭证,并据以登记入账,更正账簿记录 |
| | 记账后,编制的记账凭证中会计科目和方向没有错误,所记金额大于应记的金额 | 将多记的金额用红字填制一张记账凭证,与原错记记账凭证所记载的应借应贷会计科目相同,并据以登记入账,以冲销多记金额 |
| 补充登记法 | 记账后,编制的记账凭证中的会计科目和方向没有错误,所填金额小于应记金额 | 按少记金额用蓝字填制一张记账凭证,与原错误凭证所记载的应借应贷会计科目相同,并据以登记入账,以补记少记金额 |

【自我测试】

一、单项选择题

1. 下列对账工作中,属于账实核对的是( )。
   A. 企业银行存款日记账与银行对账单核对
   B. 总分类账与所属明细分类账核对
   C. 会计部门的财产物资明细账与财产物资保管部门的有关明细账相核对
   D. 总分类账与日记账核对

2. 采用补充登记法,是因为( )导致账簿错误。
   A. 记账凭证上会计科目错误
   B. 记账凭证上记账方向错误
   C. 记账凭证上会计科目或记账方向正确,所记金额大于应记金额
   D. 记账凭证上会计科目或记账方向正确,所记金额小于应记金额

3. 更正错账时,划线更正法的适用范围是( )。
   A. 记账凭证上会计科目或记账方向错误,导致账簿记录错误
   B. 记账凭证正确,在记账时发生错误,导致账簿记录错误
   C. 记账凭证上会计科目或记账方向正确,所记金额大于应记金额,导致账簿记录错误
   D. 记账凭证上会计科目或记账方向正确,所记金额小于应记金额,导致账簿记录错误

4. 在月末结账前发现所填制的记账凭证将科目方向记反,并已过账。按照有关规定,更正时应采用的错账更正方法最好是( )。
   A. 划线更正法    B. 平行登记法    C. 补充登记法    D. 红字更正法

5. 在月末结账前发现所填制的记账凭证无误,根据记账凭证登记账簿时,将1 568元误记为1 586元,按照有关规定,更正时应采用错账更正方法是( )。
   A. 划线更正法    B. 平行登记法    C. 补充登记法    D. 红字更正法

6. 记账以后,发现记账凭证应借应贷的账户名称和借贷方向正确,但所填写的金额小于应记金额,应采用的更正方法是( )。
   A. 划线更正法    B. 平行登记法    C. 补充登记法    D. 余额调节法

二、多项选择题

1. 对账的内容包括( )。
   A. 证证核对    B. 账证核对    C. 账账核对    D. 账款核对

2. ( )属于账实核对的工作内容。
   A. 现金日记账的账面余额与实际库存数核对
   B. 银行存款日记账账面余额与银行对账单核对
   C. 各种债权、债务明细账账面余额与有关单位(或个人)核对

D. 各种财产物资实有数与相应明细账核对

3. 采用红字更正法更正错误时,应( )。

A. 将账簿上错误的地方用蓝色线划去

B. 用红字金额填写一张与错误凭证内容完全相同的记账凭证

C. 用红字金额登记入账

D. 用蓝字填制一张正确的记账凭证,再登记入账

### 三、判断题

1. 对账也包括账表核对。 ( )
2. 账账核对是指企业银行存款日记账与银行对账单的核对。 ( )
3. 会计部门各种财产物资明细分类账期末余额,与财产物资使用、保管部门的有关财产物资明细分类账期末余额进行核对,属于账账核对的内容。 ( )

### 四、实务题

东莞市花园纸业有限公司在月末结账前发现以下错账业务。

1. 2020年6月12日收到甲公司偿还的前欠货款100 000元,记账凭证填制如表5-74所示,在登记"应收账款"账户时,误登记金额为10 000元。

表5-74 记账凭证(简易)

| 日期 | 凭证字号 | 附件张数 | 摘要 | 会计分录 | 记账√ |
|---|---|---|---|---|---|
| 2020.6.12 | 记15 | 1 | 收回前欠货款 | 借:银行存款 100 000<br>  贷:应收账款——甲公司 100 000 | √<br>√ |

2. 2020年6月18日支付广告费21 000元,记账凭证填制如表5-75所示,并已入账。

表5-75 记账凭证(简易)

| 日期 | 凭证字号 | 附件张数 | 摘要 | 会计分录 | 记账√ |
|---|---|---|---|---|---|
| 2020.6.18 | 记20 | 1 | 支付广告费 | 借:销售费用——广告费 12 000<br>  贷:银行存款 12 000 | √<br>√ |

3. 2020年6月22日生产甲产品领用A材料103 000元,记账凭证填制如表5-76所示,并已入账。

表5-76 记账凭证

| 日期 | 凭证字号 | 附件张数 | 摘要 | 会计分录 | 记账√ |
|---|---|---|---|---|---|
| 2020.6.22 | 记23 | 1 | 领用材料 | 借:制造费用 13 000<br>  贷:原材料——A材料 13 000 | √<br>√ |

要求:

(1) 指出应采用的更正方法。
(2) 对错账进行更正。
(说明：仅填制更正的记账凭证,记账略。)

## 任务六　会计核算程序

【活动背景】

图 5-18　财务主管高山与会计李一凡的对话

【活动资料】

【业务 5-14】　假如东莞市京贸塑料制品有限公司采用记账凭证核算程序,请会计李一凡根据 4 月填制的记账凭证逐笔登记总账。

【业务 5-15】　假如东莞市京贸塑料制品有限公司采用科目汇总表核算程序,请会计李一凡根据 4 月 1 日至 4 月 10 日填制的记账凭证(见表 5-77),编制科目汇总表,再根据科目汇总表登记总账。

表 5-77　记账凭证

| 日期 | 凭证字号 | 附件张数 | 摘要 | 会计分录 | 记账 √ |
|---|---|---|---|---|---|
| 2020.4.1 | 记 01 | 1 | 收到前欠货款 | 借：银行存款　　　　　　　77 220<br>　贷：应收账款——百家百货　77 220 | √ |
| 2020.4.1 | 记 02 | 1 | 借入短期借款 | 借：银行存款　　　　　　　100 000<br>　贷：短期借款　　　　　　　100 000 | √ |

(续表)

| 日期 | 凭证字号 | 附件张数 | 摘要 | 会计分录 | 记账√ |
|---|---|---|---|---|---|
| 2020.4.3 | 记03 | 3 | 购买聚乙烯 | 借：原材料——聚乙烯　　　　14 000<br>　　应交税费——应交增值税（进项税额）<br>　　　　　　　　　　　　　　1 820<br>　贷：银行存款　　　　　　　　15 820 | √ |
| 2020.4.4 | 记04 | 2 | 购买聚乙烯 | 借：原材料——聚乙烯　　　　12 000<br>　　应交税费——应交增值税（进项税额）<br>　　　　　　　　　　　　　　1 560<br>　贷：应付账款——益能化工　13 560 | √ |
| 2020.4.5 | 记05 | 1 | 购买办公用品 | 借：管理费用——办公费　　　　150<br>　贷：库存现金　　　　　　　　　150 | √ |
| 2020.4.06 | 记06 | 2 | 销售产品 | 借：应收账款——华润百货 162 720<br>　贷：主营业务收入　　　　　144 000<br>　　　应交税费——应交增值税（销项税额）<br>　　　　　　　　　　　　　18 720 | √ |
| 2020.4.07 | 记07 | 2 | 销售产品 | 借：应收账款——新天地　　144 640<br>　贷：主营业务收入　　　　　128 000<br>　　　应交税费——应交增值税（销项税额）<br>　　　　　　　　　　　　　16 640 | √ |
| 2020.4.8 | 记08 | 1 | 提现备发工资 | 借：库存现金　　　　　　　　93 500<br>　贷：银行存款　　　　　　　　93 500 | √ |
| 2020.4.8 | 记09 | 2 | 发放工资 | 借：应付职工薪酬　　　　　　93 500<br>　贷：库存现金　　　　　　　　93 500 | √ |
| 2020.4.10 | 记10 | 1 | 收到前欠货款 | 借：银行存款　　　　　　　150 000<br>　贷：应收账款——新天地　150 000 | √ |

【活动指导】

**【指导业务5-14】** 记账凭证核算程序。

记账凭证核算程序是指直接根据各种记账凭证逐笔登记总账的会计核算程序，是最基本的会计核算程序。

（1）记账凭证核算程序的基本内容，如表5-78所示。

表5-78　记账凭证核算程序（一）

| 项目 | 内容 |
|---|---|
| 会计凭证设置 | 在复式记账中，可以采用通用记账凭证，也可以采用专用记账凭证（收款凭证、付款凭证和转账凭证） |
| 会计账簿设置 | ① 序时账簿设有现金日记账和银行日记账，其格式一般采用三栏式，也可采用多栏式<br>② 总账一般采用三栏式<br>③ 明细账根据需要可采用三栏式、数量金额式、多栏式或横线登记式 |

(2) 记账凭证核算程序的特点、优缺点和适用范围,如表5-79所示。

表5-79 记账凭证核算程序(二)

| 项目 | 内容 |
| --- | --- |
| 特点 | 根据记账凭证直接逐笔登记总分类账 |
| 优点 | 手续简便,易于掌握,并且在账簿中能反映经济业务的来龙去脉,直观地反映会计处理的全过程 |
| 缺点 | 由于登记总账是根据记账凭证逐笔登记的,如果企业规模大,经济业务量多,那么登记总账的工作量就很大 |
| 适用范围 | 一般适用于规模小、经济业务量较少的单位 |

(3) 记账凭证会计核算程序的基本流程,如图5-19所示。根据原始凭证或原始凭证汇总表填制记账凭证;根据收款凭证、付款凭证逐笔登记现金日记账和银行存款日记账;根据原始凭证和记账凭证,登记各种明细分类账;根据记账凭证直接逐笔登记总分类账;月终,将现金日记账、银行存款日记账的余额及各种明细分类账的余额合计数,分别与总分类账中有关账户余额核对;月终,根据核对无误的总分类账和各种明细分类账的记录,编制财务报表。

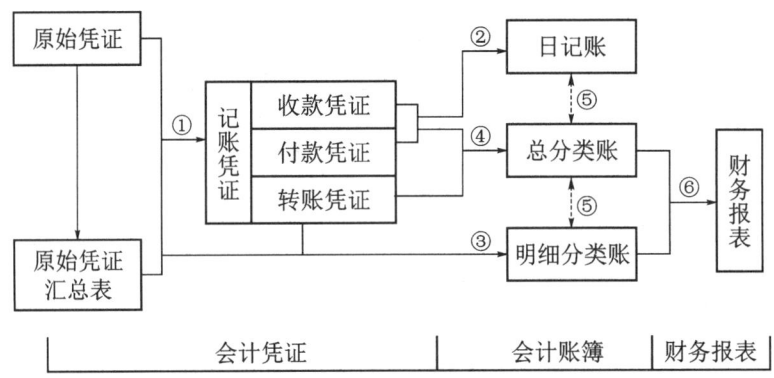

图5-19 记账凭证核算程序流程图

【指导业务5-15】 科目汇总表核算程序。

科目汇总表核算程序,又称记账凭证汇总表核算程序,是根据记账凭证定期编制科目汇总表,再根据科目汇总表登记总分类账的一种会计核算程序。

(1) 科目汇总表核算程序的基本内容,如表5-80所示。

表5-80 科目汇总表核算程序(一)

| 项目 | 内容 |
| --- | --- |
| 会计凭证设置 | 在复式记账中,可以采用通用记账凭证,也可以采用专用记账凭证(收款凭证、付款凭证和转账凭证),还应定期编制科目汇总表 |

(续表)

| 项目 | 内容 |
|---|---|
| 会计账簿设置 | ① 序时账簿设有现金日记账和银行日记账,其格式一般采用三栏式,也可采用多栏式<br>② 总账一般采用三栏式<br>③ 明细账根据需要可采用三栏式、数量金额式、多栏式或横线登记式 |

(2) 科目汇总表核算程序的特点、优缺点和适用范围,如表5-81所示。

表5-81 科目汇总表核算程序(二)

| 项目 | 内容 |
|---|---|
| 特点 | 先根据记账凭证按各个科目定期归类、汇总编制科目汇总表,再根据科目汇总表登记总账 |
| 优点 | 减少了登记总分类账的工作量,并可做到试算平衡 |
| 缺点 | 科目汇总表不能反映账户之间的对应关系,不便于查对账目 |
| 适用范围 | 适用于规模较大,业务量较多的单位 |

(3) 科目汇总表的编制方法。科目汇总表是根据记账凭证汇总编制而成的。它根据一定时期内的全部记账凭证,按相同的会计科目进行归类,分借、贷方定期(如5天、10天或一个月)汇总每一会计科目的本期发生额,并填写在科目汇总表的借方发生额和贷方发生额栏内。以此反映全部会计科目在一定期间的借、贷方发生额。

(4) 科目汇总表核算程序的基本流程,如图5-20所示。

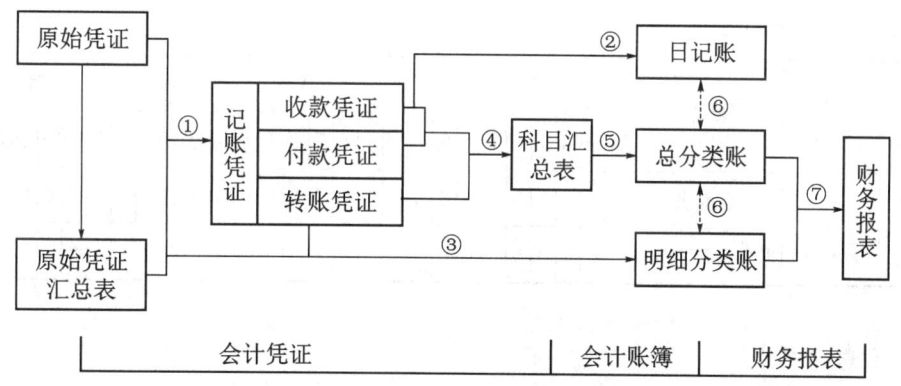

图5-20 科目汇总表核算程序流程图

根据原始凭证或原始凭证汇总表,填制记账凭证(包括收款凭证、付款凭证和转账凭证);根据收款凭证、付款凭证逐笔登记现金日记账和银行存款日记账;根据原始凭证、原始凭证汇总表和记账凭证,登记明细分类账;根据记账凭证汇总编制科目汇总表(见表5-82);根据科目汇总表登记总分类账(以库存现金为例,表5-83);将现金日记账、银行存款日记账和明细分类账的余额同有关总分类账的余额核对后,若相符,再根据总分类账和明细分类账的记录,编制财务报表。

表 5-82  科目汇总表

2020 年 4 月 1 日至 10 日　　　　　　　　　　　　　　　　　　　　　　　　单位:元

| 科目 | 借方发生额 | 贷方发生额 |
| --- | --- | --- |
| 库存现金 | 93 500 | 93 650 |
| 银行存款 | 327 220 | 109 320 |
| 应收账款 | 307 360 | 227 220 |
| 原材料 | 26 000 | |
| 应付账款 | | 13 560 |
| 应付职工薪酬 | 93 500 | |
| 应交税费 | 3 380 | 35 360 |
| 主营业务收入 | | 272 000 |
| 管理费用 | 150 | |
| 短期借款 | | 100 000 |
| 合计 | 851 110 | 851 110 |

表 5-83  总账

科目名称:库存现金

| 2020 | | 凭证编号 | 摘要 | 借方 | | | | | | | | 贷方 | | | | | | | | 借或贷 | 余额 | | | | | | | |
| --- | --- | --- | --- | --- | --- | --- | --- | --- | --- | --- | --- | --- | --- | --- | --- | --- | --- | --- | --- | --- | --- | --- | --- | --- | --- | --- | --- | --- |
| 月 | 日 | | | 百 | 十 | 万 | 千 | 百 | 十 | 元 | 角 | 分 | 百 | 十 | 万 | 千 | 百 | 十 | 元 | 角 | 分 | | 百 | 十 | 万 | 千 | 百 | 十 | 元 | 角 | 分 |
| 4 | 1 | | 承前页 | | 1 | 0 | 8 | 5 | 2 | 0 | 0 | 0 | | 1 | 0 | 6 | 2 | 5 | 0 | 0 | 0 | 借 | | | | 9 | 5 | 0 | 0 | 0 | 0 |
| 4 | 10 | 科汇1 | 据科目汇总表1 | | | 9 | 3 | 5 | 0 | 0 | 0 | 0 | | | 9 | 3 | 6 | 5 | 0 | 0 | 0 | 借 | | | | 9 | 3 | 5 | 0 | 0 | 0 |

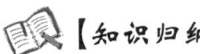

【注意事项】

在实际工作中,各单位应根据企业本身的业务性质、规模大小、管理要求以及经济活动的繁简程度,选择、确定适应本单位的会计核算程序,同一会计主体只能采用一种会计核算程序。

【知识归纳】

记账凭证核算程序和科目汇总表核算程序的区别,如表 5-84 所示。

表 5-84  记账凭证核算程序和科目汇总表核算程序的区别

| 会计核算程序 | 特点 | 优点 | 缺点 | 适用范围 |
|---|---|---|---|---|
| 记账凭证核算程序 | 直接根据记账凭证逐笔登记总分类账 | 简单明晰,易于理解掌握,便于查账 | 登记总分类账的工作量较大 | 规模较小、业务量较少的单位 |
| 科目汇总表核算程序 | 根据记账凭证定期编制科目汇总表,再根据科目汇总表登记总分类账 | 减轻了登记总账的工作量,并可利用科目汇总表进行发生额的试算平衡 | 不能反映账户之间的对应关系,不便于查账 | 规模较大、业务量较多的单位 |

## 【自我测试】

### 一、单项选择题

1. 各种会计核算程序的主要区别是(    )。
   A. 填制记账凭证的依据不同　　B. 登记明细账的依据不同
   C. 登记总账的依据和方法不同　D. 编制会计报表的依据和方法不同
2. 最基本的会计核算程序是(    )。
   A. 记账凭证核算程序　　　　　B. 科目汇总表核算程序
   C. 汇总记账凭证核算程序　　　D. 日记总账核算程序
3. 记账凭证核算程序适用于(    )。
   A. 业务量多的单位　　　　　　B. 业务量少的单位
   C. 规模大的企业　　　　　　　D. 所有企业、事业单位

### 二、多项选择题

1. 登记总分类账的依据有(    )。
   A. 记账凭证　　B. 科目汇总表　　C. 记账凭证汇总表　D. 汇总记账凭证
2. 科目汇总表核算程序的优点有(    )。
   A. 减轻登记总账的工作量　　　B. 科目汇总表可起到试算平衡作用
   C. 便于分析经济业务的来龙去脉　D. 科目汇总表对应关系清晰

### 三、判断题

1. 根据科目汇总表登记总分类账,这种核算形式是汇总记账凭证核算程序。(    )
2. 科目汇总表核算程序主要适用于规模小的企业。(    )
3. 记账凭证核算程序的主要缺点是登记总账的工作量较大。(    )
4. 科目汇总表可以起到试算平衡作用。(    )

项目五的习题答案

# 项目六 编制会计报表和保管会计资料

【学习目标】
- 了解会计报表的种类和编制要求
- 会编制利润表、资产负债表
- 培养会计信息整理的能力
- 了解会计资料保管的法定要求
- 能规范整理和装订会计资料

## 基础知识

**1. 会计报表的概念**

会计报表是指对小企业财务状况、经营成果和现金流量的结构性表述。

小企业会计报表的种类如表 6-1 所示。

表 6-1 小企业会计报表的种类

| 编号 | 报表名称 | 编报期 |
| --- | --- | --- |
| 会小企 01 表 | 资产负债表 | 月报、年报 |
| 会小企 02 表 | 利润表 | 月报、年报 |
| 会小企 03 表 | 现金流量表 | 年报 |

1) 资产负债表的概念及格式

资产负债表是反映小企业某一特定日期财务状况的会计报表。它是以静态的方式反映企业资产、负债和所有者权益的总量及构成。换言之，报表中反映的财务状况只是某一时点（编报日）上的状态，如月末、季末、半年末、年末。

资产负债表的编制理论依据是"资产＝负债＋所有者权益"会计等式。

我国会计准则规定企业只能采用账户式资产负债表格式。

2) 利润表的概念及格式

利润表是指反映小企业在一定会计期间经营成果的报表。利润表中反映的财务状况是某一时期企业生产经营的结果,是一个时期数。如某一年度、某一季度、某一月份,因此利润表是一个动态的财务报表。

利润表的编制理论依据是"收入－费用＝利润"会计等式。

根据排列方式的不同,利润表可分为单步式利润表和多步式利润表,根据会计准则的规定,我国企业的利润表采用多步式。

**2. 会计档案的概念**

会计档案是指会计凭证、会计账簿和财务报告等会计核算专业材料,是记录和反映单位经济业务的重要史料和证据。会计档案包括实行会计电算化后的存储软件、会计数据磁盘、磁带、光盘和计算机打印出来的记账凭证、会计账簿、会计报表等。会计档案的具体内容如表 6-2 所示。

表 6-2 会计档案的具体内容

| 种类 | 具体内容 |
| --- | --- |
| 会计凭证 | 原始凭证、记账凭证 |
| 会计账簿 | 总账、明细账、日记账、固定资产卡片、其他辅助性账簿 |
| 财务报告 | 月度、季度、半年度、年度财务报告 |
| 其他会计资料 | 银行存款余额调节表、银行对账单、纳税申报表、会计档案移交清册、会计档案保管清册、会计档案销毁清册、会计档案鉴定意见书 |

会计档案是重要的经济档案,必须按规定的方法整理和装订。

**3. 会计档案管理**

会计档案管理是会计工作的重要组成部分,是会计的基础工作。会计档案管理的规范有利于堵塞漏洞,防止舞弊行为的发生。

1) 保管会计资料

会计档案的归档时间,是会计人员或会计部门应当向本单位档案人员或档案部门移交整理好的会计档案的时间。各单位当年形成的会计资料,可在会计年度终了仍由会计机构保管一年;期满之后,应当由会计机构编制移交清册,移交本单位档案保管机构统一保管;未设立档案机构的单位,应当在会计机构内部指定专人保管。出纳人员不得兼管会计档案。

由会计机构移交给档案机构保管后,会计资料原则上应当保持原卷册的封装。个别需要拆封重新整理的,档案机构应当同会计机构和经办人员共同拆封整理,以分清责任。会计档案保管期限如表 6-3 所示。

会计资料的保管期限从会计年度终了后的第一天算起。表中规定的会计档案保管期限为最低保管期限,各类会计档案的保管原则上应当按照表中所列期限执行。采用计算机进行会计核算的单位,应当保存打印出的纸质会计档案,整理方法不变。

表 6-3　会计档案保管期限

| 保管期限 | | 档案名称 |
|---|---|---|
| 永久 | | 财务报告：年度财务报告<br>其他会计资料：会计档案保管清册、会计档案销毁清册、会计档案鉴定意见书 |
| 定期 | 5年 | 会计账簿：固定资产卡片(固定资产报废清理后) |
| | 10年 | 财务报告：月度、季度、半年度财务报告<br>其他会计资料：银行存款余额调节表、银行对账单、纳税申报表 |
| | 30年 | 会计凭证：原始凭证、记账凭证<br>会计账簿：总账(包括日记总账)、明细账、日记账、其他辅助性账簿<br>其他会计资料：会计档案移交清册 |

2）借阅会计资料

各单位保存的会计档案一般不得对外借出。如有特殊需要，经本单位负责人批准，在办理登记手续后，可以提供查阅或者复制。查阅或者复制会计资料的人员，严禁在会计资料上涂画、拆封和抽换。各单位应当建立健全会计资料查阅、复制登记制度，确保会计资料的安全完整。

3）销毁期满会计资料

保管期满的会计资料，可以按照表 6-4 的程序进行销毁。

表 6-4　会计资料的销毁流程

| 销毁程序 | 工作要点 |
|---|---|
| 提出销毁意见，编制会计档案销毁清册 | ① 由本单位档案机构同会计机构提出销毁意见<br>② 编制会计档案销毁清册，列明销毁会计档案的名称、卷号、册数、起止年度和档案编号、应保管期限、已保管期限、销毁时间等内容 |
| 签署意见 | 单位负责人、档案管理机构负责人、会计管理机构负责人、档案管理机构经办人、会计管理机构经办人，在会计档案销毁清册上签署意见 |
| 派员监销 | 销毁会计档案时，应当由档案机构和会计机构共同派员监销。其中：国家机关销毁会计档案时，应当由同级财政部门、审计部门派员参加监销；财政部门销毁会计档案时，应当由同级审计部门派员参加监销 |
| 报告监销情况 | 监销人在销毁会计档案前，应当按照会计档案销毁清册所列内容清点核对所要销毁的会计档案；销毁后，应当在会计档案销毁清册上签名盖章，并将监销情况报告本单位负责人 |

以下情形，不得销毁会计资料：①保管期满但未结清的债权债务会计凭证和涉及其他未了事项的会计凭证不得销毁，应当单独抽出立卷，保管到未了事项完结时为止。单独抽出立卷的会计档案，应当在会计档案销毁清册和会计档案保管清册中列明。②正在项目建设期间的建设单位，其保管期满的会计档案不得销毁。

# 任务一　编制会计报表

## 一、编制利润表

【活动背景】

图 6-1　总经理李明与财务主管高山的对话

【活动资料】

【业务 6-1】　编制东莞市京贸塑料制品有限公司 2020 年 8 月份利润表,损益类账户资料如表 6-5 所示。

表 6-5　损益类账户资料

| 账户名称 | 8月份发生数 | | 1月至7月累计发生数 | |
| --- | --- | --- | --- | --- |
| | 借方 | 贷方 | 借方 | 贷方 |
| 主营业务收入 | | 200 000 | | 1 421 000 |
| 主营业务成本 | 69 000 | | 490 000 | |
| 税金及附加 | 130 | | 870 | |
| 其他业务收入 | | 3 000 | | 8 000 |
| 其他业务成本 | 1 000 | | 2 500 | |
| 销售费用 | 6 000 | | 40 000 | |
| 管理费用 | 25 000 | | 170 000 | |
| 财务费用 | 750 | | 5 000 | |
| 所得税费用 | | | 194 720 | |

**【活动指导】**

**【指导业务 6-1】** 会计报表的编制与利润表的填列方法。

1. 会计报表的编制要求与准备工作（见表 6-6）

表 6-6 会计报表的编制要求与准备工作

| 编制要求 | 具体要求与准备工作 |
| --- | --- |
| 真实可靠 | ① 企业在编制年度会计报表前，应当按照规定，全面清查资产，核实债务<br>② 核对各会计账簿记录与会计凭证的内容、金额等是否一致，记账方向是否相符<br>③ 依照规定的结账日进行结账，结出有关会计账簿的余额和发生额，并核对各会计账簿之间的余额 |
| 全面完整 | 企业应当按照规定的会计报表的格式和内容编制会计报表 |
| 前后一致 | 编制会计报表依据的会计方法，前后期应当遵循一致性原则，不能随意变更。如果确需改变某些会计方法，应在报表附注中说明改变的原因及改变后对报表指标的影响 |
| 编报及时 | 按月、按季、按半年、按年及时对外报送会计报表。各期间财务报表编制的时间要求：中期会计报表，在每月 15 日前；年度会计报表，在下年度 4 月以前 |

2. 利润表中的数据来源

利润表中各项目数据来源是根据损益类账户的本期发生额分析填列。各损益类账户的发生额应从会计账簿中获取。

3. 利润表中的数据填列方法

"本月金额"栏反映各项目的本月发生数，根据有关损益类账户的本月发生额分析填列。"本月金额"栏的填报方法，如表 6-7 所示。

表 6-7 利润表项目的主要填制方法

| 报表项目 | 填制方法 |
| --- | --- |
| 营业收入 | 营业收入＝主营业务收入＋其他业务收入。该项目根据"主营业务收入"账户、"其他业务收入"账户的本期发生额分析填列 |
| 营业成本 | 营业成本＝主营业务成本＋其他业务成本。该项目根据"主营业务成本"账户、"其他业务成本"账户的本期发生额分析填列 |
| 税金及附加 | 根据"税金及附加"账户的借方发生额填列 |
| 销售费用 | 根据"销售费用"账户的发生额分析填列 |
| 管理费用 | 根据"管理费用"账户的发生额分析填列 |
| 财务费用 | 根据"财务费用"账户的发生额分析填列。余额为贷方时，本项目以"－"号填列 |

(续表)

| 报表项目 | 填制方法 |
|---|---|
| 投资收益 | 根据"投资收益"账户的借贷发生额相抵后的余额填列。如为投资损失,本项目以"—"号填列 |
| 营业利润 | 营业利润＝营业收入－营业成本－税金及附加－销售费用－管理费用－财务费用＋投资收益(－投资损失)。如为亏损,本项目以"—"号填列 |
| 营业外收入 | 根据"营业外收入"科目的发生额分析填列 |
| 营业外支出 | 根据"营业外支出"科目的发生额分析填列 |
| 利润总额 | 利润总额＝营业利润＋营业外收入－营业外支出。如为亏损,本项目以"—"号填列 |
| 所得税费用 | 根据"所得税费用"账户的发生额分析填列。应交所得税＝应纳税所得额×适用税率(一般为25％) |
| 净利润 | 净利润＝利润总额－所得税费用。如为亏损,本项目以"—"号填列 |

"本年累计金额"栏,反映自年初起至报告期末上的累积实际发生数。

"本年累计金额"栏的填报方法：根据本年1月至本月末止的损益类账户的累计发生额分析填列。

东莞市京贸塑料制品有限公司8月份利润表(见表6-8)的"本月金额"栏计算如下：

营业收入＝200 000＋3 000＝203 000(元)

营业成本＝69 000＋1 000＝70 000(元)

营业利润＝203 000－70 000－130－6 000－25 000－750＝101 120(元)

利润总额＝101 120(元)

净利润＝101 120(元)

表6-8 利润表

会小企02表

编制单位：东莞市京贸塑料制品有限公司　　2020年08月　　　　　　　　单位：元

| 项　　目 | 行次 | 本年累计金额 | 本月金额 |
|---|---|---|---|
| 一、营业收入 | 1 | 1 632 000 | 203 000 |
| 减：营业成本 | 2 | 562 500 | 70 000 |
| 　　税金及附加 | 3 | 1 000 | 130 |
| 　　销售费用 | 4 | 46 000 | 6 000 |
| 　　管理费用 | 5 | 170 000 | 25 000 |
| 　　财务费用 | 6 | 5 000 | 750 |

(续表)

| 项　　目 | 行次 | 本年累计金额 | 本月金额 |
|---|---|---|---|
| 其中：利息费用（收入以"－"号填列） | 7 | 4 937.5 | 750 |
| 加：投资收益（损失以"－"号填列） | 8 | | |
| 二、营业利润（亏损以"－"号填列） | 9 | 847 500 | 101 120 |
| 加：营业外收入 | 10 | | |
| 　　其中：政府补助 | 11 | | |
| 减：营业外支出 | 12 | | |
| 三、利润总额（亏损总额以"－"号填列） | 13 | 847 500 | 101 120 |
| 减：所得税费用 | 14 | 194 720 | |
| 四、净利润（净亏损以"－"号填列） | 15 | 652 780 | 101 120 |

单位负责人：李明　　　　会计主管：高山　　　　制表：李一凡

高山在制表人栏和会计主管栏签完名，送给李明审阅并签字后，便盖上公章。

【注意事项】

(1) 在编制年度利润表时，应列示为"本年金额""上年金额"两列，便于与上年度对比。

(2) 利润表的反映是时期数列，利润表的日期是利润表报告期间的起止日期。

(3) 企业当月利息费用小于当月利息收入的，"财务费用"项目金额应以"－"号填列。

(4) 在上报税务部门时，报表上项目无金额的，应填写0，不能省略。

【知识归纳】

利润表的编制方法如下。

(1) 数据来源：损益类账户的本期发生额

(2) 计算填列：营业收入＝主营业务收入＋其他业务收入

营业成本＝主营业务成本＋其他业务成本

营业利润＝营业收入－营业成本－税金及附加－销售费用

　　　　－管理费用－财务费用＋投资收益（－投资损失）

利润总额＝营业利润＋营业外收入－营业外支出

净利润＝利润总额－所得税费用

(3) 分析填列：除上述5个项目外，其他项目都可根据损益类账户本期发生额分析填列。

## 二、编制资产负债表

【活动背景】

图 6-2 财务主管高山与总经理李明的对话

【活动资料】

【业务 6-2】 东莞市京贸塑料制品有限公司 2020 年 8 月的资产负债表。账户资料如表 6-9 所示。

表 6-9 科目余额表

2020 年 8 月 31 日　　　　　　　　　　　　　　　　　　　　　　　　　单位：元

| 科目代码 | 总账科目 | 借方期末余额 | 贷方期末余额 |
| --- | --- | --- | --- |
| 1001 | 库存现金 | 8 000 | |
| 1002 | 银行存款 | 218 124.8 | |
| 1122 | 应收账款 | 180 000 | |
| 1403 | 原材料 | 150 000 | |
| 1405 | 库存商品 | 80 000 | |
| 1601 | 固定资产 | 2 738 720 | |
| 1602 | 累计折旧 | | 521 564.8 |
| 2001 | 短期借款 | | 150 000 |
| 2202 | 应付账款 | | 30 500 |
| 2211 | 应付职工薪酬 | | 120 000 |
| 2501 | 长期借款 | | 150 000 |

(续表)

| 科目代码 | 总账科目 | 借方期末余额 | 贷方期末余额 |
|---|---|---|---|
| 4001 | 实收资本 | | 1 700 000 |
| 4104 | 利润分配 | | 50 000 |
| 4101 | 盈余公积 | | 652 780 |
| 合计 | | 3 374 844.8 | 3 374 844.8 |

### 【活动指导】

**【指导业务6-2】** 资产负债表的介绍。

1. 资产负债表的结构

资产负债表由表头（表首）、表体（正表）和脚注三部分构成。正表项目分为资产、负债和所有者权益三类。账户式资产负债表，其基本结构分为左右两方，具体为：资产负债表左侧为资产，右侧为负债和所有者权益，资产总额＝负债总额＋所有者权益总额。所有者权益和负债两项按照求偿权的顺序进行排列，负债列于所有者权益之前。

报表项目的排列规则如下：

(1) 资产项目：分为流动资产和非流动资产，且流动性强的排在前。
(2) 负债项目：分为流动负债和非流动负债，到期日近的排在前。
(3) 所有者权益项目：永久性强的排在前。

2. 资产负债表的数据来源

资产负债表中，各个项目应根据企业的总分类账户和有关的明细分类账户的期末余额填列。这些期末余额从会计账簿中获得。

3. 资产负债表的填列方法

资产负债表"年初余额"栏内各项目数字，根据上年末资产负债表的"期末数"栏内所列数字填列。"期末余额"栏内各项目数字，为月末、季末、半年末或年末的数字，具体填列方法如表6-10所示。8月31日的资产负债表如表6-11所示。

表6-10 资产负债表的填列方法

| 填列方法 | 表内项目 |
|---|---|
| 根据相应总账期末余额直接填列 | 短期投资、应收票据、应收股利、应收利息、其他应收款、长期债券投资、长期股权投资、固定资产原价、累计折旧、在建工程、工程物资、长期待摊费用、短期借款、应付票据、应付职工薪酬、应付利息、应付利润、其他应付款、实收资本、资本公积、盈余公积等 |
| | 固定资产清理＝"固定资产清理"总账借方余额；如总账为贷方余额，以"－"号填列 |
| | 应交税费＝"应交税费"总账贷方余额；如总账为借方余额，以"－"号填列 |

（续表）

| 填列方法 | 表内项目 |
|---|---|
| 根据相应总账期末余额计算填列 | 货币资金＝（库存现金＋银行存款＋其他货币资金）总账余额 |
| | 存货＝在途物资、原材料、周转材料、库存商品、包装物、委托加工物资、低值易耗品、生产成本等总账余额合计 |
| | 无形资产＝"无形资产"总账余额－"累计摊销"总账余额 |
| | 未分配利润＝（本年利润＋利润分配）总账余额；未弥补的亏损，在本项目内以"－"号填列 |
| 根据有关明细账期末余额计算填列 | 应收账款＝"应收账款"所属明细账借方余额＋"预收账款"所属明细账借方余额 |
| | 预付账款＝"预付账款"所属明细账借方余额＋"应付账款"所属明细账借方余额 |
| | 应付账款＝"应付账款"所属明细账贷方余额＋"预付账款"所属明细账贷方余额 |
| | 预收款项＝"预收账款"所属明细账贷方余额＋"应收账款"所属明细账贷方余额 |
| 根据有关总账和明细账期末余额分析计算填列 | 长期应收款＝"长期应收款"总账余额－明细账中一年内到期的"长期应收款" |
| | 长期借款＝"长期借款"总账余额－明细账中一年内到期的"长期借款" |
| | 长期应付款＝"长期应付款"总账余额－明细账中一年内到期的"长期应付款" |
| 表内项目计算填列 | 固定资产账面价值＝固定资产原价－累计折旧 |
| | 流动资产合计＝货币资金＋短期投资＋应收票据＋应收账款＋预付账款＋应收股利＋其他应收款＋存货＋其他流动资产 |
| | 非流动资产合计＝长期债券投资＋长期股权投资＋固定资产账面价值＋生产性生物资产＋无形资产＋开发支出＋长期待摊费用 |
| | 资产总计＝流动资产合计＋非流动资产合计 |
| | 流动负债合计＝短期借款＋应付票据＋应付账款＋预收账款＋应付职工薪酬＋应交税费＋应付利息＋应付利润＋其他应付款＋其他流动负债（含一年内到期的长期负债） |
| | 非流动负债合计＝长期借款＋长期应付款＋其他非流动负债 |
| | 负债合计＝流动负债合计＋非流动负债合计 |
| | 所有者权益（或股东权益）＝实收资本（或股本）＋资本公积＋盈余公积＋未分配利润 |
| | 负债和所有者权益总计＝负债合计＋所有者权益合计 |

## 表 6-11 资产负债表

会小企 01 表

编制单位：东莞市京贸塑料制品有限公司　　2020 年 08 月 31 日　　单位：元

| 资产 | 行次 | 期末余额 | 年初余额 | 负债和所有者权益 | 行次 | 期末余额 | 年初余额 |
|---|---|---|---|---|---|---|---|
| 流动资产： | | | （略） | 流动负债： | | | （略） |
| 货币资金 | 1 | 226 124.8 | | 短期借款 | 27 | 150 000 | |
| 短期投资 | 2 | | | 应付票据 | 28 | | |
| 应收票据 | 3 | | | 应付账款 | 29 | 30 500 | |
| 应收账款 | 4 | 180 000 | | 预收账款 | 30 | | |
| 预付账款 | 5 | | | 应付职工薪酬 | 31 | 120 000 | |
| 应收股利 | 6 | | | 应交税费 | 32 | | |
| 应收利息 | 7 | | | 应付利息 | 33 | | |
| 其他应收款 | 8 | | | 应付利润 | 34 | | |
| 存货 | 9 | 230 000 | | 其他应付款 | 35 | | |
| 其他流动资产 | 10 | | | 其他流动负债 | 36 | | |
| 流动资产合计 | 11 | 636 124.8 | | 流动负债合计 | 37 | 300 500 | |
| 非流动资产： | | | | 非流动负债： | | | |
| 长期债券投资 | 12 | | | 长期借款 | 38 | 150 000 | |
| 长期股权投资 | 13 | | | 长期应付款 | 39 | | |
| 固定资产原价 | 14 | 2 738 720 | | 递延收益 | 40 | | |
| 减：累计折旧 | 15 | 521 564.8 | | 其他非流动负债 | 41 | | |
| 固定资产账面价值 | 16 | 2 217 155.2 | | 非流动负债合计 | 42 | 150 000 | |
| 在建工程 | 17 | | | 负债合计 | 43 | 450 500 | |
| 工程物资 | 18 | | | | | | |
| 固定资产清理 | 19 | | | | | | |
| 生产性生物资产 | 20 | | | 所有者权益（或股东权益）： | | | |
| 无形资产 | 21 | | | 实收资本（或股本） | 44 | 1 700 000 | |
| 开发支出 | 22 | | | 资本公积 | 45 | | |
| 长期待摊费用 | 23 | | | 盈余公积 | 46 | 50 000 | |
| 其他非流动资产 | 24 | | | 未分配利润 | 47 | 652 780 | |
| 非流动资产合计 | 25 | 2 217 155.2 | | 所有者权益合计 | 48 | 2 402 780 | |
| 资产总计 | 26 | 2 853 280 | | 负债和所有者权益总计 | 49 | 2 853 280 | |

单位负责人：李明　　会计主管：高山　　制表：李一凡

**【注意事项】**

资产负债表反映的是时点数列,所以资产负债表日是指会计中期期末和会计年末。

**【知识归纳】**

资产负债表的编制方法如下。

(1) 数据来源:总分类账户和有关的明细分类账户的期末余额。

(2) 填列方法:①根据相应总账期末余额直接填列;②根据相应总账期末余额计算填列;③根据有关明细账期末余额计算填列;④根据有关总账和明细账期末余额分析计算填列;⑤根据表内项目计算填列。

**【自我测试】**

**一、单项选择题**

1. 以下项目中不属于中期报表的是(　　)。
   A. 月报　　　　B. 季报　　　　C. 半年报　　　　D. 年报
2. 利润表通常有单步式和(　　)两种格式。
   A. 一步式　　　B. 双步式　　　C. 三步式　　　D. 多步式
3. 编制利润表所依据的平衡公式是(　　)。
   A. 利润＝收入－费用
   B. 利润＝收入－费用＋直接计入当期利润的利得
   C. 利润＝利润总额－所得税费用
   D. 利润＝营业利润＋营业外收入－营业外支出
4. 资产负债表是(　　)报表。
   A. 时刻点　　　B. 时期　　　C. 与时间没有关系　　　D. 不定期
5. 利润表是(　　)报表。
   A. 时刻点　　　B. 时期　　　C. 与时间没有关系　　　D. 不定期
6. 现行资产负债表的格式是(　　)。
   A. 报告式　　　B. 账户式　　　C. 单步式　　　D. 多步式
7. 现行利润表的格式是(　　)。
   A. 报告式　　　B. 账户式　　　C. 单步式　　　D. 多步式

**二、多项选择题**

1. 按照报送时间的不同,财务报表可以分为(　　)。
   A. 日报　　　　B. 月报　　　　C. 季报
   D. 半年报　　　E. 年报
2. 企业编制的财务报表必须满足下列要求(　　)。
   A. 数字真实　　B. 计算准确　　C. 内容完整

D. 编报及时　　　　　　　E. 说明清楚,手续齐备

3. "税金及附加"项目,核算企业经营活动发生的教育费附加,以及(　　)等相关税费。
   A. 营业税　　　　B. 消费税　　　　C. 城市维护建设税
   D. 增值税　　　　E. 资源税

4. 能计入利润表中"营业利润"项目的有(　　)。
   A. 主营业务收入　　B. 管理费用　　　C. 营业外收入
   D. 所得税费用　　　E. 其他业务收入

5. 利润总额包括的内容有(　　)。
   A. 主营业务利润　　B. 其他业务利润　　C. 营业外收支净额
   D. 期间费用　　　　E. 投资净收益

6. 资产负债表的填列方法有(　　)。
   A. 根据总账账户的余额直接填列
   B. 根据几个总账账户的余额计算填列
   C. 根据总账对应的明细分类账户的余额分析填列
   D. 根据主账户与附属账户的余额计算填列

7. 多步式利润表的填列步骤中包括(　　)。
   A. 净利润　　B. 营业利润　　C. 利润总额　　D. 非流动资产合计

### 三、判断题

1. 我国利润表的格式采用多步式。　　　　　　　　　　　　　　　(　　)
2. 利润表反映企业一定期间内的经营成果,利润表的编制基础是收付实现制,它可以提供现金流量信息。　　　　　　　　　　　　　　　　　　　　(　　)
3. 会计报表是根据会计账簿资料来编制的。　　　　　　　　　　　(　　)

### 四、业务题

1. 根据表6-12的资料,编制东莞市花园纸业有限公司的利润表并填在表6-13中。

表6-12　2020年1月损益类账户余额

| 账户名称 | 借方发生额 | 贷方发生额 |
| --- | --- | --- |
| 主营业务收入 |  | 375 000 |
| 主营业务成本 | 137 500 |  |
| 税金及附加 | 42 500 |  |
| 其他业务收入 |  | 75 000 |
| 其他业务成本 | 45 000 |  |
| 销售费用 | 50 000 |  |
| 管理费用 | 25 000 |  |
| 财务费用 | 25 000 |  |
| 所得税费用 | 31 250 |  |

表 6-13  利润表(简表)

会小企 02 表

编制单位：　　　　　　　　　　　年　　月　　　　　　　　　　　　　　单位：元

| 项目 | 行次 | 本年累计金额 | 本月金额 |
|---|---|---|---|
| 一、营业收入 | 1 | | |
| 减：营业成本 | 2 | | |
| 　　税金及附加 | 3 | | |
| 　　销售费用 | 11 | | |
| 　　管理费用 | 14 | | |
| 　　财务费用 | 18 | | |
| 　　　其中：利息费用(收入以"—"号填列) | 19 | | |
| 加：投资收益(损失以"—"号填列) | 20 | | |
| 二、营业利润(亏损以"—"号填列) | 21 | | |
| 加：营业外收入 | 22 | | |
| 减：营业外支出 | 24 | | |
| 三、利润总额(亏损总额以"—"号填列) | 30 | | |
| 减：所得税费用 | 31 | | |
| 四、净利润(净亏损以"—"号填列) | 32 | | |

单位负责人：　　　　　　　会计主管：　　　　　　　制表人：

2. 根据表 6-14 的资料，编制东莞市花园纸业有限公司的资产负债表并填在表 6-15 中。

表 6-14  科目余额表

2020 年 5 月 31 日　　　　　　　　　　　　　　　　　　　　单位：元

| 科目代码 | 总账科目 | 借方期末余额 | 贷方期末余额 |
|---|---|---|---|
| 1001 | 库存现金 | 30 000 | |
| 1002 | 银行存款 | 403 000 | |
| 1122 | 应收账款 | 80 000 | |
| 1403 | 原材料 | 200 000 | |
| 1405 | 库存商品 | 80 000 | |
| 1601 | 固定资产 | 1 000 000 | |
| 1602 | 累计折旧 | | 400 000 |
| 1701 | 无形资产 | 200 000 | |
| 2001 | 短期借款 | | 250 000 |

(续表)

| 科目代码 | 总账科目 | 借方期末余额 | 贷方期末余额 |
|---|---|---|---|
| 2202 | 应付账款 | | 14 000 |
| 2241 | 其他应付款 | | 5 000 |
| 2211 | 应付职工薪酬 | | 25 000 |
| 2221 | 应交税费 | | 13 000 |
| 2231 | 应付利息 | | 6 000 |
| 4001 | 实收资本 | | 1 200 000 |
| 4104 | 利润分配 | | 30 000 |
| 4101 | 盈余公积 | | 50 000 |
| | 合计 | 1 993 000 | 1 993 000 |

**表 6-15　资产负债表**

会小企01表

编制单位：　　　　　　　　　　年　月　日　　　　　　　　　　单位：元

| 资产 | 行次 | 期末余额 | 年初余额 | 负债和所有者权益 | 行次 | 期末余额 | 年初余额 |
|---|---|---|---|---|---|---|---|
| 流动资产： | | | （略） | 流动负债： | | | （略） |
| 货币资金 | 1 | | | 短期借款 | 27 | | |
| 短期投资 | 2 | | | 应付票据 | 28 | | |
| 应收票据 | 3 | | | 应付账款 | 29 | | |
| 应收账款 | 4 | | | 预收账款 | 30 | | |
| 预付账款 | 5 | | | 应付职工薪酬 | 31 | | |
| 应收股利 | 6 | | | 应交税费 | 32 | | |
| 应收利息 | 7 | | | 应付利息 | 33 | | |
| 其他应收款 | 8 | | | 应付利润 | 34 | | |
| 存货 | 9 | | | 其他应付款 | 35 | | |
| 其他流动资产 | 10 | | | 其他流动负债 | 36 | | |
| 流动资产合计 | 11 | | | 流动负债合计 | 37 | | |
| 非流动资产： | | | | 非流动负债： | | | |
| 长期债券投资 | 12 | | | 长期借款 | 38 | | |
| 长期股权投资 | 13 | | | 长期应付款 | 39 | | |
| 固定资产原价 | 14 | | | 递延收益 | 40 | | |
| 减：累计折旧 | 15 | | | 其他非流动负债 | 41 | | |
| 固定资产账面价值 | 16 | | | 非流动负债合计 | 42 | | |
| 在建工程 | 17 | | | 负债合计 | 43 | | |

(续表)

| 资产 | 行次 | 期末余额 | 年初余额 | 负债和所有者权益 | 行次 | 期末余额 | 年初余额 |
|---|---|---|---|---|---|---|---|
| 工程物资 | 18 | | | | | | |
| 固定资产清理 | 19 | | | | | | |
| 生产性生物资产 | 20 | | | 所有者权益(或股东权益): | | | |
| 无形资产 | 21 | | | 实收资本(或股本) | 44 | | |
| 开发支出 | 22 | | | 资本公积 | 45 | | |
| 长期待摊费用 | 23 | | | 盈余公积 | 46 | | |
| 其他非流动资产 | 24 | | | 未分配利润 | 47 | | |
| 非流动资产合计 | 25 | | | 所有者权益合计 | 48 | | |
| 资产总计 | 26 | | | 负债和所有者权益总计 | 49 | | |

单位负责人：　　　　　　会计主管：　　　　　　制表人：

## 任务二　整理与保管会计资料

### 一、整理和装订会计资料

【活动背景】

图 6-3　会计李一凡与财务主管高山的对话

【活动资料】

【业务6-3】 整理并装订东莞市京贸塑料制品有限公司2020年8月的会计资料。其中,本月记账凭证共100张,编号从记字第1号至记字第100号。

【活动指导】

【指导业务6-3】 会计资料与记账凭证的整理。

1. 会计资料的整理与装订

1) 整理、装订会计凭证

整理记账凭证,按记账凭证编号顺序整理。如采用分类记账凭证则应按收、付、转账凭证各类的编号顺序,再按顺序将全部记账凭证编总码。

装订会计凭证的基本要求有:按编号顺序装订;用线装订;不露线头;不松散;装订整齐、美观(附件不外露);凭证封面要填写单位名称、凭证日期、凭证起讫号、凭证张数、装订或经办人。

2) 整理装订会计账簿

各种会计账簿年度结账后,除跨年使用的账簿外,其他账簿应按时整理立卷。其基本要求:装订前,按账簿启用表的使用页数核对是否相符,页数是否齐全,序号排列是否连续;然后按账簿封面、账簿启用表、账户目录、账页、账簿封底的顺序装订。

活页账簿的装订要求有:保留已使用过的账页,将账页数填写齐全,用封面、封底,装订成册;应按同类业务、同类账页装订在一起;在封面上填写好账目的种类,编好卷号,会计主管人员和装订人签章。

装订后的账簿应牢固、平整,不得有折角、缺角、错页、掉页、加空白纸的现象;封口要严密并加盖有关印章;封面应齐全、平整,并注明所属年度及账簿名称、编号,编号为一年一编,编号顺序为总账、库存现金日记账、银行存(借)款日记账、分类明细账;账簿按保管期限分别编制卷号,如现金日记账全年按顺序编制卷号;总账、各类明细账、辅助账全年按顺序编制卷号。

3) 整理装订会计报表

年度终了,由专人负责将全年会计报表按年度立卷,登记会计报表目录,逐项写明报表名称、页数、归档日期等。按月装订成册,谨防丢失。小企业可按季装订成册。

会计报表整理的基本要求是:装订前要按编报目录核对是否齐全,整理报表页数,上边和左边对齐压平,防止折角,如有损坏部位应修补后,再完整无缺地装订。

会计报表的装订顺序为:封面、编制说明、按编号顺序排列的会计报表、封底。年度报表要与季度报表、月报表分开,分别组卷编号。

4) 整理装订其他会计资料

其他会计资料,包括月度财务收支计划、经济活动分析报告、工资计算表及一些重要的经济合同,也应随同正式会计档案进行收集整理。将需移交档案部门保管存放的资料,按要求另行组卷装订,而后移交档案部门。

2. 记账凭证的装订流程

(1) 记账凭证附件的整理如图 6-4 所示。

| 第一步,将单据固定在封面的左上角,对齐封面的底边线将长出部分对折。 | 第二步,对齐上边沿线将长出部分折拢,使上下两段长短相当。 | 第三步,将票据折叠,使大小、长短与单据封面保持一致。 | 整理好的记账凭证。 |
|---|---|---|---|
|  |  |  | 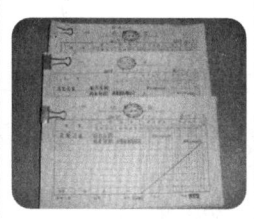 |

图 6-4 记账凭证附件的整理

(2) 装订会计凭证如图 6-5 所示。

| 第一步,加具封面。在装订会计凭证之前,要把会计凭证叠放整齐,加具封面,并用铁夹夹紧。 | 第二步,打孔。将折叠好的封面放在凭证上,并向左上角磕齐后打孔。 | 第三步,穿绳。用线绳穿孔,订好线绳把结打在凭证背后。 | |
|---|---|---|---|
| 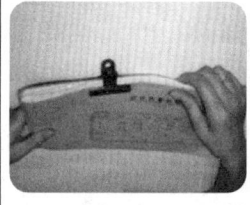 |  | 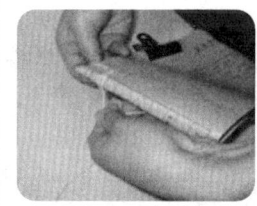 | 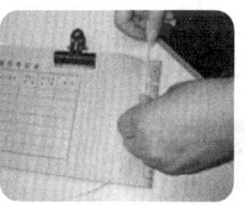 |
| 第四步,粘贴。在装订处涂好胶水,并将背面翻折向后,粘好,将线头用封面纸覆盖粘住。 | 第五步,填写。填写凭证封面,会计主管在骑缝盖章。 | | 我们的目的:让凭证变得美观、整洁。 |
|  | 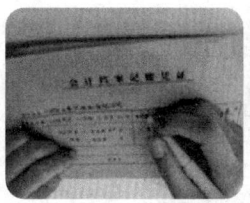 |  |  |

图 6-5 装订会计凭证

(3) 填写记账凭证封面如表 6-16 所示。

表 6-16　记账凭证封面

| 目录号 | 会计档案记账凭证 | | |
|---|---|---|---|
| 案卷号 | 单位名称：东莞市京贸塑料制品有限公司 | | 核销时间： |
| 会计凭证 | 时　　间 | 2020 年度　8 月份　1 日至 31 日 | |
| | 卷　　数 | 本月共　1　卷　　本卷是第　1　卷 | |
| | 记账凭证张数 | 本卷自 记 字第　1　号至 记 字第　100　号 共　100　张 | |
| | 会计主管　高山 | | 经办人　李一凡 |
| 2020 年 8 月份 本月第1卷 | 全宗号　　　目录号：　　　案卷号： | | |

### 【知识归纳】

（1）期末会计资料均需要进行整理装订，并按会计法规的相关规定保存。

（2）记账凭证装订：期末，把记账凭证及其对应附件整理整齐，按约定方法进行装订并填写封面。

## 二、保管会计资料

### 【活动背景】

图 6-6　会计李一凡与财务主管高山的对话

【活动资料】

**【业务 6-4】** 东莞市京贸塑料制品有限公司财务部,将 2019 年的会计资料移交档案部门保管存放。

**【业务 6-5】** 东莞市京贸塑料制品有限公司销售部经理李大兵,向财务部借阅 2020 年 5 月记账凭证第一本。

【活动指导】

**【指导业务 6-4】** 东莞市京贸塑料制品有限公司的会计档案保管清册如表 6-17 所示。

表 6-17　东莞市京贸塑料制品有限公司会计档案保管清册

001 号会计档案保管清册(1)

单位:东莞市京贸塑料制品有限公司

| 日期 | 种类 | 凭证号码 | 数量编号 | 日期 | 种类 | 凭证号码 | 数量编号 |
|---|---|---|---|---|---|---|---|
| 2019.01 | 记账凭证 | 001—034 | 第一本 | 2019.08 | 记账凭证 | 001—080 | 第一本 |
|  |  | 035—075 | 第二本 | 2019.09 | 记账凭证 | 001—048 | 第一本 |
| 2019.02 | 记账凭证 | 001—039 | 第一本 |  |  | 049—090 | 第二本 |
|  |  | 040—089 | 第二本 | 2019.10 | 记账凭证 | 001—042 | 第一本 |
| 2019.03 | 记账凭证 | 001—058 | 第一本 |  |  | 043—090 | 第二本 |
|  |  | 059—075 | 第二本 | 2019.11 | 记账凭证 | 104—134 | 第四本 |
| 2019.04 | 记账凭证 | 001—034 | 第一本 |  | 记账凭证 | 001—042 | 第一本 |
| 2019.05 | 记账凭证 | 001—061 | 第一本 | 2019.12 |  | 043—090 | 第二本 |
| 2019.06 | 记账凭证 | 001—034 | 第一本 |  |  | 091—128 | 第三本 |
|  |  | 035—065 | 第二本 |  |  |  |  |
|  |  | 066—110 | 第三本 |  |  |  |  |
| 2019.07 | 记账凭证 | 001—045 | 第一本 |  |  |  |  |
|  |  | 046—088 | 第二本 |  |  |  |  |

**【指导业务 6-5】** 东莞市京贸塑料制品有限公司会计档案借阅申请表,如表 6-18 所示。

表 6-18　东莞市京贸塑料制品有限公司会计档案借阅申请表

会计资料借阅登记册

| 借阅时间 | 借阅部门 | 借阅资料名称 | 借阅事由 | 借阅人 | 财务经办人 | 审批人 | 归还时间 | 备注 |
|---|---|---|---|---|---|---|---|---|
| 2020.12.12 | 销售部 | 2020 年 5 月记账凭证第一本 | 与客户洽谈需要 | 李大兵 | 高山 | 李明 | 2020.12.16 | 有复印 |
|  |  |  |  |  |  |  |  |  |
|  |  |  |  |  |  |  |  |  |

【知识归纳】

(1) 会计资料在财务部存放一年后,交由档案管理部门保管。

(2) 查阅会计档案时,要填写借阅申请表。

【自我测试】

一、单项选择题

1. 原始凭证和记账凭证的保管期限为( )年。
    A. 永久           B. 5 年          C. 10 年          D. 30 年
2. 下列会计档案中需要保管 30 年的是( )。
    A. 月、季度财务报告          B. 明细账
    C. 会计档案保管清册          D. 银行对账单
3. 各单位每年形成的会计档案,都应由本单位( )负责整理立卷,装订成册,编制会计档案保管清册。
    A. 档案部门                 B. 财务会计部门
    C. 人事部门                 D. 指定专人
4. 以下内容不属于会计档案的是( )。
    A. 银行存款日记账           B. 总账
    C. 购销合同                 D. 购货发票
5. 需要永久保存的会计档案是( )。
    A. 现金日记账               B. 原始凭证
    C. 会计档案保管清册         D. 银行对账单

二、多项选择题

1. 关于会计档案的销毁,下列说法正确的有( )。
    A. 应当由本单位财务会计部门提出销毁意见
    B. 应当编制会计档案销毁清册
    C. 单位负责人应在销毁清册上签署意见
    D. 应当由单位档案机构和会计机构共同派员监销
2. 关于会计档案管理的说法,下列正确的有( )。
    A. 出纳人员不得兼管会计档案
    B. 会计档案的保管期限,从会计档案形成后的第一天算起
    C. 单位负责人应在会计档案销毁清册上签署意见
    D. 采用电子计算机进行会计核算的单位,应保存打印出的纸质会计档案
3. 按照《会计档案管理办法》的规定,下列说法正确的有( )。
    A. 会计档案的保管期限分为 5 年、10 年、30 年三类
    B. 正在建设期间的建设单位,其会计档案不论是否已满保管期限,一律不得销毁

C. 固定资产卡片于固定资产报废清理后保管5年

D. 会计档案为本单位提供查阅利用,不得借出,如有特殊需要,经本单位负责人批准,可以提供查阅或复制

三、判断题

1. 对于保管期满但未结清的债权债务原始凭证和涉及其他未了事项的原始凭证,不得销毁,应单独抽出立卷,由档案部门保管到未了事项完结时为止。（　　）

2. 各单位保存的会计档案原则上不得借出,但如有特殊需要,经本单位负责人批准,可以借出。（　　）

3. 为方便保管会计档案,本单位的会计档案机构可以根据需要对其拆封、重新整理。（　　）

4. 当年形成的会计档案,在会计年度终了后,可暂由本单位会计机构保管一年。（　　）

5. 单位负责人应在审核无误后的会计档案销毁清册上签署意见。（　　）

6. 企业员工查阅会计档案,必须经本单位负责人批准。（　　）

四、业务题

1. 2020年12月,东莞市花园纸业有限公司财务部王玉整理装订11月会计凭证。本月记账凭证编号末号为:记字第136号。

本月会计凭证分开装订成两本:第一本的业务发生时间从1日至15日,记账凭证编号从记字第1号至记字第70号,共70张;第二本的业务发生时间从16日至30日,记账凭证编号从记字第71号至记字第136号,共69张;填写下列记账凭证封面,会计档案记账凭证封面如表6-19、表6-20所示。

表6-19　会计档案记账凭证封面1

## 会计档案记账凭证

| 目录号 | | |
|---|---|---|
| 案卷号 | 单位名称: | 核销时间: |
| 会计凭证 | 时间 | 年度　　月份　　日至　　日 |
| | 卷数 | 本月共　　卷　　本卷是第　　卷 |
| | 记账凭证张数 | 本卷自　记　字第　　号至　记　字第　　号共　　张 |
| | 会计主管: | 经办人: |
| 年 月份 本月第　卷 | 全宗号　　　目录号:　　　案卷号: | |

表 6-20  会计档案记账凭证封面 2

会计档案记账凭证

| 目录号 | | |
|---|---|---|
| 案卷号 | 单位名称： | 核销时间： |
| 会计凭证 | 时间 | 年度    月份    日至    日 |
| | 卷　　数 | 本月共    卷  本卷是第    卷 |
| | 记账凭证张数 | 本卷自 记 字第    号至 记 字第    号共    张 |
| | 会计主管： | 经办人： |
| 年 月份 本月第　卷 | 全宗号 | 目录号：            案卷号： |

2. 2020 年 11 月 12 日，东莞市花园纸业有限公司财务部王玉向会计档案室借阅 2011 年 11 月会计凭证，未要求复印。填写会计档案借阅申请表，会计档案借阅登记簿如表 6-21 所示。

表 6-21  会计档案借阅登记簿

| 借阅时间 | 借阅人姓名 | 批准单位负责人 | 借阅会计档案名称 | 借阅档案目的 | 是否复制 |
|---|---|---|---|---|---|
| | | | | | |
| | | | | | |

说明：

凡是借阅档案的人员需持单位负责人的批准填写借阅人姓名、单位负责人姓名、借阅资料、借阅目的及时间。

如有复制会计资料的需要，应在会计档案登记簿上注明。

项目六的习题答案

# 项目七 会计核算基本规定

【学习目标】
- 了解会计核算基本规定的内容
- 形成会计思维方式
- 进一步提高会计信息质量意识

## 基 础 知 识

**1. 会计基本假设**

会计核算的基本假设是对会计核算所处的时间、空间环境所作的合理设定。会计核算的基本假设,是为了保证会计工作的正常进行和会计信息的质量,对会计核算的范围、内容、基本程序和方法所作的假定,并在此基础上建立会计原则。国内外会计界多数人公认的会计核算的基本前提有以下四个:会计主体、持续经营、会计期间、会计计量。

1) 会计主体

李一凡应聘为东莞市京贸塑料制品有限公司(简称"京贸公司")的会计,日常工作是核算本公司发生的经济业务,因此"京贸公司"就是李一凡服务的特定单位,即会计主体。会计主体是指会计信息所反映的特定单位或组织,是会计人员进行核算所站的立场及空间活动范围。

### 会计主体与法律主体

会计主体不同于法律主体。法律主体也称为法人,是指在政府部门注册登记、有独立财产、能承担民事责任的法律实体。一般法律主体必然是会计主体,而会计主体不一定是法律主体。如"京贸公司"专设销售部门,实施独立核算,是一个会计主体,但没有注册登记,不是法律主体。

2）持续经营

持续经营是假定会计主体的生产经营活动将无限期地延续下去,在可预见的将来,企业不会面临清算、解散、倒闭等状况。企业是否持续经营对会计政策的选择、正确确定和计量财产计价、收益影响很大。例如,某企业用 30 万元购买一台生产机器,在预计企业持续经营的前提下,机器每月要计提折旧,反映它的磨损价值。若企业面临清算,这台机器就面临按市场价变现的状况。

3）会计期间

会计期间这一假定是持续经营的客观要求。在持续经营的条件下,要定期向投资者、债权人反映会计信息,这就有必要将持续不断的经营活动过程人为划分成若干个等距期间。会计期间是指将一个持续经营的生产经营活动划分为连续、相等的期间。

会计期间一般可以按照日历时间划分。我国《企业会计准则——基本准则》明确规定,会计年度采取公历年度,自每年 1 月 1 日至 12 月 31 日止。短于一个完整会计年度的称为会计中期。会计期间划分如图 7-1 所示。

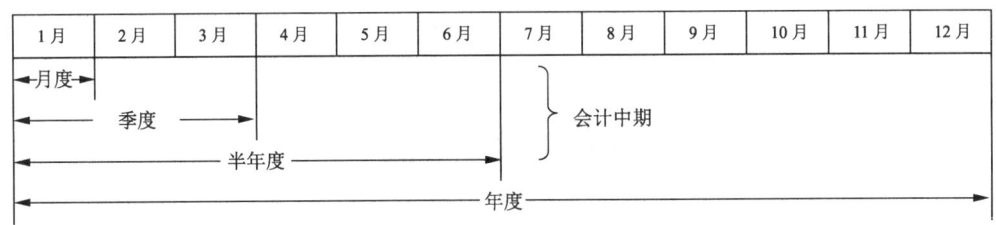

图 7-1　会计期间

4）货币计量

货币计量是指会计主体在会计确认、计量和报告时采用货币作为统一的计量单位。"京贸公司"的资产计量单位有实物(千克)、劳动(工时)和货币三种,为了综合反映企业的财务状况、经营成果,只可以统一采用货币计量。

在我国境内,要求企业、单位采用人民币作为记账本位币。如果某些企业的经营活动更多涉及外币的,可以选定其中一种经常使用的外币作为记账本位币,但提供给境内的财务报告应当折算为人民币。

**2. 会计核算基础**

《企业会计准则——基本准则》第九条规定:企业应当以权责发生制为基础进行会计确认、计量和报告。权责发生制要求企业依据收入、费用的归属期进行核算,而不是依据收、付款期间。如"京贸公司"在 2019 年 12 月 20 日销售商品,共计 25 万元,货款在 2020 年 1 月 10 日收到。按照权责发生制要求,25 万元应作为 2019 年 12 月的收入,而不是 2020 年 1 月的收入。①

---

① **收付实现制**　收付实现制是以款项的实际收付时间为依据,确定本期收入和费用,计算本期损益。即凡是在本期收到的现款,都作为本期收入;凡是在本期支付的现款,都作为本期的费用。

上例 2019 年 12 月 20 日销售商品款项 25 万元,在 2020 年 1 月 10 日收到。按照收付实现制,25 万元应该是在 2020 年 1 月份确认收入。

**3. 会计信息质量要求**

会计信息质量要求，是对企业财务报告中所提供的会计信息质量的基本要求。它包括客观性、相关性、明晰性、可比性、实质重于形式、重要性、谨慎性、及时性。

（1）客观性。客观性要求企业应当以实际发生的交易或者事项为依据进行确认、计量和报告，如实反映复核确认和计量要求的各项会计要素及其他相关信息，保证会计信息真实可靠、内容完整。客观性是对会计信息质量的最基本要求。

（2）相关性。相关性要求企业提供的会计信息应当与财务报告使用者（尤其是投资者、债权人）的经济决策需要相关。这有助于财务报告使用者对企业过去、现在或者未来的情况作出评价或者预测。企业在会计核算过程中，在遵循客观性的基础上充分考虑财务报告使用者的信息要求，尽可能做到相关性，以满足投资者、债权人的决策需要。

（3）明晰性。明晰性要求企业提供的会计信息清晰明了，便于财务报告使用者理解和使用。"京贸公司"会计李一凡，在日常工作中严格按照会计基础工作规范的要求填写凭证、登记账簿，书写整洁、美观，摘要规范。李会计提供的会计信息清楚明了，提高了会计信息的有用性。

（4）可比性。可比性要求企业提供的会计信息应当具有可比性，具体要求包括：①同一企业不同时期发生的相同或者相似的交易或事项，应当采用一致的会计政策，不得随意变更，以保证前后期会计信息的可比性。但如果符合会计准则的要求，确需变更应当在报表附注说明。如果"京贸公司"发出材料成本一直采用加权平均单价计算，就不能随意变动发出材料成本的计价方法。②不同企业发生相同或者类似的交易或事项，应当采用规定的会计政策，保证会计信息口径一致，不同企业相互可比。例如，不同企业的生产工人工资都记入"生产成本"账户。

（5）实质重于形式。实质重于形式要求企业应当按照交易或事项的经济实质进行会计确认、计量和报告，不应仅以交易或事项的法律形式为依据。

（6）重要性。重要性要求企业提供的会计信息，应当反映与企业财务状况、经营成果和现金流量等有关的所有重要交易或事项。在会计核算中，应区别交易或事项的重要程度，采用不同的会计处理方法和程序。例如，生产工人薪酬直接记入"生产成本"账户，生产车间管理人员薪酬先记入"制造费用"账户归集，月终通过分配后再记入"生产成本"账户。重要性的判断取决于事项的性质和金额两个方面，需要会计人员的职业判断。

（7）谨慎性。谨慎性要求企业对不确定的交易或者事项进行确认、计量和报告时应当保持应有的谨慎，不应高估资产或者收益，也不应低估负债、费用和损失。例如，对逾期无法收回的应收账款，应计提坏账准备，防范风险。

（8）及时性。及时性要求企业对于已经发生的交易或事项，应当及时进行确认、计量和报告，不得提前或者延后。及时性要求体现在会计信息收集、加工、披露、报告等各个环节。月末，"京贸公司"李会计常常加班结账、报送会计报表，这是为了保证符合会计信息质量的及时性要求。

### 4. 会计计量

会计计量是指将符合确认条件的会计要素登记入账,并列于财务报表而确定其金额的过程。通常情况下,会计要素的计量应当采用历史成本计量属性。历史成本是实际发生的,有客观依据,便于核查,比较可靠。我国《企业会计准则——基本准则》规定可采用的会计计量属性包括历史成本、重置成本、可变现净值、现值和公允价值等。

在历史成本计量下,资产按照取得时发生的成本计量;负债按照承担现时义务而实际收到的款项或者资产的金额计量。"京贸公司"的"固定资产"账户一直反映固定资产原值,就是遵循历史成本计量属性。

【知识归纳】

(1) 会计基本假设:会计主体、持续经营、会计期间、货币计量。
(2) 会计核算基础:权责发生制。
(3) 会计信息质量要求:客观性、相关性、明晰性、可比性、实质重于形式、重要性、谨慎性、及时性。
(4) 会计计量属性:一般会计要素采用历史成本计量属性。

【自我测试】

#### 一、单项选择题

1. 会计核算基础包括收付实现制和(　　)。
   A. 实地盘存制　　　B. 永续盘存制　　　C. 计划成本核算法　D. 权责发生制
2. 货币计量的假设包括(　　)。
   A. 会计分期的假设　　　　　　　B. 会计主体的假设
   C. 币值稳定的假设　　　　　　　D. 持续经营的假设
3. 货币计量的假设中,一个会计主体的本位币的种数是(　　)。
   A. 1种　　　　B. 2种　　　　C. 3种　　　　D. 多种
4. 下列不属于会计信息质量要求的是(　　)。
   A. 可理解性　　B. 相关性　　C. 权责发生制　　D. 谨慎性
5. 会计主体与法律主体是(　　)。
   A. 有区别的　　　　　　　　　　B. 相互一致的
   C. 不相关的　　　　　　　　　　D. 相互可替代的
6. 下列各项中适用于划分各会计期间收入和费用的原则是(　　)。
   A. 配比原则　　B. 权责发生制　　C. 可比性　　D. 谨慎性
7. 在会计信息质量要求中,要求合理核算可能发生的费用和损失的是(　　)。
   A. 谨慎性　　　B. 可比性　　C. 可理解性　　D. 可靠性
8. 在会计核算过程中,会计处理方法前后各期(　　)。
   A. 应当一致,不得随意变更　　　B. 可以变动,但须经过批准

  C. 可以任意变动       D. 应当一致,不得变动

## 二、判断题

1. 谨慎性要求,凡是不属于当期的收入和费用,即使款项已在当期收付,也不应当作为当期的收入和费用。（　　）

2. 权责发生制要求,凡是不属于当期的收入和费用,即使款项已在当期收付,也不应当作为当期的收入和费用。（　　）

3. 会计只能以货币为计量单位。（　　）

项目七的习题答案